MW00748693

Construir tratos

Coordinación editorial:
DÉBORA FEELY

Diseño de tapa:
DCM DESIGN

CARLOS ALTSCHUL
MARINA ALTSCHUL

Construir tratos

Cómo la negociación estratégica supera las diferencias de cultura y de poder

GRANICA

BUENOS AIRES - MÉXICO - SANTIAGO - MONTEVIDEO

BUENOS AIRES Ediciones Granica S.A.
Lavalle 1634 - 3° G
C1048AAN Buenos Aires, Argentina
Tel.: +5411-4374-1456
Fax: +5411-4373-0669
E-mail: granica.ar@granicaeditor.com

MÉXICO Ediciones Granica México S.A. de C.V.
Cerrada 1° de Mayo 21
Col. Naucalpan Centro
53000 Naucalpan, México
Tel.: +5255-5360-1010
Fax: +5255-5360-1100
E-mail: granica.mx@granicaeditor.com

SANTIAGO Ediciones Granica de Chile S.A.
Padre Alonso Ovalle 748
Santiago, Chile
E-mail: granica.cl@granicaeditor.com

MONTEVIDEO Ediciones Granica S.A.
Scoseria 2639 Bis
11300 Montevideo, Uruguay
Tel: +5982-712-4857 / +5982-712-4858
E-mail: granica.uy@granicaeditor.com

www.granica.com

ISBN

Hecho el depósito que marca la ley 11.723

Impreso en Argentina. *Printed in Argentina*

Altschul, Carlos
Construir tratos : cómo la negociación estratégica supera las diferencias de cultura y de poder / Carlos Altschul y Marina Altschul. - 1a ed. - Buenos Aires : Granica, 2009.
328 p. ; 22x15 cm.

ISBN 978-950-641-564-8

1. Negociación. 2. Resolución de Conflictos. I. Altschul, Marina II. Título
CDD 658.3

ÍNDICE

INTRODUCCIÓN

Aprendemos a consensuar y a negociar viviendo. Conversando, manteniéndonos atentos al realizar el trabajo cotidiano, viviendo el instante, prestando atención a los bienes preciados, colaborando mientras se ejerce presión, pormenorizando, intercambiando ideas con quienes estuvieron en circunstancias similares en lugares distintos, entendiendo cómo se beneficiaron sin desmedro del otro, escuchando sucedidos y construyendo sobre coincidencias básicas, intercambiando pareceres, discrepando, eliminando suposiciones innecesarias, poniendo pros y contras en la movediza báscula, leyendo novelas que muestran los hechos íntimos, escuchando historias de trinchera, ejercitando el ojo y el oído, debatiendo con los mejores, escudriñando el caso, escuchando, preguntando por los motivos detrás de marchas y contramarchas, sabiendo que los acuerdos son revocables, sabiendo que un punto de inflexión no implica un quiebre, haciendo retiradas honrosas. Todo eso, dándonos el tiempo para saber qué queremos y recordar quiénes somos. También estudiando casos difíciles con colegas, con antagonistas, y en la Web. Mientras se afirma un proyecto. Haciendo y enseguida analizando qué se hizo bien y qué se hizo mal.

Enseñar a negociar difícilmente muestre cómo pasar de la mezquindad a la trascendencia. Porque se aprende en la acción, y a partir de errores, no a partir del dominio de teorías. Aún así se pueden crear las condiciones para que el otro se ejercite en un taller y debata el proceso seguido.

No existe sociedad sin divergencias y convergencias, y su calidad de vida depende de cómo y cuándo se articulan, de cómo y cuándo se sostienen. De cómo, ante un conflicto, se ensayan reglas de abordaje del caso; de cómo las partes se afirman; de cómo dan lugar al otro; de cómo llegan a conciliar; de cómo, en algunos casos, pasan de normas de convivencia, a reglamentos y a estatutos.

Conociendo la dificultad de operar en una cultura que sobrevalora el enfrentamiento, que *golpea para negociar*, el primer capítulo ofrece una lista de las palabras clave, el segundo sintetiza los aspectos críticos de la Negociación Estratégica, y los siguientes entran en el detalle de los procesos: el tercer capítulo se centra en cuestiones de **cultura**, el cuarto en cuestiones de **poder**, el quinto en temas de **comunicaciones**, y el sexto en herramientas para el **aprendizaje**. Así, *Construir tratos* apela al interés de quien desea fortalecer las habilidades adquiridas a diario. El lector curioso podrá ampliar sus conocimientos consultando los desarrollos presentados en *Dinámica de la negociación estratégica*, Granica, 2006.

Las actividades de formación presentadas fueron puestas a prueba y debatidas en talleres y cubren un amplio espectro de situaciones. Algunas no requieren experiencia anterior, otras serán mejor aprovechadas después de adquirirla. Para que el aprendizaje se vuelque en cambios de conductas en la tarea cotidiana, se hace hincapié en el respeto por la naturaleza específica del caso en la subcultura del momento y del lugar.

Si desea prepararse y mejorar su desempeño, bien puede leer los textos, analizarlos, completar los ejercicios, los cuestionarios y las viñetas, y llevar un Cuaderno de Bitácora; será mejor aún si lo hace con colegas. Sin embargo, para aprender será preciso observarse negociar. Las discusiones presentadas aquí fortalecerán su respeto por la complejidad de los casos, que siguen una secuencia, e incluso los sencillos se terminan de comprender después de debatir los complicados. Reconocerá cómo se muestran, en diferentes circunstancias, el acercamiento entre las partes, la dinámica de las contraprestaciones, el peso de la escucha considerada, de la verificación de la comprensión, del trabajo en la propia organización. Subrayará cuestiones que desatiende, y a resultas de las cuales podrá administrar situaciones conflictivas con aplomo.

A su vez, el facilitador diseñará talleres de formación siguiendo un esquema estimulador que acelera el dominio de criterios y herramientas. Recibirá sugerencias sobre cómo prepararse, cómo diseñar una actividad a la medida de las necesidades del cliente; cuándo utilizar, cómo presentar y cómo adecuar los estímulos diseñados para el aprendizaje de adultos. Sobre la base de que cada actividad ha de entenderse como materia prima, y dependiendo de su experiencia personal, cada uno utilizará su criterio y sus preferencias, y modificará los ejercicios para responder a las circunstancias en las que se encuentre.

Construir tratos se ofrece a instructores que actúan en funciones de servicio y tienen en cuenta al otro: la tarea docente y el rol asistencial otorgan la experiencia, la maduración y el autocontrol que descansan en la paciencia, la equidad y la firmeza en la defensa de la buena fe, conductas que se observan en la objetividad y la pasión por resolver un problema, en el tesón ante los conflictos, en el sentido del humor y de la comprensión.

Queda excluido todo aquel que conoce la respuesta antes de escuchar; que separa los hemisferios del cerebro para acercarse a la complejidad. Impulsivos, abstenerse.

Reconocimientos

Los casos presentados fueron redactados por participantes a talleres y el texto retiene el estilo coloquial. Sus personajes se llaman López, Contadini, Rodríguez, no Bob y Tom. Las herramientas de aplicación fueron desarrolladas por nosotros, en base a aportes de textos y experiencias, análisis de fracasos y debates. Cuando se sustentan en contribuciones de colegas, las notas dan la referencia bibliográfica.

Agradecemos la invitación a enseñar de Roberto Bouzas, director de la Maestría en Relaciones y Negociaciones Internacionales de FLACSO - Universidad de San Andrés; de Carlos Trentini, director de la carrera de Administración, Facultad de Ciencias Económicas y Estadística de la Universidad Nacional de Rosario; del embajador Juan Carlos M. Beltramino, del Instituto del Servicio Exterior de la Nación (ISEN), Ministerio de Relaciones Exteriores, creador de Grupo Buenos Aires del Consejo Argentino de Relaciones Internacionales; de Sara Horowitz, directora del Programa de Negociación y Cambio de la Facultad de Agronomía, Universidad de Buenos Aires; de Jorge Stern, del posgrado en Administración de Negocios; de Oscar Oszlak, de la Maestría en Administración Pública; de Miguel Vicente, del posgrado en Marketing, y de Luis van Morlegan, del posgrado en Recursos Humanos, todos de la Facultad de Ciencias Económicas de la Universidad de Buenos Aires; de Eduardo Dalmasso, del Centro de Estudios Avanzados de la Universidad Nacional de Córdoba. Agradecemos a la Dra. Margaret Rowe, del Instituto Tecnológico de Massachusetts la autorización para utilizar el material de las páginas 51 y 52. Recomendamos los cursos avanzados de Negociación del MIT Opencourse, sin cargo, así como remitirse al Beyond Intractability Project de la Universidad de Colorado coordinado por Guy y Heidi Burgess, que ofrece un compendio exhaustivo de las temáticas del conflicto y la negociación; allí el navegante curioso encuentra material en castellano, con sobreabundancia de adaptaciones del Modelo de Harvard.

Por la riqueza de sus aportes merecen especial agradecimiento los asistentes a los talleres de la Organización Techint realizados desde 1980, y de otros programas en empresas y posgrados en universidades de la región. Agradecemos a los participantes de consultorías que recuerdan que es distinto tener intención de negociar en Lima que en Cora Cora; en Los Ángeles que en Ottumwa; y en Tandil que en Olavarría y en Azul, tres ciudades de la provincia de Buenos Aires, distantes 100 kilómetros la una de la otra, pero aun así, con tradiciones culturales diferentes.

Eso sí, si utilizara alguno de estos materiales, le agradeceríamos que mencione la fuente; y si los mejora, que nos envíe un ejemplar para incluirlo en la próxima edición con el reconocimiento de su aporte.

Si deseara copias de los diversos formularios en soporte electrónico pdf, los puede requerir sin costo al Programa de Estudios y Formación en Negociación, Facultad de Ciencias Económicas y Estadística, Escuela de Administración, Universidad Nacional de Rosario mencionando su afiliación institucional y el propósito. www.altschul.com.ar.

Estímulos

Veamos un caso de buena negociación. Buena porque, ante una situación dramática, se llegó a un desenlace satisfactorio; buena porque se mantuvo, o mejoró, la relación.

No es "oferta en firme, contraoferta en firme, operación confirmada"

> El cliente se había atrasado en el pago de nuestras prestaciones de los últimos meses. Reclamábamos el cobro diplomáticamente y ellos pedían clemencia. Jugaban a favor de nuestra

paciencia el volumen de trabajo realizado, las expectativas de futuro trabajo a realizar en virtud de un contrato marco firmado entre las partes, unido a su condición de nuevo cliente y su nombre en el mercado, y entendíamos sus dificultades. La situación se hizo crítica en el tercer mes de mora, y el cliente pidió parar nuestro trabajo.

Hicimos una reunión interna para definir los pasos a seguir y decidimos sentarnos para resolver el conflicto. Queríamos cobrar el máximo de lo adeudado en efectivo y encontrar la forma para reactivar las prestaciones pendientes, ya que tenían un presupuesto de obras crítico para nuestros ingresos. Además, queríamos que se nos reconocieran los intereses por mora y los gastos generados con motivo de la detención de nuestras tareas, y fijar condiciones de incumplimiento más estrictas a futuro. Ellos necesitaban una financiación por el crédito vencido y el sucesivo a generarse por la ejecución de las prestaciones comprometidas en el contrato marco. También querían que este inconveniente les causara el menor costo posible y reducir el compromiso de obra futura en función de los nuevos horizontes del mercado: el contrato era de U$S 26MM de los cuales ahora el cliente quería ejecutar no más de U$S 20MM.

Las dos empresas son grandes, pero aquí el cliente era nuevo, por lo que éramos más fuertes y, además, incumplía. Necesitábamos resolver, ellos por cuestiones económicas ya que sin esas obras frenaban sus ingresos, nosotros por cuestiones económico-financieras.

La relación comercial era excelente y la negociación tenía una aureola protectora que alejaba la hipótesis de conflicto. Debíamos fijar nuestra posición en forma clara y determinante, sin aprovecharnos, ver su necesidad y lograr que se cumplieran mutuamente nuestros objetivos principales.

Al principio ellos sólo escuchaban amablemente, no definían. Tuvimos que esforzarnos en mayor medida para lograr que avanzaran en la negociación. Luego de casi dos meses, fue necesario recurrir a interlocutores de la empresa controlante del cliente, en otro país. Aquí fue fundamental el contacto que tenía nuestro director con ejecutivos de aquel lugar. Nos alertó que estaba llegando a nuestra capital un directivo extranjero, a quien fuimos a ver para que tomara cartas en el asunto. Así lo hizo, y envió de inmediato a dos ejecutivos con carta blanca para negociar. Hubo un clic ya que, a través de los extran-

> jeros, el cliente estaba dispuesto a asumir posiciones y cerrar el trato en un plazo corto.
> Nuestros argumentos estaban respaldados por documentación suficiente. Fue el punto culminante de la negociación. La situación del cliente era débil en ese sentido. Otro punto importante fue nuestra coherencia interna: la negociación cara a cara con el cliente –personalmente y con videoconferencia– la manejamos tres personas, con información elaborada por nosotros y asistentes, que dábamos cuenta de los avances en forma semanal al director general; este fijaba los límites según lo que le íbamos anunciando. Nuestro abogado apareció únicamente en la reunión final. A veces hay demasiado en juego como para que no se llegue a un resultado positivo.

No fue "*oferta en firme, contraoferta en firme, operación confirmada*". Fue más laborioso y complejo. El resultado se logró a través de la búsqueda mancomunada de alternativas módicas: se inició discutiendo el conjunto de los contenciosos, y el desenlace incluyó el cobro en efectivo del total de la suma adeudada exigible durante los dos meses venideros, la reactivación inmediata de la obra suspendida, la financiación de las prestaciones no exigibles a la fecha del acuerdo más las que se empezaron a ejecutar a partir de entonces, con vencimiento de pago del 25% al año siguiente y el resto a 3 años; la fijación de una nueva tasa de interés (más alta) y el cobro trimestral de lo que empezará a generar la financiación, otorgado con un año de gracia desde el punto de vista financiero; la reducción de la tarea restante en un porcentaje intermedio entre el monto faltante original y el que pedía el cliente (con una cláusula de poder canjear esta obra en el país por obra en la región en el plazo de un año), el reconocimiento y pago por parte del cliente de los intereses por mora y los gastos de *stand by*.

El trato se alcanzó porque, conscientes de la posibilidad de conflicto, los actores movieron sus piezas con pasión e inteligencia en la caja negra de la negociación y lograron un consenso que permitió diseñar un proyecto implementable equilibrando tres tipos de variables (Figura 1).

Llegaron a un desenlace. Al final ambas partes contaron con un acuerdo, una decisión a respetar, y mayor comprensión de lo que significaba cada cosa. El acuerdo instaló previsibilidad y sustentabilidad. Se consustanciaron y concertaron: primero pusieron las cuentas en orden. Advirtieron que existía compatibilidad, dirimieron cuestiones de intereses contrapuestos, incluyeron salvedades, que no surgieron por casualidad, ni estuvo el caso a cargo de personalidades descollantes. Asumieron obligaciones: les quedó en claro *a qué se obligaba cada uno,* cuáles serían sus incumbencias.

El proceso asociativo surgió porque vivían un estado de necesidad. Sabiéndose alternativamente asimétricos, se protegieron unos a otros.

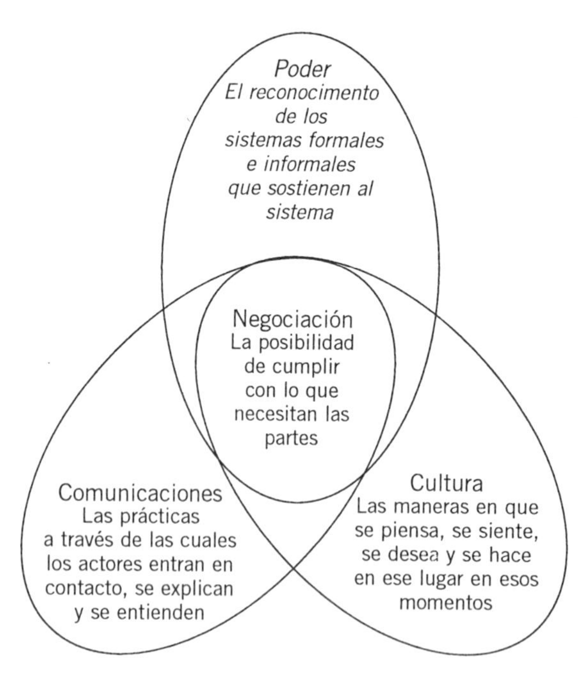

Figura 1. Tres campos entrelazados

En una sociedad que descree del diálogo, y en una situación de derecho difuso, se dieron cuenta de que conversar era mejor que litigar; que solo, ninguno podía resolverlo, que debía gestarse una salida decorosa, y se otorgó la debida importancia a la concepción del problema incluyendo la percepción del otro. Se instaló coordinación en un momento de urgencia. Se abrieron puntos de no batalla y se supo congeniar.

Había una mesa grande y había una mesa chica. En ese proceso de alineamiento de expectativas se advierte la relevancia dada a la preparación, las asignaciones claras de los roles de mandante y negociador, la identificación de las curvas de utilidades, la posibilidad de cerrar por partes, la recolección de información, la administración del tiempo como elemento amigo, el aprovechamiento exhaustivo de la ocasión. Y en todo ese trance, el negociador llevó a cabo un mandato, manejándose a sí mismo.

Porque negociar no es lograr quitarle algo a quien le corresponde. Negociar es abogar por sí mismo en una situación conflictiva. Es buscar anuencia con firmeza y consideración.

Sintetizado en pocos párrafos, el caso se entiende aunque se corre el riesgo de pasar por alto cada uno de los recursos de sensatez y paciencia que se aplicaron para salir del embrollo y llegar a una solución que sorprende más por lo ambiciosa, que por lo modesto de sus logros. En pocas palabras, ¿qué hicieron?:

Identificaron el problema

Buscaron opciones

Se comprometieron a negociar

Concertaron para negociar

Debatieron en torno a la agenda

Se recostaron en principios

Definieron los asuntos críticos

Utilizaron concesiones

Determinaron los detalles del acuerdo

Fijaron compromisos mutuos

Hicieron ajustes

Verificaron las requisitos para el cumplimiento

Implementaron lo acordado

En los próximos capítulos advertiremos que las etapas de prenegociación, de negociación en sí, y de postnegociación surgen referidas a líos de familia, compras inmobiliarias, negocios complejos, enfrentamientos entre empresa y sindicato, así como a tratos internacionales. Crecerá el nivel de complejidad, pero en todos se advertirán esas tres etapas constitutivas.

En ciertos textos de investigación se habla de caja blanca, un sistema cuya lógica interna puede ser indagada. La negociación tendría características de caja negra, vale decir, sería un proceso del cual se observan los insumos y los productos, pero no se sabría a ciencia cierta cómo opera.

En esas circunstancias, menos misteriosas de lo que parecen, *Construir tratos* contribuye al desenlace sensato entre contendientes. Quizá la curiosidad sea la cualidad multicolor requerida. Para entrar en tema, lo invitamos a repasar citas elegidas porque aluden a la cuestión.

Gozne. Bisagra. Herraje articulado con que se fijan las hojas de las puertas y ventanas al quicial para que puedan girar.
María Moliner, *Diccionario de uso del español.*

Cuando veas un gigante, observa la posición del sol,
no vaya a ser la sombra de un enano.
Novalis, poeta alemán.

Sé que, en muchas disputas, con negociadores más diestros,
las partes se reconciliarían más fácilmente.
Howard Raiffa, especialista en Teoría de los Juegos.

Un embajador es un hombre honesto
enviado al extranjero para mentir por su país.
Viejo axioma.

Ya verá que usted mismo lo va a ver cuando lo vea.
Gabriel García Márquez, habiéndolo dicho Freud.

Querida, si te referís a los hombres, ni los mejores
son buenos.
Anita Loos, autora de *Los caballeros las prefieren rubias.*

De no estar continuamente enfrascados en negociaciones,
los Estados desaparecerían.
Winfried Lang, diplomático austríaco.

El especialista hablaba con palabras en inglés y le dije:
"Te creo, pero así no lo voy a poder explicar a mi gente.
Dame un papel firmado".
Un sindicalista.

En la vida cotidiana, por suerte, las negociaciones
no son tan contenciosas como en los rígidos juegos
de laboratorio, porque en el mundo real es difícil darse
cuenta de qué le conviene más a cada uno.
Howard Raiffa, especialista en Teoría de los Juegos.

Acá las oportunidades más grandes son las crisis.
Un paseante durante el conflicto del gobierno con el
campo argentino en 2008.

Yo soy la de los papeles, ella es la de la cama.
Una de las esposas ante el abogado que hacía la sucesión.

El simple hecho de hablar otro idioma lleva a descubrir
que existen maneras distintas de expresar verdad,
y uno comienza a comparar verdades como a comparar
idiomas. Y también descubre que en otro idioma
dice otras cosas:
doy entrevistas en Inglaterra y hablo en inglés y
cuando me entrevistan en Francia hablo
en francés, y a menudo no doy las mismas respuestas.
No es que esté mintiendo ni aburrido,
sino que, como un río, la cultura y el idioma te arrastran
por rumbos distintos.
Julian Barnes, escritor inglés. *Buenos Aires Herald,*
14 de febrero de 2008.

El internado insistía en que era Jesús. El psicólogo
lo escuchó y le preguntó: "¿Usted es Jesucristo?" y el otro asintió.
Entonces el psicólogo buscó unos tablones y unos clavos.
Mientras se acercaba, el otro cambió de opinión.
Otro internado

Sólo los libres negocian. Un prisionero no puede firmar
un contrato.
Nelson Mandela.

"Todo esto es muy lindo, pero ¿es aplicable?
Porque si yo avanzo y el otro juega sucio yo no pongo la cara
dos veces. Y llegado el momento, traigo lo que yo quiero.
Un gerente.

Sólo se negocia desde una posición de fuerza.
Agustín Vandor.

—Si no ofrecés, no podés exigir.
—Ah, ¿no...?
Un gerente

Salvo quienes hayan observado de cerca a los estadistas
en sus tratativas, nadie puede imaginar el papel que juegan en
los asuntos humanos cuestiones inconfesables y a veces
escamoteadas como la haraganería, la simpatía, el afecto
y el rechazo personales, los malentendidos,
la sordera o el dominio mezquino de un idioma extranjero,
la vanidad, los compromisos sociales, las interrupciones
y los estados pasajeros de salud.
Sir Harold Nicholson.

La ética del deseo debe balancearse con la ética
del compromiso.
Fernando Ulloa.

CAPÍTULO 1

EL IDIOMA DE LA NEGOCIACIÓN

Valorar las palabras

En un campo en el que es necesario el entendimiento, cada palabra tiene su peso y la práctica ha ido desarrollando un glosario, una forma de usar los términos. Conocer qué significan y cómo usarlas allana el camino para conciliar intereses[1].

Negociar es *conciliar intereses,* la definición más sintética de un proceso complejo que incluye *problemas* –dificultades o desvíos ante el deseo de alcanzar una meta–, *conflictos* –choques posibles, dados los intereses encontrados– y *dilemas* –argumentaciones de proposiciones que conducen a diversas conclusiones y que alientan a las partes a actuar o a postergar la acción–. Problemas, conflictos y dilemas pueden ordenarse, con gestos, con hechos, con palabras pensadas, con palabras dichas.

1. Una versión anterior presenta Carlos Altschul en "El idioma de la negociación", en Herrscher, Enrique: *Administración, aprendizaje, reflexión y práctica.* Granica, Buenos Aires, 2008. Ver también Mulholland, Joan: *The language of negotiation.* Routledge, London, 1991.

La negociación puede ser encarada con virulencia, a través de la colusión, acercándose a mitad de camino, o abogando por sí mismo, siendo este último el modo en que cada parte se hace cargo de velar por sus propios intereses. En el cual las palabras pueden evitar equívocos y acortar, o extender, el proceso.

El desarrollo de cada nuevo campo de conocimiento se afianza manejando palabras clave, términos que quizás antes se desconocieran, o se usaran espontáneamente. De la misma manera en que la química da un salto con la noción –y palabra– *oxígeno*; la psicología con la noción –y palabra– *inconsciente*, la práctica de la negociación –y las investigaciones en torno a ella– ha ido mostrando el aporte de nociones tales como *asimetría*, *avenimiento*, *divisa*, *madurez*, y unas cuantas más.

Para el tema que nos ocupa, quizás un buen ejemplo sea el del término inglés *trade-off*, que alude a los intercambios de beneficio recíproco, posibles solo en la medida en que cada parte haya hecho su propia composición de lugar y haya discriminado lo que para ella sean intereses (a) esenciales, distinguiéndolos de sus intereses (b) importantes, (c) accesorios y (d) irrelevantes, a partir de lo cual elegirá reglas de juego e instalará las conversaciones capaces de abrir el paso al intercambio. Quizá la costumbre sea ajena a la cultura, quizá no haya propensión a hacerlo, pero apropiarse de su sentido permite ensayar sus contenidos, construir sentido entre partes. Y es tarea de negociadores incorporar la noción de construir oportunidades de aplicación y experimentar con ella, entre contrapartes.

El nombre *trade-off*, como otros, tiene connotaciones particulares y puede, potencialmente, ayudar a construir sentido. Sintetiza un proceso complejo que, de incorporarse, puede contribuir al entendimiento entre colegas. Quizá, toma y daca.

Cada una de estas palabras permite el acceso a dos campos: el de un universo de referencias particulares y el de un lugar de trabajo en el cual el proyecto tiene en cuenta al otro, en una trama compleja de colaboración y competencia. Acercarse a la negociación requiere maestría y la puesta en práctica de una serie de conceptos que apelan a la experiencia en los ámbitos personal y social.

Así, entonces, el desempeño efectivo del negociador puede explicarse por la manera en que entiende y aplica las prácticas que resumen una serie de términos que construyen el campo. Volvamos a *trade-off*, que define una manera de reflexionar sobre los conflictos entre los intereses –de cada uno y de las partes–, que conduce a cada una de ellas a percatarse de que lograr algún beneficio exigirá pensar en otorgar *concesiones*. Puede que la idea sea extraña en la cultura, pero no es óbice para que se incorpore en el caso singular: nace de la conciencia de priorizar objetivos, reconoce restricciones propias, conjetura que, de no avanzar a un estado superior, se queda fuera de juego.

De por sí las palabras no dan cuenta del pasaje a la acción, pero constituyen la vía regia para encaminarla. En este marco, saber desempeñarse en el rol de negociador no descansa en una serie de pasos –pre, durante, post–, ya que no deriva del dominio de estrategias o métodos, sino del acceso, comprensión y puesta en acto de las ideas que dan lugar a cierta forma de acción precedida por la conversación.

Por ello, la conducción satisfactoria de una negociación compleja puede expresarse en palabras que configuran un idioma, el cual se maneja mental y verbalmente.

Aprender de grande

Este idioma se aprende de grande y, al igual que todo segundo idioma, choca con el materno, pero su primer efecto es ayudar a valorar el propio, y así los constructos de una práctica novedosa, como la de la negociación, amplían el espectro de concepciones, y por ende de conductas posibles, pero se imbrican en la textura de la propia forma de cultura y de expresión.

De palabras pasamos a constructos, o sea a términos que complementan varias ideas simples en un palabra que adquiere mayor peso. La siguiente selección incluye los términos que consideramos útiles para el aprendizaje de la negociación: presentarlos en secuencia alfabética es un despropósito, ya que están vinculados sistémicamente, pero constituye una forma convencional de ordenarlos.

Abordajes no contenciosos de la negociación: parten de la noción de que no hubo fallas, y evitan determinar si las leyes o los acontecimientos señalan la corrección de una u otra parte. Incluyen acercamientos de exploración, sin compromiso, e instalan las condiciones para abordar la problemática de consuno, formulando opciones que satisfarían al otro, y no solo a uno.

Actores: incluye a las personas, naciones, empresas, organizaciones no gubernamentales, sindicatos, que poseen la autonomía suficiente para firmar y cumplir contratos. Pueden actuar de manera cooperativa –reconocer que tienen diferencias de intereses y querrían desarrollar un trato– pero, aun así, descuentan que cada parte se preocupará en proteger los propios. No se distinguen por propósitos malévolos, ni por intenciones altruistas, tampoco se expresarán en forma estridente, ni con desconfianza: sus promesas han de considerarse con cuidado, ya que encubrirán sus propósitos y explotarán sus ventajas relativas al máximo.

Acuerdos: ayudan a conciliar, a crear precedentes y a fortalecer el vínculo, en la medida en que las partes estén satisfechas. Una conciliación preserva y/o promueve los intereses o valores individuales, en tanto se reconozca que la solución también debe satisfacer, por lo menos en su mínima expresión, las demandas del otro.

Acuerdo de palabra: es un trato informal entre dos o más partes, escrito, verbal o tácito, sea porque es lo esperado o porque es parte de un protocolo sobrentendido. Se distingue de un acuerdo legal o de un contrato, porque descansa en la dignidad de las partes, que se obligan a sí mismas, y no puede ser compelido.

Agenda/temario: organiza la discusión de los temas. Se recomienda su uso cuando las contrapartes privilegian excesivamente modos competitivos, o bien cooperativos. En casos de encuentros de contrapartes que alternan colaboración y competencia, la agenda debe concentrarse en identificar prioridades, revelar intereses individuales y sugerir abordajes creativos para la solución de los problemas que se enfrentan. Puesto que la agenda formal sintetiza las diferencias de los negociadores, y sobre ellas deberán operar, es importante que, además, se programen encuentros fuera del recinto formal, y que el clima en ese encuentro sea tan distinto como resulte posible de la atmósfera cargada de tensiones de la sesión de negociación.

Alianza: se propone para complementar los recursos. Abarca muchas formas de cooperación entre firmas y más allá de las transacciones comerciales; cubre alianzas *verticales* entre compradores y proveedores, *horizontales* entre competidores, y *diagonales* entre cuerpos de orígenes distintos. Comprende el espectro que va desde mecanismos de cooperación incidental entre empresas independientes, a través de la gestión de franquicias, hasta formatos duraderos de cooperación, como los *equity joint ventures*, fusiones y adquisiciones. Su diseño depende de los participantes, sus competencias, sus metas y las condiciones del mercado. En relaciones internacionales, marca un continuo que incluye *alineamiento, entente, détente, disuasión, relación privilegiada*, y, por cierto, alianza *ofensiva* o *defensiva limitada* o *ilimitada*, de *iguales* o de *desiguales*, *bilateral* o *multilateral*, *consultiva* o *automática*, con o sin *convenciones militares*. Los *dilemas de alian-*

za surgen cuando el interés individualista apunta en dirección contraria a la del interés compartido: es la prueba de fuego de una alianza.

Amenaza: expresa la intención de hacer algo que perjudicaría al otro si este no hiciera o dejara de hacer lo que se le pide; se distingue entre *amenaza*, *advertencia* y *llamada de atención* por la forma en que se comunica.

Anclaje: una vez definido un punto de anclaje, aun cuando se sustente en información parcial o errónea, las partes tienden a considerarlo un mojón verdadero y valedero en función del cual ajustar sus juicios críticos.

Aporte, contribución, comprometido, inversión, riesgo, baza: aluden a lo que el negociador invierte, a su nivel de compromiso, a lo que pone en juego, a los riesgos que asume, a la apuesta que hace. La palabra francesa *enjeu* da cuenta de la dinámica, ya que incluye no solo lo que se invierte al inicio –y debe revertir al inversor al terminar la partida–, sino los elementos que van surgiendo y que ingresan a medida que avanza el juego.

Asimetría: refiere a la diferencia de poderes y recuerda que la simetría es improbable entre partes. Las investigaciones muestran que quien tiene más poder define la agenda, pero que la parte de menor poder relativo puede negociar exitosamente en la medida en que concentre su atención sobre cierto tema.

Atrabiliario: irascible o irritable; de genio desigual o de carácter violento, se dice del que se enfada sin motivo u obra dejándose llevar por accesos de mal humor.

Bluff: describe el uso intencionado de información inexacta, manipulación, ocultación de hechos, exageración o mentira. Se traduce por fanfarronada, expresión de confianza en sí mismo para intimidar a otros. Esta y otras prácticas similares son comunes en la negociación, y se aceptan porque es crítica la decepción sobre los términos, condiciones y plazos de una conciliación. La justificación para practicarlo descansa en la noción de juego limpio defensivo en un mundo moralmente imperfecto, e incluye tres condiciones: la decisión unilateral de no incurrir en decepción coloca a la persona en una situación de vulnerabilidad, en tanto quedaría expuesta a la explotación por individuos inescrupulosos; además uno tiene datos insuficientes para confiar y desistir de ingresar en la decepción; y no se constata que la honestidad unilateral ejerza una influencia positiva sobre los resultados.

Buen negociador: quien logra tratos que se implementan con éxito. Se sugiere que debe ser rápido mentalmente y tener paciencia ilimitada, saber encubrir sin mentir, inspirar confianza sin confiar en otros, ser modesto y asertivo, encantar sin sucumbir a los encantos de los demás, y mantenerse indiferente ante las tentaciones del sexo y del poder.

Coalición: alianza que se organiza en torno a una causa de bien común. Las coaliciones son características de la negociación multilateral: sin ellas es imposible tomar decisiones, porque entre muchas partes se hace improbable negociar sensatamente. Su propósito central es el de unir fuerzas tras un interés mutuo y de colaborar para mejorar la efectividad y los resultados. Requieren la formación y desarmado de relaciones asociativas. Se ocupan de unificar el poder y/o los recursos de dos o más partes para que tengan mayor probabilidad de éxito y logren un resultado deseado o puedan ejercer control sobre terceros excluidos de la coalición. Se forman cuando los mandantes poderosos de varias unidades no están dispuestos a poner sus recursos, tiempo y aportes al servicio de un tercero, a menos de contar con un representante de su unidad, que tenga suficiente influencia en la toma de decisiones y en las operaciones de control de la organización resultante que los afectan y por ello negocian con quienes ejerzan el poder en torno a las condiciones en las cuales se verían dispuestos a cooperar en la conducción de aquella iniciativa. Pueden proponerse diversos objetivos en función de la naturaleza de la negociación, de los temas críticos y del tamaño de la apuesta. Se habla de una negociación exitosa entre coaliciones cuando la conciliación incluye pagos colaterales a integrantes clave de la coalición; y si lo recibido satisface de alguna manera a cada uno.

Co-legas dis-pares: antagonistas amigos, o expresiones similares; aluden a que los representantes de los mandantes cooperan entre sí, mientras defienden cada uno lo suyo.

Complejidad: característica de las negociaciones multilaterales; refiere a la cantidad, tanto de partes, como de asuntos a tratar. Para lograr entendimientos se gestan coaliciones que fortalecen a las partes a la luz de tal complejidad. La simplificación del proceso también se logra por mediación, que reestructura el juego y transforma la negociación multilateral en bilateral centralizada. Para ello se acuerdan representantes de grupos; se instalan equipos de redactores y comisiones con poder ejecutivo, con lo cual el proceso se concentra en menor número de partes, que sin olvidar la multilateralidad, se reúnen en retahíla de subnegociaciones.

Comunicación: abarca un proceso de transacciones durante el cual las personas eligen palabras y acciones con el objeto de transmitir imágenes, conceptos, ideas y percepciones. Su éxito depende de intercambios recíprocos de sentimientos, significados, ideas y respuestas, y es un elemento crítico en la negociación porque las transacciones se desarrollan entre personas: la capacidad de los individuos de generar credibilidad y confianza, de comprenderse y desarrollar propósitos compartidos define su nivel de éxito. Comunicarse entre personas de culturas distintas es aún más exigente que hacerlo en el marco de una sola, porque las referencias, las experiencias y los filtros de cada participante tienen menor nivel de solapamiento.

Concernidos, beneficiarios indirectos, adherentes, apostadores: en inglés *stakeholders*: son las partes que pueden reclamar la atención, los recursos o los resultados del negociador, o que se verán afectadas por sus resultados. Son aquellos grupos o individuos que dependen del negociador para cumplir con sus propios intereses y de quienes, a su vez, depende el negociador.

Concesiones: modificaciones que las partes aceptan a sus posiciones iniciales. Son cambios en las ofertas que atienden el supuesto rumbo de los intereses del otro, aunque reduzcan el nivel de beneficio buscado. Se entienden como señales de buena voluntad, que procuran instalar reciprocidad, y como gestos de debilidad que conducen al abandono de una posición anterior de mayor firmeza. Normalmente el negociador decide cuánto pedir o conceder sobre la base de las concesiones esperadas del otro.

Conducta oportunista: hace hincapié en cuidar los propios intereses, recurriendo a diversas formas de engaño, como brindar información distorsionada o incompleta, disfrazar las intenciones, comprometerse con la determinación de cumplir parcialmente, etcétera.

Conflicto: proceso en el cual dos o más partes intentan frustrar los logros de las contrapartes. El ciclo del conflicto se compone de múltiples episodios, en cada uno de los cuales pueden reconocerse cinco hechos críticos: frustración del logro, reflexión, conductas propias, reacciones de la contraparte y resultados.

Surge un *conflicto de intereses* cuando una persona o un grupo tiene un interés que podría poner en duda su confiabilidad. Existe aun cuando no surgiera acción impropia derivada de ello, pero crea una apariencia de impropiedad que podría socavar la confianza a depositar en tal individuo o grupo. Se mitiga encargando de la verificación a un tercero independiente.

Conocido: toda persona a la que se acude en busca de intermediación.

Consenso: una forma de toma de decisiones que surge de la ley primitiva. Su atractivo consiste en evitar las divisiones que puede producir el proceso mecánico de la votación. En la ley internacional, las resoluciones se toman por *acuerdo*, por *consulta con los miembros*, por *consenso tácito*, por *avocarse solo a aquellos temas que pueden conciliarse sin oposición*, por *aclamación*, sobre la base de la *no objeción*, y, más específica y marcadamente, *sin proceder a votar*. En cada cultura las connotaciones son distintas, como por ejemplo en el Japón, donde *consenso* significa que los subalternos han comprendido lo que los superiores ya decidieron.

Construcción de reglas: hecho que produce compromisos legales, morales y políticos. Es una actividad crítica porque una parte que incumple con sus compromisos legales incurre en "irresponsabilidad", y debe remediar la situación inicua, pagar compensación y/o reparar el daño, mientras que si no cumpliera con un compromiso político o moral, se arriesgaría a ser culpado por la opinión pública y, peor aún, a recibir las represalias de sus pares que pueden llegar a considerar su comportamiento desviado como un "hecho inamistoso". La construcción de reglas resulta de presiones encontradas, intereses en conflicto, reglamentaciones existentes, así como del peso político y económico de la crítica de los involucrados. Las *conductas constructoras de reglas* se ocupan del desarrollo de reglamentaciones: las inicia generalmente una comisión técnica al emitir una regla o una modificación a una regla porque se desea proteger cierta situación o ampliar cierto beneficio.

Contrato psicológico: se refiere a la calidad y al nivel de entendimiento existente entre las partes.

Contactos informales o *canales internos*: se construyen en función de los vínculos que surgen entre mandantes a partir de encuentros personales en las reuniones cumbre. Ante un cuello de botella, el prestigio y la flexibilidad de una figura de alto nivel o bien logra poner las cosas nuevamente en movimiento, o bien puede lanzar un globo de prueba que, de presentarse formalmente, podría fracasar, pero así usado sirve para recuperar la iniciativa.

Coordinación: proceso por el cual las partes actúan de consuno procurando encontrar un trato aceptable para ambos. En caso de lograrlo, ahorran tiempo y contribuyen a disolver las tensiones. Para alcanzarlo, las partes se acercan a las posiciones expresadas por el otro en cierto aspecto del debate, o hacen intercambios en otras dimensiones; y dialogan proponiéndose resolver puntos en disputa, compartiendo información sobre sus propósitos y prioridades.

Costos transaccionales: incluyen el tiempo, dinero y energía dedicados a la disputa; los recursos consumidos y destruidos, y las oportunidades perdidas.

Credibilidad: esta se incrementa a través de: (1) cambiar las ganancias del juego para que esté en el interés de uno cumplir con el compromiso, estableciendo y utilizando la reputación, o redactando un contrato; (2) modificar las reglas del juego para que la capacidad de renegar de un compromiso se vea limitada, cortando la comunicación, quemando las naves, o dejando el resultado librado a la suerte; o (3) incorporar terceros para mantener el compromiso.

Diferendo, o *tema sustantivo,* en inglés *issues*: cualquier asunto en torno al cual los actores están en desacuerdo; son los puntos significativos que generan disputas. También, aquellos temas sobre los que se procura un acuerdo explícito. Cada uno alude a un rango de opciones, una de las cuales debe ser finalmente acordada por los negociadores para llegar a un entendimiento. El diferendo surge cuando una o más de las partes cuestionan los términos que regulan su interdependencia, en la medida en que la parte más débil logra atraer la atención de la más poderosa. Se llama *campo de diferendos* a la constelación reconocida de preocupaciones que afecta tanto la interdependencia entre las partes, como entre los temas en sí mismos.

Dilema del negociador: cuanto más firmemente actúe una parte, tanto mayor será la probabilidad de que el acuerdo se acerque a su postura, aunque crecen las probabilidades de que la oportunidad se pierda; mientras que cuanto más consideradamente actúe, mayor será la probabilidad de avenimiento, aunque es posible que este sea insatisfactorio.

Diplomacia negociadora: proceso de conciliación de posiciones encontradas que incluye elementos de toma y daca, y cuestiones de soberanía e identidad. Los peligros de la diplomacia personal son, entre otros, involucrarse emocionalmente, olvidarse de operar con colegas, desvalorizar el prestigio de otros potenciales representantes, y no considerar a quienes uno no conoce o encuentra.

Disociación: capacidad de operar en un contexto incierto, o dramático, sin permitir que las percepciones, emociones o juicios previos afecten la conducta.

Disuasión: proceso a través del cual una parte intenta persuadir a la otra de que los costos y/o los riesgos de cierto curso de acción que pueda tomar sobrepasan sus beneficios. La disuasión mutua sostiene que es menos probable que dos antagonistas utilicen su poder de fuego en la medida en que ambos lo incrementen.

Divisas, preferencias, intangibles, pagos y/o utilidades subjetivas: son elementos valorados por una parte a causa de su efecto personal más allá de su valoración objetiva. Son aspectos que pueden mejorar, satisfacer o potenciar los intereses del otro. Los economistas los llaman "monedas de cambio"; es vital reconocer que, como en Economía, una moneda de cambio tiene valor en la medida en que tenga respaldo. Sirven como metáfora para mostrar el proceso de intercambio, ya que ayudan a conceptualizar lo que valoran ambas partes. Pueden detectarse cinco tipos de divisas, vinculadas con la inspiración, la tarea, la posición, el vínculo, y la persona. Y se entienden como beneficios extendidos sin costo a quien los brinda.

Dos tableros (trabajar en): alude a la posición estratégica del negociador que se propone cerrar un trato con su contraparte externa, cuando este ha de ser ratificado por su frente interno. Las preferencias del negociador, en la medida en que sean consideradas razonables, constituyen su espectro de aceptabilidad. Reflejan (1) su interés en posicionarse en el frente interno, quizá atendiendo el interés medio de su comitente; (2) un esfuerzo por generar una respuesta óptima a ciertos imperativos del frente externo, a despecho de los factores del frente interno; o (3) preferencias individuales que surgen de primeras impresiones idiosincrásicas fundadas o bien en la historia del caso, o bien en cuestiones personales.

Encerrona perjudicial a ambas partes: alude al momento en que, después de la escalada de un conflicto, se llega a un punto de paralización en el que ninguna de las partes puede extraer ventaja de la situación ni desea retrotraer a una situación anterior que implicaría el reconocimiento de haber claudicado.

Encuadrar: implica tener conciencia de que la manera en que se presenta la información afecta el nivel de aceptación: un encuadre puede facilitar u obstaculizar el trámite. Se habla de *reencuadrar* cuando, a medida que se desarrolla la negociación, cambian el impulso, el tono y el foco de la conversación.

Endroit: es el foro, el espacio experimental, creado por los negociadores a través de su acción conjunta, cuando atienden un diferendo tratándolo de modo distinto del acostumbrado y a efectos de generar reglas de entendimiento que tendrán legitimidad fuera de aquel ámbito.

Enlaces entre temas críticos: son las relaciones que existen entre una negociación actual y otras del pasado, presente o futuro. Se usan para vincular o desvincular temas en disputa. Pueden dar lugar a alianzas tácticas, fragmentarias o sustantivas: las alianzas *tácticas* ocurren cuando se ligan los temas en la agenda incorporando ítems conceptualmente desconectados; se propone así aumentar el factor de apalancamiento para lograr reciprocidad, imposible si la discusión se mantuviera limitada a un solo tema. Se llaman alianzas *fragmentarias* cuando el propósito es mantener la cohesión de la coalición de la que se es parte: la coalición se sostiene por compromiso con una meta social superior, a pesar de que los socios no estén de acuerdo sobre el conocimiento requerido para alcanzarla, e incluso estén en desacuerdo sobre cuán interdependientes son los diversos temas del paquete a negociar en lo que se refiere a los efectos anticipados. Se habla de alianzas *sustantivas* cuando las partes avanzan a partir del conocimiento compartido que, a su vez, se liga a un bien social acordado.

Entendimiento, avenimiento o *desenlace*: ayuda a resolver controversias, establecer precedentes y fortalecer la relación, en la medida en que las partes estén satisfechas con el vínculo. El propósito del acuerdo es propiciar o preservar los valores y/o intereses individuales en tanto la solución atienda las demandas mínimas del otro. Se habla de solución cuando se resuelve el tema en forma permanente y completa, mientras que una conciliación incorpora un ajuste temporal y parcial.

Escalada irracional del compromiso: a menudo, los negociadores mantienen un alto nivel de compromiso con un curso de acción aun cuando es evidente que esa decisión sería difícil de explicar a un observador independiente.

Espectro, o *ámbito de la negociación*: demarca el espacio percibido de tratos posibles y está limitado por los valores extremos máximo o mínimo aceptados por los actores. Cubre todos los acuerdos posibles que el negociador considera equivalentes a los tratos posibles que su contraparte considera equivalentes para aquel. Asimismo, identifica el espacio que incorpora todas las negociaciones satisfactorias que ambas partes preferirían a una *impasse*.

Etapas de la negociación: son (a) la preparación, llamada prenegociación, (b) la negociación en sí misma, que incorpora la esencia del tome y traiga, y (c) la posnegociación. La *prenegociación* es la primera etapa de un proceso negociador y se refiere al período anterior a la comunicación de las ofertas, durante la cual las partes se preparan. Cubre tareas de definición del problema, identificación de las preferencias y evaluación de paquetes alternativos. Este proceso se encarrila articulando cinco pasos: (1) negociar consigo mismo –fortalecer el frente interno–, (2) pensar estratégicamente, (3) crear el ámbito propicio, (4) manejar las diferencias, y (5) resolver problemas concretos para asegurar la implementación. Cada uno de ellos se liga en un sistema con los otros y tiene su particularidad, pero lo que permite avanzar es la maestría de ciertas nociones que se expresan en palabras. En negociaciones complejas y repetidas, algunos autores destacan, además, dos etapas adicionales, la de pre-prenegociación, y la de posposnegociación.

Externalidades: son las acciones de un agente sobre otro de tal manera que modifican sus réditos o costos; si son beneficiosas, se habla de externalidades *positivas;*, de ser perjudiciales, de externalidades *negativas.*

Formulación: es la percepción, o definición, compartida del conflicto, que fija los términos de la transacción, la estructura cognitiva de las partes, desde donde buscar una solución o un criterio aplicable de equidad. Las características cruciales de la fórmula son su relevancia y amplitud: debe dirigirse a la disputa y abarcar la mayor cantidad posible de elementos del conflicto. También son importantes la flexibilidad, la coherencia y el equilibrio. La característica final de una fórmula excelente es ser irremplazable, lo que depende de cuestiones tácticas y de oportunidad, así como también de poder y de inducción. El *modelo de formulación y detalle* (en una negociación de relaciones internacionales) tiene tres etapas: (1)la de *diagnóstico*, en la que las partes se percatan de la necesidad de instalar un cambio, pasan revista a los antecedentes correspondientes y preparan sus posiciones; (2) la de *formulación*, en la que las partes intentan desarrollar una percepción compartida del conflicto, lo cual incluye términos comunes, referentes y criterios de equidad, y (3) la de *detalle*, en la que las partes se concentran en los detalles operativos coherentes con la formulación anterior.

Fuerza (uso de la): incluye la apelación a la guerra, a huelgas, a *lock-outs,* boicots, secuestros de gerentes, sabotaje, aislamiento social, violencia y abuso de elementos físicos a efectos de obligar a la otra parte a ceder lo que se desea. Normalmente, lleva al ejercicio de represalias, a la escalada de las acciones y a acciones de desagravio, y no a la reducción del conflicto.

Fuerza de apalancamiento: es la medida en que una parte, en algún momento, tiene mayor habilidad de influir que la otra. Se llama apalancamiento *normativo* a la aplicación de pautas generales, o normas del otro, a efectos de fortalecer las propias argumentaciones para lograr sus propósitos; apalancamiento *positivo* cuando el negociador puede proveer lo que el otro desea, y apalancamiento *negativo* a la capacidad de perjudicar al otro, incluso con un llamado de atención.

Función de utilidad: es una medición subjetiva que expresa la validez relativa de diversas opciones a través de una escala cuantitativa: la escala usada es arbitraria, y en general va de 0 a 1, o de 1 a 100. La cifra menor expresa el paquete menos valorado; el valor superior representa la opción preferida.

Guerra: es la forma más acabada de la coerción, el enfrentamiento crudo de fuerzas armadas, y se llega a un acomodamiento solo en la etapa final al acordarse los términos de la rendición

Impasse: en francés significa punto muerto, y se refiere a aquel estado de un conflicto en el que no parece haber solución rápida o llana. De extenderse en el tiempo, conduce a procesos ingobernables, que se reconocen por el peso del desacuerdo, su intensidad, penetración y complejidad. Se habla de *conflictos congelados, empantanados* cuando se trata, en esencia, de guerras frías que se extienden durante largos períodos en los que no se alcanza trato alguno. Se habla de *punto muerto trágico* cuando una parte se reconoce imposibilitada de alcanzar sus metas, resolver sus problemas, o ganar la contienda por sí misma, y el proceso culmina cuando la otra parte llega a la misma conclusión.

Interés: es lo que conviene a un propósito: señala cuestiones de utilidad, de provecho, de beneficio; es lo que cada parte realmente desea, independientemente de lo expresado en público. *Intereses compartidos* son aquellos que ambas partes aceptan como válidos en función de sus objetivos. Es improbable que un proceso pueda avanzar si las partes no ordenan sus intereses tanto antes, como en el curso de los intercambios.

Intercambio de beneficios recíprocos (en inglés, *trade-off*): alude al proceso durante el cual una parte hace de buen grado concesiones parciales en ciertos temas, a efectos de acceder a sus metas en otros temas, de mayor interés. Alude a deshacerse de algo por trueque. Son transacciones que llevan a compensaciones aceptadas como buenas por las partes.

Juego: es una situación de interdependencia estratégica en la que el resultado de una decisión depende de lo que elija el otro.

Limitación a la propia autoridad: es un recurso que protege la imagen del negociador mientras pone a prueba la firmeza de la posición de la contraparte y le brinda protección de imagen si deseara asentir. Incluye límites a presupuestos, créditos, descuentos, reglas internas sobre la divulgación de costos, prácticas equitativas, cambios en las especificaciones, etcétera.

Madurez: señala el mejor momento para lograr un trato, lo que implica que las partes y los terceros desean una solución. El negociador intenta reconocerla y captarla para alentar o imponer un trato político, porque en esa ocasión puede ser más efectivo en el uso de sus recursos. La madurez se refleja en la voluntad puesta en otorgar concesiones que creen la mejor solución posible.

Maldición del vencedor: alude a aquella situación en la cual el negociador hace una oferta que es aceptada de inmediato por las otras partes, situación que le hace pensar si acaso fue demasiado generoso.

Mandante o *comitente*: la o las partes que designan a un tercero, el negociador, para que represente sus posiciones e intereses en un proceso de negociación; tomarán la decisión final, habiendo evaluado y analizado críticamente la negociación.

Memorandos de entendimiento: se redactan para comenzar a comprometer a las partes antes de acordar los detalles del trato. Se refieren al acuerdo registrado y transmiten la intención más allá de la terminología legal.

Modelo beduino de negociación: se utilizaba cuando surgía un problema ligado a los valores sagrados de soberanía e identidad entre tribus del desierto. Recurría a la mediación, a gestos conciliadores y a la protección contra la vergüenza, en contraposición al *modelo del suq*, en el cual primaba un proceso refinado de regateo, con intercambio de cortesías para establecer una relación personalizada en la que no se fijaba de antemano un precio ni otras condiciones, sino que se buscaba que fuera satisfactorio para todos a través de un intercambio verbal y de la regulación de personas respetadas. Hoy señala una técnica para comenzar la negociación en la que se pide un precio exorbitante y se plantean mayores exigencias por lo que, de aceptar el otro la oferta, el beneficio es indudable aun si brinda concesiones significativas. Se propone la utilidad inmediata y desestima el beneficio a largo plazo. La técnica pone a prueba al otro y se desentiende de las posibles inconsistencias de la propia posición.

Modelo de motivaciones encontradas (en inglés, *dual concern*): explica las estrategias de la negociación a partir de dos variables críticas, a saber, *la preocupación por los propios resultados*, que alienta el despliegue de prácticas ofensivas, aprovechando cada oportunidad con miras a mejorar la propia situación, y *la preocupación por los resultados del otro*, que alienta el desarrollo de prácticas defensivas, manteniendo y ampliando el propio margen de libertad y capacidad de actuar, y para ello acerca posiciones. Por extensión, contempla la tensión generada por la necesidad de alternar estrategias de competencia y de colaboración.

Multilateralismo: es el mecanismo institucional que coordina las relaciones entre tres o más partes sobre la base de "principios generalizados de conducta", o sea, los que explicitan el comportamiento apropiado para cierto tipo de actividades, sin prestar especial atención a los intereses particulares ni a las exigencias estratégicas existentes. Sin embargo, esta definición evade los procesos de negociación con los que la comunidad internacional confiere legitimidad política o llega a aceptar tales principios.

Negociadores racionales e *irracionales*. Los *racionales* no presumen saber, al detonarse la crisis, los límites de la situación, ni cuáles son los intereses relativos, cuáles las relaciones de poder y las opciones más destacadas. Reconocen que pueden estar equivocados en sus primeros juicios, pero tienen la capacidad de corregirlos y de percibir los trazos gruesos de una situación de negociación a medida que emerge a tiempo como para actuar de manera conducente. Arriesgan conjeturas en forma tentativa mientras se despliega la acción, y modifican sus evaluaciones continuamente a medida que se agrega información. Puede hablarse, en contraposición, de negociadores *irracionales*, aquellos que sostienen un sistema rígido de creencias. Expresan certidumbre sobre las metas últimas del adversario, sobre su acercamiento a la mesa de negociación, sobre sus preferencias, sobre sus problemas internos. Se prestan al consejo de quienes comparten su estructura de convicciones, pero toman sus decisiones a nivel individual. Se ven como arquitectos de la única estrategia que los conducirá al éxito, y adhieren con firmeza a esa estrategia independientemente de los obstáculos, cerrándose a la información "des-confirmadora". Si su estrategia inicial fue correcta, el negociador irracional puede ser muy exitoso, pero en caso de no ser así, tiene dificultad en reconocer sus errores a tiempo como para evitar la derrota o el desastre.

Opciones superadoras o *metas superiores*: son instancias que estimulan a las partes y no pueden ser desestimadas, pero no es posible alcanzarlas con los recursos y esfuerzos de una sola parte, sino que exigen los esfuerzos y recursos coordinados de todas; son las que todos encuentran estimulantes y no pueden ser desconocidas.

Obstáculos a la negociación: incluyen el hincapié en cuestiones de hegemonía, de lucha, de reserva y de determinismo cultural; conspiran contra el desarrollo de actitudes negociadoras que consideran positivamente los compromisos y las concesiones, y estimulan la negociación y la mediación. Las estructuras centralizadas, rudimentarias e indefinidas no alientan la negociación en el propio grupo, ni las conductas que las favorecen para resolver problemas y zanjar conflictos.

Oportunismo: es la procura de un interés usando mañas, astucia, engaño, dolo, acechanzas, supercherías.

Pareto óptimo: caracteriza el momento en que no puede mejorarse el bienestar de una parte sin dañar el de la otra. Se refiere a la solución más equitativa, sea cual fuere la definición de justicia de cada cual.

Plan B o *plan de contingencia*: alude a la necesidad de contar con una opción distinta de la que se persigue, para el caso en que no se pueda avanzar con la preferida a través de la negociación. Equivale al inglés BATNA, o *best alternative to a negotiated agreement*, en español MAAN, que significa *mejor opción posible ante la ausencia de un acuerdo negociado*, y se refiere a las diversas opciones que el negociador debe tener en cuenta antes de dirigirse a negociar.

Punto límite: marca el momento en que uno decide salir de la negociación, en vez de continuar, debido a que cualquier trato, a partir de ese instante, no alcanzaría a satisfacer sus expectativas. Se habla de un límite cuando el negociador llega a la posición por debajo de la cual no estará dispuesto a conceder.

Poder en la negociación: este no es un valor absoluto, sino el resultado del equilibrio entre las fortalezas y vulnerabilidades de un actor en comparación con otro. La capacidad de dominación del negociador deriva de varias fuentes: (1) algunas conectadas con el caso, como los factores objetivos –amplitud de elección, capacidad de sancionar, la importancia relativa del otro en comparación con las necesidades del negociador, manejo cómodo del factor tiempo–, así como (2) destreza, credibilidad y reputación, capacidad de influir, e información, destrezas del negociador. En este sentido es interesante considerar la noción de *deficiencia coercitiva*, una táctica de persuasión de los débiles que incluye la manipulación de los plazos, el pedido de mediadores, la retracción a firmar un texto, dividir una coalición y hacerse acompañar en sus demandas por actores más poderosos, además de utilizar estrategias de vinculaciones en forma efectiva cubriendo temas muy diversos. Las *fuentes de poder* incluyen el poder de la información (sobre la otra parte, sobre la situación); el poder de experto (tecnología superior y saber hacer); el poder legítimo (autoridad, desempeño); la ubicación en la estructura (centralidad, criticalidad); y el poder personal (carisma, buen trato, integridad).

Posiciones: son los requerimientos que una parte demanda de la otra. En la medida en que sean inflexibles, hay empantanamiento, no hay negociación.

Preparación: es el recurso crítico del negociador, en oposición tanto a la *presunción*, la tendencia a creer en la propia capacidad para estar en lo cierto, como a la *improvisación*, la capacidad de inventar y modificar mientras se opera.

Propuestas de vareo, de sondeo, amagues: son las demandas exageradas sobre elementos accesorios a intercambiar por concesiones en temas esenciales e importantes, y que pueden estimular la negociación, en la medida en que se usen con prudencia y se las presente cuando corresponda. Se habla de *sondeos* cuando existe renuencia a negociar, y se utiliza una forma sutil de conversación en la cual las partes dialogan en torno a los temas en disputa, aludiendo a sus preferencias o explicitándolas al pasar mientras expresan interés en las preferencias de la otra parte. Cuando surgen, las propuestas tienden a reconocer las necesidades de quien más necesitado está y no es inusual que se acepte la primera oferta. Esto ocurre porque se percibe el peligro implícito en que el hecho de negociar afecte negativamente la relación, en tanto en aquel vínculo, la reciprocidad sería vital.

Punto de resistencia o de *reserva*: es la cantidad máxima que el negociador ofrecerá como comprador; y es la cantidad mínima que el negociador aceptará como vendedor.

Reciprocidad: principio por el cual las personas actúan de la misma manera en que se las trata, por lo que el negociador y sus contrapartes esperan que el otro actúe a la recíproca; cuando se comprueba esta expectativa, el proceso se extiende; de no ocurrir, puede apelarse a conductas de sanción. Actuar a la recíproca es entender que las concesiones serán correspondidas, y es un elemento central de la etapa de prenegociación donde, de manera explícita e implícita, se coordina cuáles han de ser las expectativas que regularán el intercambio, para lo cual se fijan ciertas reglas.

Reglas: son prescripciones específicas o prescripciones para la acción. Son de naturaleza jurídica, más amplias que las leyes, ya que incluyen compromisos no exigibles legalmente.

Reputación: es una categoría social que extiende las consecuencias de las acciones de un actor a través del tiempo, de las situaciones y de nuevas acciones.

Rostro: define la posición relativa de cada uno en el grupo. Verlo afectado equivale a perder prestigio, lo que puede suceder como resultado de aperturas prematuras o ansiosas rechazadas por el oponente; por haber recibido un insulto; por ser objeto de una observación dolorosa o de indiferencia al propio prestigio; por verse obligado a ceder un valor o una preferencia, o constreñido a hacer una concesión que será entendida por el frente interno como innecesaria; por verse desairado; por no alcanzar una meta prefijada; por la revelación de una incompetencia personal; por el impacto negativo sobre una relación valorada. Se vincula con "guardar las apariencias", "cortar el rostro" (en la lengua cotidiana argentina, "escrachar", esto último conjunto de mecanismos de humillación pública cuando una parte entiende que la justicia o las circunstancias no responden a su pretensión).

Satisfacer: alude a buscar una respuesta *aceptable*, diferente de *optimizar*, que procura *la mejor* respuesta. La noción deriva de la idea de *racionalidad limitada*.

Solución de compromiso: esta ocurre cuando las partes entienden que el diferendo se resuelve si cada uno recibe lo que considera equitativo. Se producen con mayor frecuencia cuando existen antecedentes similares que se resolvieron a satisfacción; cuando las partes entienden que la cooperación aportará beneficios; cuando tienen objetivos en común; cuando los diferendos son específicos y están bien definidos; cuando se evita el uso de advertencias y amenazas.

Tácticas de negociación: estas componen la estrategia o las facetas del plan preparado para lograr los resultados queridos en una negociación; son múltiples y se les debe prestar atención porque las hay racionales e irracionales: incluyen la agresión y la sanción, la no violencia y la adopción de posturas, tanto como prácticas conciliadoras y gratificaciones. Algunas exigen que el otro se comporte de cierta manera para evitar la acción coercitiva del negociador; mientras la disuasión se propone que el otro no se conduzca de cierta manera; con las advertencias, el negociador especifica las contingencias que se encuentran más allá de su control. Por último, puede hablarse de tácticas manifiestas explícitas, mientras que otras son sutiles y no se expresan en palabras.

Términos del acuerdo: es el dispositivo a través del cual se pueden alcanzar acuerdos esenciales sobre los temas amplios antes de definir los detalles del contrato.

La negociación es juego de adultos: incorpora previsibilidad y sustentabilidad. Se aprende de los mejores, entre los mejores, y es un placer observarlos. Juego serio que compromete el presupuesto de una familia, la construcción de una reputación, el crecimiento de una empresa o el bienestar de una nación.

Aprenderlo exige perseverancia, y llevarlo a cabo de manera sistemática pone en juego prácticas descritas por los términos anotados.

Superar las barreras

Para que haya negociación, las partes deben decidir que, durante cierto tiempo, intentarán buscar una salida mejor a la existente. Deben suspender lo que venían haciendo, escucharse y constatar si la información y las percepciones que reúnen contribuyen a mejorar el asunto.

Quien negocia asume un papel social que lo habilita a conversar y a generar reglas para dirimir disputas. Rol que alude a un campo en el que la controversia es dato del problema, se abre el debate y acepta la invención.

La negociación prospera cuando se quitan los obstáculos, pero es previsible que haya resistencias cuando el conflicto es antiguo, y se sostiene en hechos concretos. Ninguno querrá admitir los derechos del otro, no querrán ser vistos conferenciando entre sí, ni querrán sentarse a la misma mesa. Más aún, fortalecerán su imagen, para su interna, si consideran que el otro es un enemigo.

¿Cómo acercar a las partes, cuando lleva tiempo, paciencia, y se corre el riesgo de perder imagen por intentarlo? ¿Cómo lograrlo, cuando las partes se desconfían, y rehúsan recoger información, temiendo que sea usada en su contra? ¿Cómo proponerlo, cuando no creen lo que dice el otro, y el otro puede sacar ventaja, pero si se mantiene la incredulidad, se extiende la encrucijada? ¿Por qué no negocian? A veces, porque no saben hacerlo; a menudo porque no se dan cuenta de los costos y de las ventajas. También se interponen cuestiones de conveniencia –si en las circunstancias la negociación no aporta beneficio alguno–; ideológicas –"con esa gente no nos juntamos"–, o cuestiones emocionales de intransigencia.

Para dedicar tiempo y esfuerzo a negociar, las partes deben pensar que hay una salida. Que los costos serán altos si no lo hacen. Que acercarse es preferible a seguir en la situación actual. Que pueden alcanzar un trato satisfactorio. Que el equilibrio de poderes es razonable.

Surge madurez para negociar cuando las partes se percatan de que si se mantiene la agresión se llegará a un punto muerto que los perjudicará. Cuando se dan cuenta de que no podrán alcanzar su solución ideal y convendría llegar a un entendimiento. Cuando surge un margen de tratos posibles y se vislumbra la oportunidad de lograr un acuerdo potencial beneficioso para ambos. Esto puede comprenderse con mayor claridad tras conversar.

Este proceso es lento y las partes se mantendrán distantes, a menos que encuentren predisposición a acercarse para escucharse y descubrir una zona de acuerdo potencial, un campo de solapamiento de intereses. Porque el vínculo se empasta con los detalles del acuerdo, porque los malentendidos refuerzan prejuicios y despiertan emociones.

El negociador experto, en el marco de sus órdenes íntimas, acostumbrado a asumir desafíos de alto riesgo, recurre a ese ámbito de excepción, hace valer sus fueros, construye puentes, acerca posiciones tratando de entender al otro: se sienta a la mesa porque reconoce que el otro quizá tenga parte de razón. Se reúne y debate sin echar culpas. Procura encontrar oportunidades para mostrar que las percepciones del otro eran incompletas, que sus suposiciones eran inadecuadas al caso.

Se facilita la comunicación y des-escala el conflicto cuando la relación entre los negociadores es razonable, y se centra la atención en intereses parcialmente compartidos.

De la misma manera que el negociador debe ganar la confianza de su mandante, debe tomarse el tiempo de entender los intereses de la otra parte y sopesar la legitimidad de sus reclamos. No es inusual que, al comprender mejor los intereses de los dos tableros, el negociador sienta respeto por el adversario y la interna interprete mal esa consideración. Todo lo cual puede llevar a la destrucción de una labor cuidadosamente orquestada.

En este proceso, las ideas contenidas en las palabras pueden ayudar a superar barreras. A transformarse en hechos que sientan precedentes.

CAPÍTULO 2

NEGOCIACIÓN: IDAS Y VUELTAS

Elegir las preguntas

1. ¿Usted piensa que la mayoría de las decisiones tomadas en el ámbito donde se desempeña tienen alto nivel de racionalidad?
2. Si tuviera que encarar una negociación, en el ámbito en el que se desempeña, con un extraño del cual solo conoce su nombre, apellido, cargo y estilo de negociación, y tiene una hora para prepararse, ¿a qué la dedicaría?
3. En situaciones importantes de su vida personal, en las que entiende que conviene negociar, ¿cómo y cuándo elige sus estrategias y tácticas?
4. En una negociación con alguien que conoce bien/ que no conoce bien, ¿cómo puede usted evitar que se produzca una espiral destructiva de conductas negativas?
5. ¿Usted se da cuenta cuando alguien le miente?
6. En una negociación, ¿cómo podría uno darse cuenta de la estrategia que utiliza el otro?

7. ¿Conoce a alguna persona que usted considera un buen negociador? A su juicio, ¿qué característica lo hace eficaz en el ámbito donde se desempeña?
8. La mayoría de las personas considera ética su forma de actuar, por más que cada cual utilice normas de referencia distintas. Dando eso por sentado, ¿usted pediría a sus colegas que respondieran a un cuestionario que mida el comportamiento ético? ¿Cómo constataría si lo que *realmente* hacen condice con lo que sostienen que debería hacerse?
9. En negociaciones complejas, ¿habría motivos para reunirse, después de una sesión de negociación, con la contraparte? ¿En qué casos convendría hacerlo?
10. Elija dos negociaciones que son vitales para usted en este momento. ¿Qué está en juego? ¿Cómo averiguaría cuán efectivo puede ser en esas situaciones críticas?
11. Recuerde un caso reciente en el que asistió a lo que usted consideró un fracaso en una negociación en el ámbito en el que se desempeña. ¿Por qué ocurrió?
12. ¿En qué circunstancias explicitaría usted sus intereses reales en una negociación?
13. Cuando se sienten impotentes, ¿a qué fuentes de poder recurren las personas en su cultura? Analice las consecuencias de esas reacciones/respuestas.
14. ¿En qué circunstancias diría usted que una persona "difícil" deja de ser "difícil"?
15. En una situación de conflicto, ¿maneja usted sus pasiones o reacciona?[2]

Este texto lo ayudará a encontrar algunas de las respuestas. Ahora bien, le sugerimos que para registrarlas, junto con sus dudas, compre un cuaderno. Será su bitácora. A

2. El desarrollo es de Mary Rowe, del Instituto Tecnológico de Massachusetts, y se usa con su consentimiento.

medida que lea, compare y descubra. Como recuerda García Márquez, y había dicho Freud, con un poco de suerte confirmará lo que ya sabía. Y podrá detectar lo que, en su caso, enriquece los esqueletos genéricos que presentamos, que le permitirán operar en su cultura, distinta de otras,. porque en cada lugar son diferentes las formas de entender la economía, la política y lo social.

Negociar estratégicamente

Ante una situación de conflicto,
llamamos negociación estratégica
al sistema y a las prescripciones que,
a la luz de las dificultades conocidas, se proponen
limitar los aspectos subjetivos, polémicos,
unilaterales, ideológicos, extorsivos;
potenciar los aspectos objetivos,
profesionales, distributivos, racionales, y
estimular la inclusión
de elementos trascendentes,
constructivos, integradores.[3]

Negociar consigo mismo

Pregúntese si el caso de la página 15 le parece posible. Al comienzo, dudará de su veracidad, pero si sigue reflexionando, llegará a la conclusión de que usted vivió circunstancias similares, sorprendentes...
Antes de iniciar su próxima negociación, entable una conversación consigo mismo: reconozca que algunos de los cuentos que usted se cuenta sobre usted mismo afectan su manera de pensar y de actuar.
Prepare una hoja y complete las cuatro columnas escribiendo con espontaneidad.

3. Los textos de este capítulo resumen, pero a la vez amplían, ideas desarrolladas en Altschul, Carlos: *Dinámica de la negociación estratégica*, Granica, Buenos Aires, 2006, que incluye un "Cuaderno de bitácora" con 50 hojas de trabajo y ejercicios. Ciertos ejercicios de este texto recuperan material de aquel y lo profundizan para facilitar el aprendizaje.

1. ¿Qué quiere de esta negociación?	2. ¿Por qué la quiere ahora?	3. ¿Qué dice eso sobre usted? (De bueno y de malo)	4. ¿Qué transmite eso a los otros? (De bueno y de malo)

Converse en voz baja con sus notas, y agregue sus reflexiones para no olvidarlas.

Es importante fijar límites, elegir, desempeñarse como adulto que, a cargo de una tarea difícil y en defensa de sus convicciones, toma un riesgo calculado al hacerse cargo de una tarea difícil.

A pesar de que esto pueda sorprender a más de uno,
hay diferencias destacables entre la conducta de un hincha
furibundo en un partido de fútbol contra el adversario
más odiado, y el comportamiento requerido de un adulto
para capitalizar una disputa y una crisis.

La diferencia esencial está en el control de las emociones,
en el valor de las convicciones y en el manejo
de la información.

Mientras que en la cancha, o ante el televisor,
una persona puede expresarse sin limitaciones,
ese mismo individuo, al salir de su casa para dirigirse
al trabajo, o para acompañar a sus hijos al colegio,
advierte la conveniencia de equilibrar
lo que siente, lo que piensa, lo que querría hacer,
lo que dice y lo que hace.

Además, a diferencia de una contienda deportiva
para la cual a veces se convoca a la policía

para evitar groserías y expresiones de fuerza bruta,
la mayoría de las personas
prefiere juntarse con quienes piensan como ellas mismas,
y aprendieron a reprimir sus instintos más primitivos
en beneficio de ser aceptadas como personas
que ocupan un lugar en la sociedad.

Es así como uno se prepara, por otra parte, cuando sabe
que ha de encontrarse con personas que piensan distinto,
que tienen otras miradas sobre el mundo,
especialmente cuando se proponen defender lo suyo,
y crecer en sus aspiraciones, manejando información.

Tras la preparación, la negociación puede ser
el proceso a través del cual dos o más partes
logran salir satisfechas, consiguen lo más importante
de lo que quieren, sabiendo que nunca cumplirán
con todas sus aspiraciones.

Para ello deben haber identificado lo que
es importante para ambos lados,
porque de esa forma uno puede alcanzar
lo que más necesita, y se prepara
a conceder lo que a los otros más les importa.

Negociar mal consigo mismo

Las personas que participan de talleres y asisten a conferencias sobre negociación indican que su mayor dificultad es controlarse a sí mismas. Dicen que necesitan un esquema ordenador que les permita desempeñarse con aplomo en situaciones conflictivas, pero por los motivos que fuera, se reconocen incapaces de manejar sus emociones en momentos de mucha tensión.

Esto no es inusual, y sigue un trayecto complejo que se resume en el siguiente círculo. Parte de supuestos que permanecen firmes a pesar de que la realidad señale lo contrario: supuestos y prejuicios, por lo tanto. De ahí, se simplifica, generaliza y estigmatiza, o sea, se descalifica a la contraparte. Este círculo vicioso se extiende cuando la persona privilegia aquella información que confirma sus bases de partida y con el tiempo va predisponiendo su manera de ver las cosas y calificarlas, en función de aquella teoría propia, que a su vez confirman las personas con las que elige encontrarse. A partir de ahí, firme en lo que llama sus creencias, el individuo actúa en función de percepciones selectivas, posterga todo lo que ponga en duda y en riesgo su forma de escuchar, entender, pensar, actuar: no examina las consecuencias, y va afirmando su teoría.

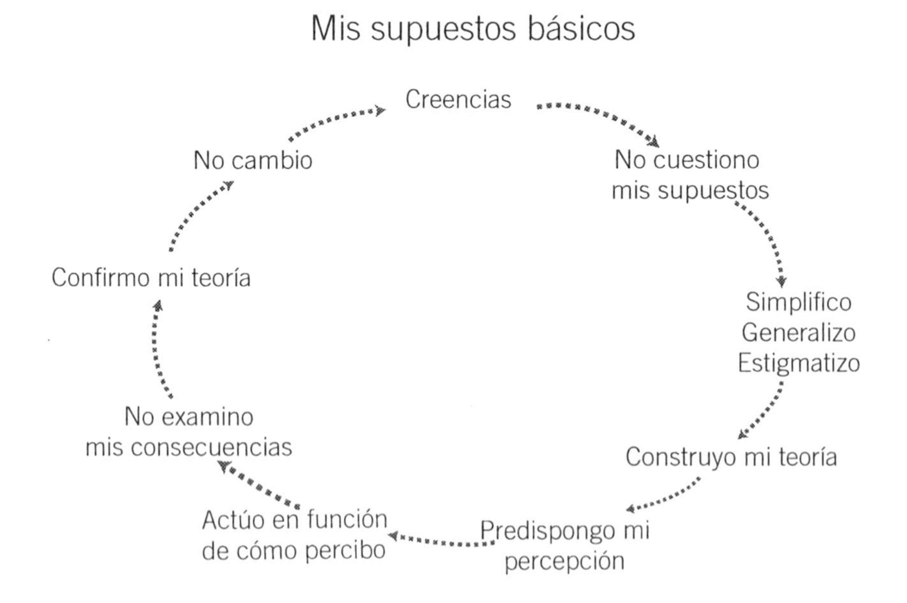

Figura 2. Infiltración de supuestos

La opción es volverse sobre sí mismo, sobre las formas en que se piensa, sobre los elementos subyacentes tras las conductas; no solo indagar en los hechos, sino también en sus intenciones.

El camino de la introspección es un recorrido familiar al negociador. Se pregunta qué podría haber hecho de otro modo, con otros tiempos, con otras palabras. Porque, en una situación anómala, la negociación es un proceso de aprendizaje personal a medida que se concilian derechos, que se construyen intereses, reglas e instituciones comunes.

Negociar bien en la asimetría

Negociar exige construir una posición de fuerza, y la integridad ayuda, a pesar de que en muchos casos parecería que lo esencial fuera la capacidad de hostigar y humillar, la presencia de difamación, extorsión, mentiras y cinismo. Puede sorprender el caso que sigue, porque a menudo las buenas noticias no salen en los diarios.

> Hace un tiempo hubo en nuestra provincia un cambio de autoridades y se informó que se producirían modificaciones en los distintos niveles de conducción del ministerio respecto de la gestión anterior. Dado que el ministro anterior y el nuevo tenían ideas encontradas sobre el campo en que se desarrollaba el programa a mi cargo, era evidente que sería convertido en una área para dar lugar a la nueva estructura ministerial, sobre la base de la nueva legislación en la materia. Lo inesperado de la situación no fueron los cambios previstos, sino que se decidió, sin previo aviso, dar por concluido el contrato de locación de servicios que me unía a la institución, y eso sin que se informaran motivos explícitos. Como resultado, quedaba acotada la vigencia a dos meses en lugar de doce, como había sido renovado año tras año desde una década atrás.
>
> Ante el hecho, al que se sumaba el vencimiento del contrato de alquiler de la vivienda familiar donde construí un hogar con mis hijos adolescentes, sentí conmovidas las estructuras de mi

vida. Pienso que haber vivido bajo la dictadura y la década neoliberal mucho incidió con su herencia de temor. No tenía trabajo y tampoco sabía cómo negociar un nuevo contrato de alquiler.

En esa situación de crisis, surgieron fuerzas y respuestas alternativas insospechadas en mí. Decidí asumir el desafío y luego de abordar a las nuevas autoridades intermedias, me enfoqué en dirigirme en forma directa y personal al ministro, con argumentos basados en sus discursos recurrentes vinculados a la justicia y a la inclusión. Hice valer mi trabajo, experiencia y capacidad de aporte a la gestión, y sumé un currículo con una propuesta concreta de nueva función y área de trabajo, lo cual fue aceptado en dos días. Así me restituyeron mi contrato de trabajo y de continuidad laboral.

Pasada la tormenta, reconocieron que mi actitud había sido muy digna, eso dijeron, por la forma en que abordé y sostuve la situación de conflicto en ese contexto turbulento, motivo por el cual, como reconocimiento, recibí la aprobación de mi solicitud de una beca para completar una maestría en la universidad nacional.

Del alquiler, mientras tanto, para renovar pedían el doble de lo que pagaba y con urgencia salí a buscar otro lugar en el mismo barrio. Todo, sin embargo, era caro para mí, hasta que di con un apartamento muy venido a menos, pero atractivo y amplio. Hice una oferta que incluía un acuerdo por el cual me comprometía a refaccionarlo a cuenta de un porcentaje del alquiler, ya que el dueño estaba aparentemente apremiado, no tenía el dinero para ponerlo a nuevo, y en esas condiciones se le haría cuesta arriba alquilarlo.

Terminé con un contrato renovado de trabajo, con una beca para un estudio de posgrado y, en dos meses, tras dedicarme los fines de semana con mi hijo mayor al revoque y la pintura, con un nuevo apartamento de dos baños y patio grande, a menor precio que el que había estado pagando. Quedamos agotados y felices. De aquella situación de agobio aprendí que no debía dejarme ganar por el pánico, ni siquiera ante tan gran asimetría.

¿Es esto una negociación? Por cierto, porque en una situación de intereses encontrados, el protagonista pudo abstraerse de aquello que lo cegaba, y pudo observar desde una posición diferente. Puso en marcha la imaginación sociológica: comprender la situación personal, la situación de la institución, y las relaciones entre ambas.[4]

Definir la negociación

La negociación puede entenderse como un enfrentamiento, no necesariamente conflictivo, de partes interdependientes que invierten en procura de un trato mutuamente satisfactorio que dé término a sus diferencias. Lo hacen en vez de procurar el lobro de su objetivo por medio de la acción directa.

En una situación anómala, es un proceso de aprendizaje en la conciliación de derechos, en la construcción de intereses, de reglas y de instituciones comunes.

Nunca es una práctica unilateral, puesto que el negociador no pierde de vista la "realidad" de su contraparte. La negociación hace hincapié en la responsabilidad de los actores por desarrollar los fundamentos del proceso.

Por esto el círculo vicioso debe dejar lugar a la reflexión que permita pensar que las definiciones que siguen sean viables. Veamos algunas.

Conciliar intereses es la definición más sintética de un proceso que ha sido abordado y entendido de maneras

---

4. Mills describe el proceso que resulta de vincular la experiencia individual con las instituciones sociales y el propio lugar en la historia. Dice que al encontrarse entrampada porque su visión y sus capacidades se restringen a la mirada cercana e inmediata de lo que la rodea, la persona apenas alcanza a entender las pautas amplias en las que se desarrollan sus vicisitudes. Argumenta que puesto que "ni la vida de una persona, ni la historia de una sociedad pueden comprenderse sin comprender su relación", debe desarrollarse una práctica para ubicarse y entender la relación entre el caso singular y lo que ocurre en la sociedad. Mills llama *imaginación sociológica* a la "cualidad mental" que permite que uno capte "la historia y la biografía, y sus interrelaciones en el marco de esa sociedad".

diversas por distintos estudiosos. La teoría de la negociación se ocupa de la interacción entre entidades que, en cierto momento, dependen la una de la otra. Según Fischer, Patton y Ury: "Cuando las partes comparten algunos intereses, y otros son conflictivos, la negociación es el proceso de comunicación de ida y vuelta que inician para proponerse llegar a un acuerdo".[5]

Lewicki y Litterer[6] definen la negociación como la búsqueda de un acuerdo que puede desarrollarse cuando surge un conflicto. Agregan que es una actividad genérica y central entre los seres humanos. La estructura y los procesos que la caracterizan son similares a nivel interpersonal, empresario y diplomático. Sostienen que las personas llegan a negociar cuando: (a) existe un conflicto de intereses entre dos o más partes, en tanto lo que desea uno no es necesariamente lo que desea el otro; (b) se carece de reglas fijas y establecidas que pudieran resolver los entredichos resultantes, o bien las partes prefieren desarrollar su gestión por fuera de las reglas o procedimientos existentes e inventar su propia solución a la oposición; (c) por lo menos circunstancialmente, las partes priorizan llegar a un entendimiento sobre la opción de luchar, capitular, entrar en complicidades o interrumpir el contacto entre ellas en forma permanente, sin llevar su disputa a una autoridad superior para que esta lo resuelva. Así entonces la negociación sería necesaria cuando los contendientes no tienen acceso a estatutos o prácticas regladas, ni desean interrumpir el contacto.

En el ámbito internacional, la negociación es un proceso social, y cada cultura le otorga un significado distinto; por ejemplo, en un extremo, lo comprende como una puja, vale decir como parte de un esfuerzo amplio por alcan-

5. Fischer, Roger; Ury, William, y Patton, Roger: *Sí, de acuerdo: cómo negociar sin ceder.* Norma, Bogotá, 1989.
6. Lewicki, Roy J., y Litterer, Joseph A.: *Negotiation.* Richard Irwin, Homewood, IL, 1985.

zar objetivos superiores. En ese caso, la negociación no alude a "sentarse a la mesa y regatear retóricamente", sino a tratar de cumplir con metas de orden superior "por el medio que fuera, sin desechar el uso de las amenazas, la provocación, la compra de voluntades, distintas formas de estimulación, y cualquier otro mecanismo a través del cual alcanzar sus propósitos". En este sentido, el poder sería un factor determinante: dado que no es visible y varía con el tiempo, es imprescindible que el negociador evalúe y ponga a prueba el poder del otro. Las concesiones y las concertaciones, en este marco valorativo, serían señales de debilidad: se desacreditaría la elocuencia y la retórica, y sería imposible crear "lazos de buena voluntad internacional con ellos, en tanto siempre sacrificarán logros de largo plazo a favor de ganancias inmediatas".

Ghauri[7] propone que la negociación sería un proceso voluntario de *tome y traiga* en el cual las partes modifican sus ofertas y expectativas con la intención de acercarse. En esa concepción, la negociación no se asemeja al regateo del mercado persa en el cual las partes actúan de manera competitiva y oportunista, sino a un proceso de resolución de problemas en el cual las partes advierten que sería posible alcanzar los objetivos de ambas y que el beneficio de una no depende solo de las concesiones de la otra. Entonces, este tipo de negociación se caracterizaría por el flujo libre de la información entre partes; por la búsqueda de una solución que satisficiera los objetivos de ambas; por el hecho de que las partes entienden que, además de tener objetivos encontrados, tienen objetivos compartidos, y que para alcanzar lo anterior, ambas deben tratar de entender los puntos de vista del otro, de manera franca y real.

7. Ghauri, Pervez, y Usunier, Jean Claude: *International Business Negotiations*. Pergamon, Oxford, 1996. Ver también Hall, Edward: *Beyond Culture*. Doubleday, Garden City, NY, 1976.

Para Altschul y Fernández Longo[8] negociar es el proceso a través del cual, ante un proyecto particular, se detectan las tensiones propias de un conflicto, se investigan oportunidades, se amplían los propios recursos, se resuelven diferencias personales y situaciones objetivas concretas, y se obtienen beneficios, imposibles de lograr por sí solos. Toda negociación incluye prácticas extorsivas, distributivas y constructivas.

Las *extorsivas* se sostienen en el análisis exhaustivo de las discrepancias de poder y prestigio, en la exhibición de agresividad, amenazas y presiones para que el otro acepte su voluntad o su última oferta; en las *distributivas,* el debate se centra en las condiciones y provisiones propias de cada tema, y se enfatizan los intereses encontrados; como resultado, una parte logra lo que se propuso y la otra lo pierde, lo cual no favorece el desarrollo de los vínculos requeridos para una relación duradera; y en las *constructivas,* las partes se proponen maximizar los beneficios mutuos para que cada una pueda retirarse de la mesa habiendo ganado algo no importante, sino esencial. Requieren analizar cada asunto con perspectivas diversas para establecer intercambios que amplíen el tamaño del pastel; cuando se logran, se consolidan la credibilidad y la confianza.

Fracasar

Si una negociación es el proceso que surge cuando dos o más partes tienen intereses encontrados, no están satisfechas con el modo existente para resolverlo, se proponen no destruirse, someterse ni huir y deciden inventar un proceso para resolver sus diferencias, analice este caso y, sobre la base de todo lo que

8. Altschul, Carlos, y Fernández Longo, Enrique: *Todos ganan. Claves para la negociación estratégica en los ámbitos personal y laboral.* Paidós, Buenos Aires, 1992.

ha venido leyendo, pregúntese si el relator llegó a un resultado mejor que el que tenía al comenzar su gestión; si la relación entre las partes se mantiene, o se mejora en comparación con la que existía.

Vivo en un barrio de clase media. Los vecinos no nos conocemos: somos profesionales, empleados, comerciantes, jubilados con y sin auto, algunos más afectados por la crisis. Hace diez años robaron dos coches seguidos en la misma cuadra y decidimos contratar un servicio de vigilancia. Fueron pocos los que, una vez tomada la decisión, se mantuvieron al tanto, pero tuvimos suerte y desde hace seis años los dos vigiladores principales son confiables. Había un cobrador, pero la empresa le paga unos pesos a uno de los vigiladores para que él haga la cobranza.

Los vecinos estamos cada cual en sus problemas, salvo el Sr. López, que le ayuda a llevar las cuentas al vigilador, y la Sra. Pérez, que nos tiene informados a los más activos; la mayoría, sin embargo, aprovecha el servicio como si cayera del cielo. Varios pagamos lo que corresponde, otros pagan menos, mientras otros cuantos dicen que no pueden pagar o que alguna vez les robaron, entonces les da bronca, todavía están ofendidos y no aportan. Hay quien les da una propina a los vigiladores para no pagar su parte, lo mismo que un vecino de otra cuadra (que no tiene vigilador) que deja su auto cerca de la garita, y no paga ni saluda.

Desde hace tiempo sabemos que la empresa paga mal y tarde a los vigiladores. Ahora López se enteró de que el último mes les quisieron hacer firmar un recibo por una suma mayor que la que les pagaban. Firmaron por miedo al despido. A dos esquinas de la nuestra hubo un problema similar y, no bien se perfiló el conflicto, la empresa despidió al vigilador y desistió de continuar prestando el servicio, por lo que los vecinos contrataron a uno con el que estaban contentos, como autónomo. Y los vecinos que, por cuestiones de seguro, hubieran preferido trabajar con una empresa, se enteraron de que muchas están en negro.

La empresa que nos presta servicios quiere aumentar el cobro a los vecinos de las cuatro cuadras que mira el vigilador: no comunica esa intención, salvo en el papel que los vigiladores le muestran a López, que así descubre que pretenden una suma mayor que la del mes pasado. A principios del año pasado López había hablado con el dueño de la empresa para acordar los servicios que brindarían y el beneficio pretendido, porque su única erogación es el sueldo de los vigiladores, pero fue en vano. Aparentemente, en esa fecha agregó en otro papel que los vecinos tenemos una deuda con él. Como jamás recibimos notificación alguna, ignoramos de dónde saldría el monto: dedujimos que surgiría de la comparación de lo que el dueño había fijado como pago para las cuatro cuadras y lo que los vigiladores reciben como sueldo. Como no se habla, esa cifra crece cada mes.

Hoy el barrio goza de una protección razonable, en condiciones confusas para los vecinos, insatisfactorias para los vigiladores y cómodas para la empresa conducida por un delincuente. Valoramos el trabajo de los vigiladores –de hecho se nota la caída del servicio cuando hay suplentes–, y varios decidimos encarar el conflicto. Convocamos a una reunión a la que asistieron una cuarta parte de los vecinos: López mostró información, otros la completaron, y aparecieron preguntas. ¿Cómo sugiere encarar este conflicto?

1. Fortalecer el frente interno

- ¿Quiénes son los beneficiarios del servicio?
- ¿Cómo incorporarlos de la mejor manera posible?
- ¿A quiénes más incorporar (asesores, etc.)?

2. Pensar estratégicamente

- ¿Cuáles son los intereses principales de cada uno?
- ¿Cuáles serían los intereses secundarios de cada uno?
- ¿Cuáles serían los intereses de las contrapartes?
- ¿Qué información necesita...
  sobre ese tipo de servicio?
  sobre prestaciones de servicios similares?
  sobre legislación?
- ¿Cuáles podrían ser los pasos de su estrategia?

Fortalecer el frente interno

No hay negociación exitosa con contrapartes externas sin apoyo sustantivo a nivel interno.

Y la negociación interna es más ardua que la externa.

Para el fortalecimiento interno tenga en cuenta ciertos elementos críticos.

– Una negociación interna inefectiva tiene ramificaciones previsibles.

– Estos efectos negativos pueden ser impedidos.

– Las negociaciones internas y externas tienen similitudes.

– La negociación interna efectiva genera los recursos, el alineamiento y el apoyo requeridos para una negociación con contrapartes externas.

1. Si no se fortalece el frente interno

– Puede encontrarse uno sin recursos.

– Puede fracasar la implementación.

– Se incrementan las resistencias y el riesgo del sabotaje.

– Cada cual defenderá sus intereses sectoriales.

– Si se fracasa, el costo lo asume uno.

2. Comunicar

– Para fortalecer el frente interno, es vital comunicar, comunicar, comunicar.

– Evite que sus colegas internos se sorprendan por el resultado de la negociación externa.

– Inclúyalos en la resolución conjunta de problemas al preparar la negociación externa.

– Construya redes de apoyo para sostener el acuerdo con las contrapartes externas.
(Para lo cual debe identificar a quiénes afecta la negociación en la interna.)

Pregúntese:

– ¿A quiénes les interesa este caso? ¿Quiénes se verán afectados?

– ¿A quiénes necesitaré para implementar este trato?

– ¿Quiénes pueden sentirse perjudicados y sabotear el proyecto?

– ¿Quiénes me pueden ayudar como aliados, mentores, auspiciantes?

– ¿Qué fechas de control interno debo tener en cuenta?

– ¿Qué relación tienen las fechas internas con las necesidades de la contraparte?

3. Pasos para negociar de adentro para afuera

– Conozca los intereses de sus colegas internos e identifique las ramificaciones políticas del trato.

– Construya una red de comunicaciones y de apoyo.

– Cree opciones de beneficio mutuo interno y cuantifique los beneficios y costos para su parte y para la contraparte.

– Identifique los parámetros con los cuales sus colegas internos evaluarán el trato.

– Genere alineamiento y consenso.

– Cierre el trato en la interna antes de presentarlo a su contraparte externa.

– Mientras desarrolla la negociación externa, mantenga permanentemente informados a sus colegas internos.

Pensar estratégicamente

Si, entonces, uno desea negociar sin sorpresas, fija
un espectro de respuestas satisfactorias, elige
una estrategia y diseña un plan para asegurarlo.

1. Identifique sus objetivos
haciendo una lista de sus intereses esenciales, importantes,
y decidiendo cuáles son accesorios o irrelevantes.

Esa tarea contribuye a identificar, para luego separar los deseos
(lo que uno quiere, a veces sin saber por qué)
de las necesidades
(sin las cuales no puede avanzar).

2. Pregúntese *si puede evitar, postergar o delegar*
el proceso de negociación, si se trata de una negociación
por única vez, o si está ligada a otras cuestiones
y requerirá volver a encontrarse; con quiénes mejor encararla.

Mientras reúne los datos que sustentan
sus argumentaciones,
propóngase utilizar cada ocasión para lograr
sus cometidos,
pero también conocerse mejor actuando bajo presión.

3. Defina su estrategia pensando en el otro.
Revise toda la información existente, recoja más datos,
póngase en su lugar, prepárese para sondear e identificar sus
objetivos; y analizar sus fortalezas y debilidades.
Tenga claro en qué condiciones se levantará de la mesa.
Conociendo otras opciones, sus costos y beneficios,
defina su plan B e imagine cuál puede ser el del otro.
A partir de la naturaleza del caso,
esboce los lineamientos para esa ocasión específica.

El viaje del *Patagonia*

Si una negociación es el proceso que surge cuando dos o más partes tienen intereses encontrados, no están satisfechas con el modo existente para resolverlo, se proponen no destruirse, someterse ni huir y deciden inventar un proceso para resolver sus diferencias, analice este caso y, sobre la base de todo lo que ha venido leyendo, pregúntese si el relator llegó a un resultado mejor que el que tenía al comenzar su gestión; si la relación entre las partes se mantiene, o se mejora en comparación con la que existía.

Con su Cuaderno de Bitácora a la vista, pregúntese si el siguiente caso describe una negociación.

Un jueves en San Carlos de Bariloche, fuimos a Puerto Pañuelo con la intención de pasear por Isla Victoria y Arrayanes. Nos habíamos preparado para salir con el catamarán de las 2 de la tarde.

Llegamos 15 minutos antes de la hora anunciada para la partida y en la boletería no había nadie. Un aviso anunciaba que el paseo de las 14 salía solo los lunes, miércoles y viernes. Supuestamente habíamos sido mal informados, pero para nuestra confusión, comprobamos que había otro cartel, más grande y grabado en madera, que anunciaba paseos todos los días a esa hora, razón por la cual una persona que llegó en ese momento empezó a criticar abiertamente la falta de consideración de la empresa. Con una pareja de extranjeros decidimos investigar por nuestra cuenta.

Teníamos la secreta esperanza de hacer el paseo. En el muelle conversamos con un marinero de otro barco, que era la única persona visible en el puerto. Pedimos hablar con el capitán, y el marinero sostuvo que no estaba, aunque al rato lo fue a buscar. El capitán, que estaba trabajando, salió a charlar. Preguntamos si podríamos hacer el paseo en su barco, ya que se habían reunido muchas personas –iríamos 20 pasajeros–, pero replicó que la Prefectura no lo autorizaría, que los dueños de la agencia ya se habían retirado a sus casas y que no tenían teléfono, de manera que sería imposible contactarlos u obtener el permiso. Era una conversación agradable, más en el estilo de una charla de amigos que pasan una tarde comentando sucedidos, que de clientes que intentan persuadir a un empresario de los beneficios de un trato.

Llegados a este punto, al dueño del barco se le ocurrió que quizás el *Patagonia* podría arreglar el viaje, aunque también eso era improbable porque su tripulación se había retirado hacía ya media hora. Le pedimos el número de teléfono del dueño y el oficial de la Prefectura nos permitió comunicarnos desde sus oficinas, indicando que se alejaría hacia el muelle por si venía algún superior de improviso. En el transcurso de las conversaciones, el grupo de viajeros se iba renovando: mientras algunos se volvían al hotel decepcionados, otros se sumaban a la partida siguiendo las alternativas con curiosidad, y un chico iba y venía del muelle a sus padres llevando y trayendo las noticias. Hacer un paseo por la Isla Victoria y Arrayanes se había convertido en una pequeña aventura.

Explicamos por teléfono nuestra situación al dueño del *Patagonia.* Nos dijo que sus marineros ya estaban de franco, pero que haría todo lo posible por complacernos. Tardaría media hora en llegar, porque estaba terminando el postre.

Cuando anunciamos al grupo que era posible hacer el viaje, algunos empezaron a preocuparse por el precio que nos pedirían. Uno puso un límite máximo, sobre la base del valor del paseo oficial, mientras otro calculó que no tendríamos que pagar la tasa de Parques Nacionales, porque la oficina ya había cerrado. Después de ver el *Patagonia* por fuera, una señora dijo que debería ser más barato porque era un barco más antiguo y menos confortable que los catamaranes, al tiempo que un caballero anticipaba que, por ser un paseo en pequeño grupo, sería mucho más cómodo. Mientras uno sostuvo que estábamos en manos del dueño del barco –quien podría imponernos la tarifa–, otro dejó en claro que si el precio fuese exorbitante, debíamos estar preparados para renunciar a hacer el paseo, pero un par de familias se molestó porque ese era su último día de vacaciones y no tendrían otra oportunidad de visitar la isla. Algunos comenzaron a irritarse, y dijeron que habían esperado mucho tiempo y que “era responsabilidad del hombre atendernos bien” y compensar nuestra espera. Desde el principio de las tratativas había pasado solo media hora. Estábamos avanzando en nuestro intento, y sin embargo algunos se angustiaban pensando en el momento en que llegara el patrón del *Patagonia.*

Un cuarto de hora más tarde, un auto entró a toda velocidad, estacionó junto al barco, y salieron los tripulantes prepa-

> rados para zarpar. El capitán inició la conversación con una gran sonrisa; explicó que había tratado de llegar lo antes posible y que era un buen día para el paseo, ya que no había viento en el lago. Acordaríamos juntos hacia dónde ir y a qué hora volver. Manifestó que la idea de llamarlo le había gustado mucho porque podríamos beneficiarnos todos: ellos por el dinero extra que ganarían, y nosotros por realizar el viaje. Comunicó que normalmente cobraba por la salida, a valor de charter, en dólares, pero esta vez nos cobraría por persona y en pesos. Nosotros hicimos el cálculo y considerando la cantidad de pasajeros, la suma pedida excedía el valor en dólares, por lo que hicimos una contraoferta. El capitán la aceptó, agregó como regalo personal que los menores no pagarían, y así partimos de inmediato.
>
> De una situación donde no parecía haber opciones posibles ni interlocutor a la vista, pasamos a gozar de una tarde de sol en el Nahuel Huapi. Habíamos negociado con éxito.

Es interesante señalar las similitudes y las diferencias de proceso entre este caso y el del cliente que se había atrasado en el pago. En aquel, los negociadores actuaban insertos en el marco de una empresa multinacional, con roles claros asignados en función de jerarquías y responsabilidades; en este, actuaban en representación de amigos y conocidos. En ambos casos eran emisarios que conjugaban sus propias apetencias con las de otros, que eran sus mandantes. En ambos casos, vivieron tensiones, pero no negociaron *a título personal*, cuando puede ser más difícil disociarse y actuar con calma.

Crear el ámbito propicio para intercambiar información

Lo ideal es que se reúna con los otros para definir en conjunto un temario y los criterios para la negociación propiamente dicha, y establecer las condiciones mínimas para avanzar en los intercambios.

A medida que se desarrolla ese contacto
re evalúe sus primeras ideas;
incluya más datos y ajuste su plan.

Los intercambios agregan información
a partir de su comportamiento.
Sea consciente de cómo se comporta: sepa que
usted influye sobre las percepciones del otro
y asegúrese de que conduzcan a un cierre
satisfactorio.

Por ejemplo, piense que cada hecho afecta
la posibilidad de llegar a un entendimiento.

Uno sabe
que las aproximaciones incluyen amagues.

La primera oferta no será la mejor, las demandas
iniciales serán mayores de lo que uno espera recibir
y las concesiones iniciales, menores.

Escuche para tratar de entender
cómo se mueven ellos,
evalúe las consecuencias
de abrir con posiciones extremas y
de aludir a concesiones generosas.

Claridad, firmeza, perseverancia

Una negociación es el proceso que puede surgir cuando dos o más partes tienen intereses parcialmente compartidos/parcialmente encontrados, no están satisfechas con el modo existente para resolverlo, por lo menos por un tiempo se proponen no destruirse, someterse ni huir y deciden inventar una manera para resolver sus diferencias.

En base a esta definición, analice el siguiente caso y pregúntese si el relator llegó a un resultado mejor que el que tenía al comenzar su gestión, y si la relación entre las partes se mantiene o se mejora en comparación con la que existía.

Queríamos comprar para dejar de alquilar. Durante la búsqueda, surgió la oportunidad de adquirir un terreno atractivo por ubicación, dimensiones, etc. Queríamos solucionar el problema con bajo presupuesto, y no teníamos interés en realizar una inversión no orientada a contar con vivienda propia a corto plazo. La inmobiliaria quería vender, al mejor precio posible y rápidamente, un bien que presentaba problemas en lo legal: era parte de los bienes embargados por un banco que estaba liquidando la sociedad dueña del bien, socios en litigio entre sí y con el banco, etcétera.

Ansiábamos tener vivienda propia. Un domingo, pasamos frente a un baldío que nos llamó la atención por la buena ubicación y lo tranquilo. Ningún cartel indicaba que estuviera en venta, pero los vecinos comentaron que hacía mucho que estaba ofrecido. A la semana mi esposa fue a la inmobiliaria y preguntó si aún estaba en venta. El dueño nos dio un precio fuera de nuestro alcance. Aprovechando la visita, concertaron una recorrida para ver la zona, pero no había nada. Comentamos que nos gustó el baldío, pero que excedía nuestra posibilidad. Coincidió en que era una oportunidad y nos visitó un empleado para decir que habían estado pensando que lo que más nos convenía era invertir en ese terreno como la mejor alternativa de futuro. Que lo pensáramos e hiciéramos una oferta. Cortésmente indicamos que nuestro presupuesto no daba para tal inversión.

Unos días después, pasé para agradecer. Volvieron a ofrecer el terreno indicando que si bien el precio era bueno, si contraofertaba un valor menor, tal vez el dueño aceptara. Explicaron los beneficios del negocio y consulté detalles. Ante mi insistencia, me preguntó cuánto podría pagar. Dije que la tercera parte de lo pedido y la respuesta no se hizo esperar: yo no tenía idea del valor del terreno, no podía ofertar tan poco, etc. Unos días después, preguntaron si lo habíamos pensado ya que "desperdiciábamos una oportunidad". Repetí: "...pero lejos de nuestras posibilidades". No obstante, me invitaron a conversar. Allí López me dio detalles que había omitido: el terreno era parte de una sociedad en liquidación, estaba afectado por un embargo y los dueños aceptarían alrededor del 80% como precio final-final. Era una excelente oportunidad de aprovechar la necesidad de esta empresa de desprenderse de bienes, hacerse de efectivo y neutralizar las presiones a las que la sometía el banco. Pero tenía que decidir rápido porque había otros interesados.

Preocupado porque aparte de no contar con el monto, había también detalles legales que solucionar, le repetí mi tope y le aclaré que, además, no me sentía cómodo en una operación comercial con un inmueble en semejante situación. La realidad es que el terreno no era mi prioridad y mi capital era el que había declarado. Conversamos y a pesar de que López entendía que mi oferta distaba de sus expectativas, me sugirió telefonear a un socio de la empresa en quiebra para tener en forma directa su opinión. Era el dueño original del terreno y lo había aportado a la sociedad al momento de constituirla.

López le preguntó quién era yo, para qué quería el terreno y cuánto ofertaba. Me pasó el teléfono y dialogamos cordial pero brevemente. Me comentó que mi oferta era muy baja y estaba fuera de mercado, pero tuvo buena predisposición para escuchar mi postura sincera e inflexible. La inmobiliaria pidió hablar con López para que lo autorizara a seguir con la operación. Vino luego una etapa complicada para regularizar la situación del inmueble embargado, pero todo se solucionó hasta contar con la escritura debidamente liberada a nuestro nombre y a nuestro precio.

Usted acaba de leer el caso *Claridad, firmeza, perseverancia*. A través del análisis de las conductas, en las diferentes etapas del relato, ¿qué porcentaje de la negociación fue extorsiva? ¿Qué porcentaje fue distributiva? ¿Qué porcentaje fue constructiva?

¿Puede hablarse de un buen manejo de las emociones? ¿De un buen ejercicio del pensamiento estratégico? ¿De la creación de un buen clima para relevar e intercambiar información?

¿Cómo se manejaron las diferencias? ¿Cómo se resolvieron los problemas concretos? ¿Se pudo llegar a un trato factible de ser concretado? Analice los aspectos inusuales del caso:

- la diferencia de expectativas iniciales,
- el manejo de los tiempos,
- la información que va surgiendo,
- la baja de tensión al saber que la propiedad no es interés esencial,
- el manejo del cierre.

En esta negociación, ¿cómo se expresaron los temas de poder, de cultura y de comunicación? La asimetría de poder era nítida, y sin embargo el asunto central se resolvió; había diferencias culturales marcadas en cuanto cada uno se apoyaba en sobrentendidos diferentes; y los modos con los que se producía entendimiento y acercamiento requirieron de sucesivas visitas e intercambios. En todas estas facetas se fueron generando cambios como consecuencia de la acción de los intervinientes.

Administrar las diferencias

Responda a una oferta
sin mostrar emociones,
pida aclaraciones, tómese tiempo para
analizar cada sugerencia
y asegúrese de entender de qué se trata.
Sintetice lo que se dice para eliminar malentendidos.

Las partes tratarán de lograr concesiones mayores,
por lo que debe reconocer estos intentos y responder
sin perder la compostura, aun ante agresiones.

Si usted no acepta los términos, ante la amenaza
de las represalias, responda que necesita conocer
las razones.

Si piensa que intentan un engaño,
vuelva al asunto central, a las discrepancias,
y si insisten, anuncie en qué condiciones prefiere continuar.
Si tratan de intimidarlo, no se deje influir.
Si hubiera distrato, espere a que se calmen y vuelva al tema.

Evite trabajar sobre un solo asunto,
porque conduce a pujas y regateos.
Intente ampliar el alcance de la negociación.

No crea que usted sabe lo que quieren los otros.
Además, a menudo uno puede cerrar sin conocer los detalles.

Sepa que el otro es distinto, necesita otras cosas,
y tiene otra concepción de tangibles, intangibles y divisas.
Escuchando se ubicará mejor.

Muchos fracasos se deben al hecho de atribuir al otro
deseos y necesidades inexistentes.
Trate de centrarse en los intereses, y no en las posiciones.

Cuando el negociador exagera su deseo,
sus intereses permanecen escondidos, aun ante sus propios ojos.

Sus intereses informan por qué usted desea algo.
Reflejan su preocupación.
Conviene identificar y explorar la complementación
de intereses.

Centrarse en los intereses ayuda a las partes
a comprender la perspectiva del otro,
no solo sus reacciones y posiciones.
Este abordaje alienta a las partes a buscar campos de beneficio
conjunto y acelera los entendimientos que responden
a sus inquietudes.

Centrándose en los intereses se incrementa
la posibilidad de avanzar sean cuales fueran
los asuntos, partes, riesgos, desafíos y consecuencias.
Conociendo su propios objetivos, manténgase abierto
a nuevas opciones.
Si no avanza con sus intereses,
no se sienta ofendido, ni se retire dando un portazo.

En cuanto a las ofertas,
el manejo de los tiempos es importante.
Es ideal hacer la oferta cuando el otro la espera.

Cuando su oferta es definitiva, explicítelo y
aliente a su contraparte a aceptarla
señalando los beneficios menos evidentes.

Es usual que en el cierre aparezcan dudas.

Manténgase firme, recordando que lo valiente
no quita lo cortés.
Muestre paciencia.

Ante las resistencias a cerrar, sobre la base de
su conocimiento de la contraparte,
evite las amonestaciones y acusaciones.

Eventualmente señale el beneficio de un cierre
y de las oportunidades que pueden abrirse a partir
del fortalecimiento de la relación.

Resolver problemas concretos y asegurar la implementación

Cierre cuando entienda que ambas partes han hecho
concesiones mutuamente aceptables y el acuerdo lo vale.

Confirme los términos del acuerdo:
asegúrese de que todos lo entiendan por igual.

Defina cada palabra para que responda a lo que necesitan las partes.

Si no se logra acceder a concesiones mutuamente aceptables,
quizá deba intentar acercar a las partes:

– dividiendo por la mitad;

– tirando la moneda;

– dando al otro a elegir entre dos opciones aceptables,
aunque a veces será difícil encontrarlas,
y nada asegura que le interesen;

– incorporando nuevos incentivos o sanciones;
aunque las sanciones introducen un elemento hostil
y los nuevos incentivos hacen retroceder lo tratado;

– agregando más ideas o hechos,
aunque si bien esto permite que el otro haga nuevas concesiones,
pone en riesgo la credibilidad;

– haciendo un cuarto intermedio
para darse tiempo a reflexionar con asesores;

– trayendo a un mediador neutral
que muestre la situación bajo una luz
que las partes no han considerado.

Posibles errores

Olvidarse de los problemas que tiene el otro.

Permitir que el precio, o los objetivos gananciales,
eclipsen los otros intereses.

Posicionarse en contra de los propios intereses.

Preocuparse demasiado por descubrir intereses compartidos.

No prestar suficiente atención a desarrollar el Plan B.

Negar los propios prejuicios.

Incluir mediadores

La mediación es un proceso de entendimiento en el que
las partes llegan a un acuerdo
a través de la gestión de un tercero de apelación.

Lo hacen tratando de entender todo lo que comporta el trato
para que las partes descubran su propia salida,
actuando con imparcialidad,
considerando cada asunto desde todos los ángulos,
sugiriendo cómo superar el entuerto,
explicando los detalles y ayudando a que cada uno llegue
a entender al otro.

Para que la mediación sea exitosa:

1) debe haber una evaluación sensata de la salida más probable
si la disputa no se resolviera con la mediación;

2) las tratativas deben seguir hasta que cada parte
haya hecho su mejor ofrecimiento.
Sin estas dos condiciones, el pronóstico es incierto.
Para llegar a una visión realista de la naturaleza
del conflicto y, en consecuencia, de los resultados probables,
será necesario debatir cada asunto,
preferiblemente en un encuentro franco,
intercambiando ideas con los involucrados.

Tras las sesiones conjuntas,
es previsible que cada parte quiera reunirse por separado
con el mediador para discutir los méritos de la posición propia
y la ajena y los posibles costos de no llegar
a un avenimiento,
o la probabilidad de llegar a litigar.

Normalmente se llega a un trato cuando las partes
se convencen de que cuentan con la mejor oferta posible del otro.
La tarea del mediador es alcanzar ese punto.

En esas funciones, cada mediador encarrila sus acciones para que las partes arriben a sus propias conclusiones sobre lo que les conviene.

Entender la negociación estratégica

En la negociación, las partes tienen la libertad de incorporar procesos de colaboración y competencia. El círculo que se dibuja en la Figura 3 sintetiza, groseramente, los aspectos que las partes tienen en cuenta tanto al prepararse como al ir desarrollando los intercambios. A su vez, cada uno de ellos sintetiza una constelación de procesos.

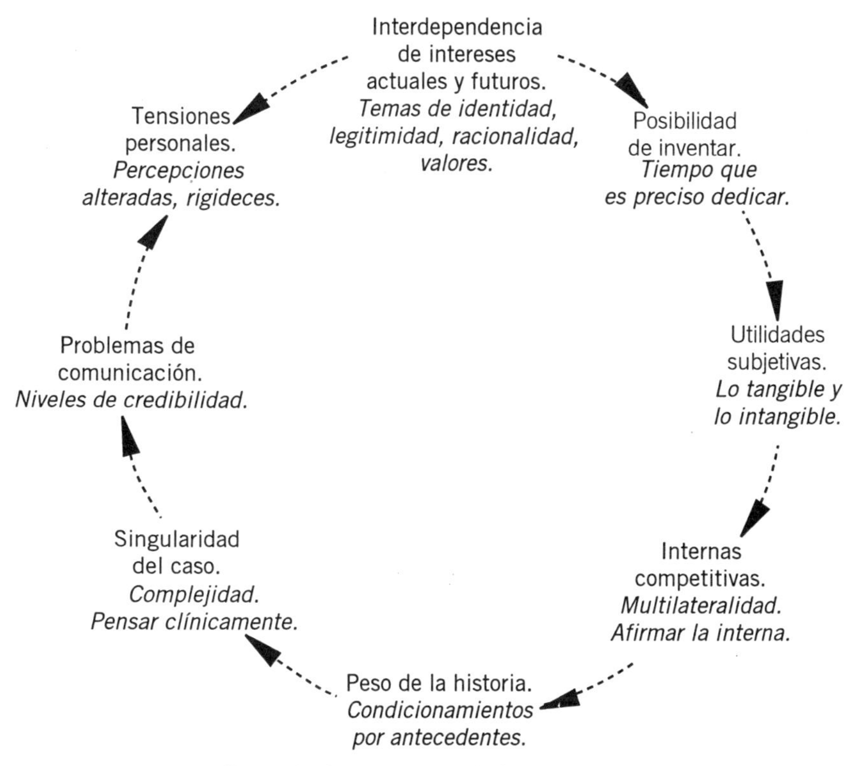

Figura 3. Componentes de la negociación

Se entiende, entonces, que entablar una negociación requiere templanza. De ahí, también, la necesidad de preparación, de descansos, de consultas a especialistas, de avanzar con paso prudente.

El proceso de la negociación es complejo. Así lo da a entender el sistema que dibujan las ocho constelaciones citadas. Puesto ante la disyuntiva de llegar a una solución satisfactoria, uno desearía reducir esa complejidad y sus vicisitudes dibujando matrices de doble entrada, gráficos de coordenadas, y diagramas de flujo de arriba abajo, o de izquierda a derecha. Las próximas páginas lo hacen, pero el lector prevenido sabe que eso solo facilita la lectura, ya que los procesos sociales han de entenderse como sistemas, en los cuales se ingresa por cualquier paso, cada decisión/postergación en una etapa afecta a las otras, y una secuencia no sigue solo el sentido de las agujas del reloj.

Sistematizar la negociación estratégica

La negociación satura la vida cotidiana. Es un *proceso* de *toma de decisiones* en el que diversas partes, con objetivos parcialmente encontrados, parcialmente compartidos, colaboran y compiten alternativamente. Se trata de un proceso de comunicaciones en el que las partes deben actuar con rigor profesional para defender sus intereses y ser capaces de desarrollar nuevas reglas para ver más allá de lo inmediato y de lograr mejoras comparativas para que el otro desee seguir conversando. Un proceso que convierte la necesidad en virtud; que descubre oportunidades en la debilidad.

Cuando no existe una autoridad superior aceptada para dirimir diferencias, las partes se ven obligadas a revelar sus preferencias, a intentar persuadir al otro, a adoptar comportamientos estratégicos y a intercambiar información. En términos analíticos, la negociación se caracteriza por la comunicación de un propósito, la percepción de un propósito, la manipulación de expectativas respecto de las que uno estaría dispuesto a aceptar o a rechazar, la expresión de amenazas, ofertas y seguridades, el despliegue de conductas aplomadas y de expresiones de idoneidad, la comunicación de restricciones en torno a lo que uno podría hacer, la búsqueda de equilibrios y de intercambios de conveniencia mutua, la creación de sanciones que ayudarían a la implementación de compromisos asumidos y de acuerdos, los esfuerzos auténticos a los efectos de informar y de persuadir, así como también la generación de mecanismos hostiles y amigables, de respeto mutuo y de reglas de protocolo.

Las partes la consideran *exitosa* cuando equilibra los objetivos buscados y los medios puestos al servicio de esa meta, y se satisfacen ampliamente cuando a través de ese proceso se consolidan las relaciones y se puede pensar en objetivos más ambiciosos.

La negociación es un proceso dinámico en el que se distinguen tres tipos de prácticas.

1. Las *extorsivas, disruptivas, inescrupulosas, polémicas* o *a pérdida*, caracterizan momentos del proceso en los que cada parte se afirma, amenaza y advierte, mientras ejerce presión para influir sobre el otro y lograr que este acepte su voluntad o su última oferta. Son prácticas de una negociación forzada, *como si*; priman las conductas unilaterales, especulativas y oportunistas. Surgen cuando una parte tiene la *opción de no negociar* porque la situación se acerca a una de dominación sin costo, y exacerba sus exigencias, lo que lleva el conflicto a nivel de riña. Se trata de aquellas instancias en las cuales las partes evitan avances a sabiendas de los costos eventuales, y actúan como si fuera imposible concertar con las condiciones y reglas requeridas para avanzar, aun en detrimento de los propios intereses. Reflejan el modelo

perder-perder: uno gana menos de lo que dice –sin advertirlo–, y el otro lame sus heridas. Cuando esta modalidad permea las relaciones, se viven con los hechos de momento a momento, las reglas se cambian –se patea el tablero– sin solución de continuidad. En tales condiciones, ¿lograr que el otro asuma responsabilidad? Como consecuencia se producen acuerdos precarios, victorias pírricas, como por ejemplo la de un contrato de adhesión.

2. Hablamos de prácticas *distributivas, no cooperativas, posicionales, convencionales* o *competitivas* para referirnos a aquellas instancias en las que se privilegia la ganancia personal, en detrimento de los objetivos comunes. Se reconoce que los recursos a dividir son escasos, se puede apelar a estándares externos aceptados por las partes, el proceso se ciñe a lo racional y cuantitativo, y la ganancia de una parte significa pérdida para la otra. Los actores ponen de manifiesto un nivel débil o inexistente de cooperación, y para dirimir posiciones entra en juego el poder de cada cual. Lo que gana una, la otra lo pierde; la solución consiste en el reparto de recursos existentes, por lo que en Teoría de los Juegos el modelo se denomina *de suma cero* y, coloquialmente, *ganar-perder.* A diferencia de las prácticas contenciosas que caracterizan una negociación eminentemente extorsiva, cuando priman las distributivas se apela a acuerdos paritarios para agilizar los trámites, se busca el cobijo de reglas decisionales que operen como sistema de certeza.

3. Es más previsible dar con prácticas *constructivas, integradoras, agregativas* o *estratégicas* cuando la cantidad de recursos a dividir es variable, se construyen convergencias a través del diálogo, se trabaja a corto y mediano plazos y se desarrollan pautas de medición en lo cuanti y en lo cualitativo. Los actores manifiestan un alto nivel de cooperación con la mirada puesta en las ganancias mutuas. El pro-

ceso se orienta al respeto de las aspiraciones del negociador con el objeto de que cada parte considere el resultado satisfactorio. De este modo, las partes acceden a lo que valoran en la medida en que invierten recursos tangibles y confianza, en agrandar el tamaño del pastel. Al hacerlo, minimizan las componentes irracionales de la extorsiva, potencian las componentes racionales de la distributiva, e incorporan condiciones trascendentes para el sostenimiento de su relación, proceso que puede modificar los objetivos y las prioridades particulares, para orientarlos hacia objetivos de interés común. En Teoría de los Juegos el modelo se denomina *de suma no cero* y, coloquialmente, *ganar-ganar*; en la práctica se caracteriza por la presencia de conductas más empáticas, que permiten ahondar y discutir el valor de las distintas ópticas. Estas prácticas producen una curiosa mezcla de idealismo y pragmatismo, en la cual se concede valor a la vigencia de los principios y las prácticas en la constitución de un orden.

Tras una concertación, la negociación es típicamente *distributiva* –se negocia sobre un bien deseado por ambas partes– cuando el objeto en disputa no lo controla ninguna de las partes antes de la crisis, o *re-distributiva,* cuando el objeto en disputa ya está en su poder o va siendo apropiado por una de las partes, y la otra trata de forzar al poseedor a entregar todo o algo, o bien dejar de apropiarse de él. En estas negociaciones los mandantes toman el rol negociador y se reduce la participación de los profesionales. Cuando prospera el enfrentamiento, la ingobernabilidad del proceso lleva al ejercicio de la violencia o a su resolución a través de la capitulación o de pactos.

Partiendo de *Negociar consigo mismo / Fortalecer el frente interno,* consideramos los pasos: *Pensar estratégicamente* y *Crear el ámbito propicio,* diferenciados, ya que otros autores los engloban bajo prenegociación; *Administrar las diferencias,* que para muchos constituye la negociación propiamente dicha, y *Resolver problemas concretos / Asegurar la implementación* a efectos de asegurar la *implementación de lo acordado.*

Los círculos en el encuadre resumen los aspectos básicos de la dinámica de la negociación en la que los negociadores operan en varios aspectos simultáneamente. La intención de la negociación estratégica es limitar los aspectos extorsivos, potenciar los distributivos y alentar la emergencia de constructivos. Cuando se cumplen las tres condiciones, se trata de un proceso en el que se benefician ambas partes: en esos casos hablamos de *ganar-ganar.*

Pasar del conflicto a la negociación

Al analizar una situación contenciosa, el negociador toma en cuenta sus propios intereses y los del otro, por eso se dice que la negociación es un proceso de motivaciones encontradas. Se hace desde una personal combinación de sensatez, egoísmo y seducción. Sin embargo, de este modo, la negociación administra un proceso cuyo resultado debe convenirle y a través del cual elige no dañar. Dedica preocupación a los intereses propios, y para llegar a buen término, se ocupa de los intereses del otro.

Lo extraño es que se propone hacerlo en un entorno en el que, como muestra el cuadro de la página siguiente, existen numerosas dificultades.

Con plena conciencia de sus aspectos contenciosos, la negociación hace temporal abstracción de ellos y busca dar solución a una situación compleja, en la cual las partes contienden, pero en la que es más probable que el trato llegue a buen término y se mantenga, si ambas quedaran satisfechas.

Esto requiere dos roles esenciales: el de quien define objetivos y se mantiene a distancia, el mandante, y el de los

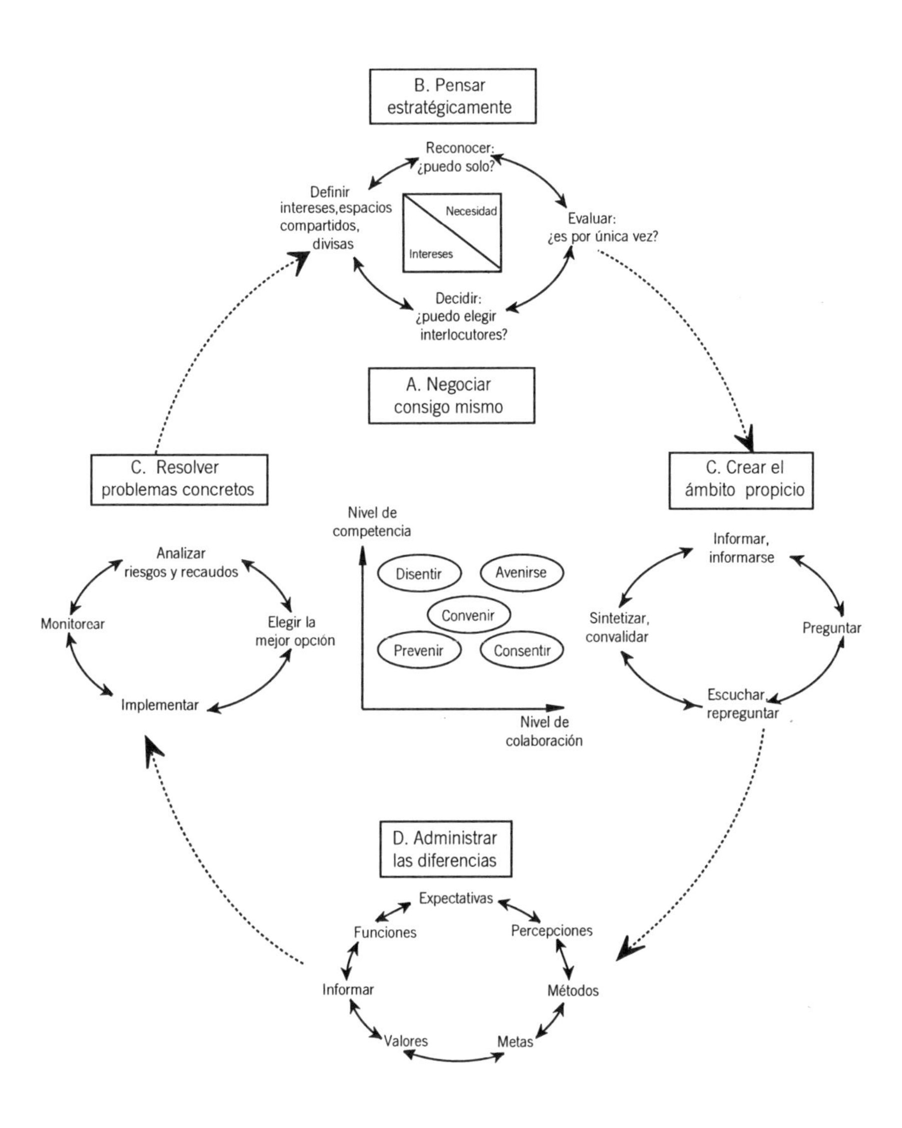

Figura 4. Dinámica de la negociación estratégica

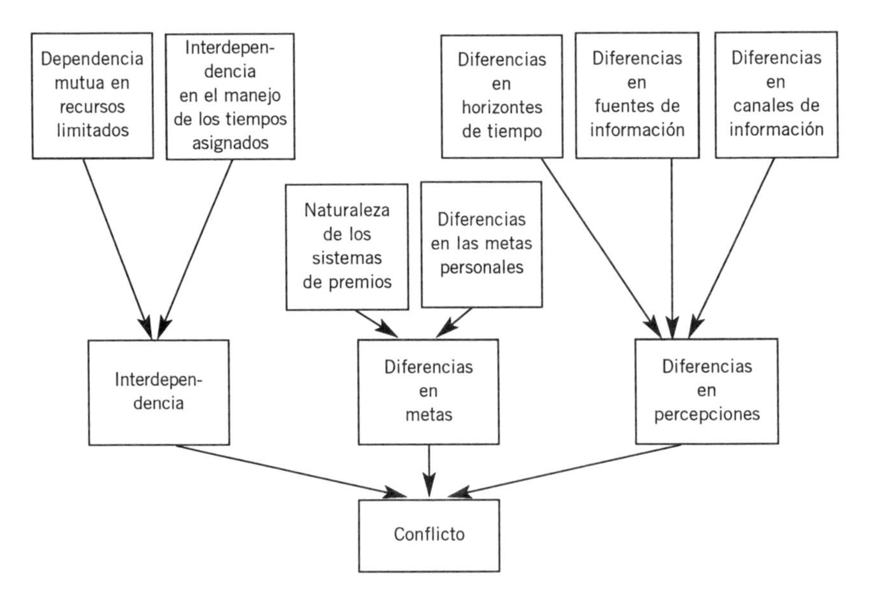

Figura 5. Fuentes del conflicto

negociadores, quienes conocen esas metas y pautas para alcanzarlas y se acercan al otro, conscientes de que son responsables ante aquel.

Por último, la mejor respuesta se encuentra cuando, tras haberse mantenido firmes en la defensa de sus intereses y flexibles en el transcurso de las discusiones, ambas ven superadas sus mayores expectativas.

Este abordaje limita los aspectos contenciosos a las primeras escaramuzas, que se expresan en demandas excesivas, expresiones de compromisos impostergables, o en el uso de amenazas y de violencia, ya que se descuenta que las partes saben que existe un campo de potencial acuerdo y que tomar otro camino provocaría la escalada del conflicto, y más aún, que si diera lugar a un acuerdo, este sería mezquino.

La negociación se desarrolla en tanto las partes perciben que comparten cierta definición de un futuro deseable, y confían en su capacidad de descubrir e inventar beneficios mutuos. Aumenta la probabilidad de que eso ocurra si creen en la capacidad propia y ajena, si poseen experiencias anteriores de éxito, si tienen acceso opcional a referentes respetados, y si otorgan legitimidad a las aspiraciones del otro. En esos casos es de suponer que podrán surgir transacciones, contraprestaciones y compensaciones, porque ambas partes son conscientes de que lo que el uno pretende se solapa solo un poco con lo que quiere el otro.

En cualquier intercambio, cada parte intenta maximizar sus resultados y acepta que, para cerrar, deberá conceder algo. Puesto que desean reducir su costo, ambas procuran encontrar los términos de intercambio que lo hagan al mínimo, aplicando tácticas y estrategias.

La Figura 6 muestra un intercambio simple entre dos partes, limitado a dinero y trabajo, por ejemplo, que ambos poseen. Los ejes representan la cantidad que cada parte otorga a la otra, y las curvas dibujan sus preferencias. Si partimos del negociador, su preferencia sería el punto d, en el que nada concede, mientras en g concede todo. Algo similar cabe para su contraparte.

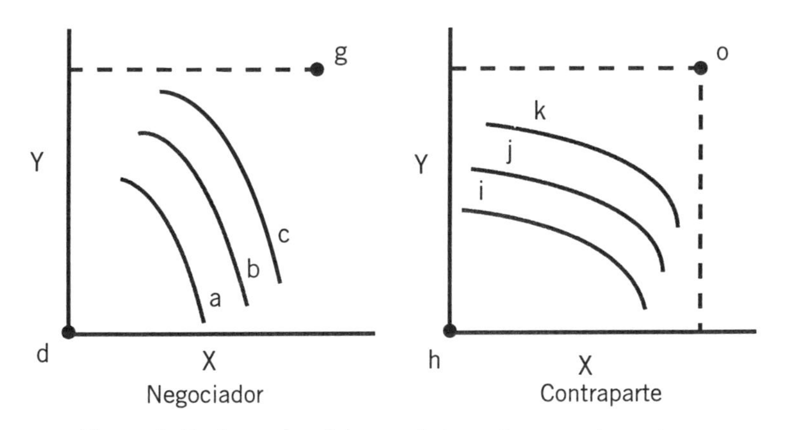

Figura 6. Preferencias del negociador y de su contraparte

La figura describe conductas calculadoras, ya que cada cual preferiría guardar lo que tiene y acceder a lo del otro. Las curvas indican que las preferencias de las partes difieren: el negociador prefiere obtener más de X, mientras su contraparte prefiere obtener más de Y. De poder cruzarse esas curvas, sus puntos de contacto representarían la satisfacción conjunta, y lo más probable es que hubiera numerosos puntos de corte.

Aplicar las estrategias

Cuando ambas partes se sientan a la mesa, instalan simbólicamente la aceptación del otro, y de algunos de sus intereses. Esto puede graficarse tomando dos ejes, en uno de los cuales se coloca la propia matriz de intereses y en el opuesto, la aceptación de contribuir a que la otra parte satisfaga los suyos. Prima la satisfacción de los intereses propios, pero la noción de negociación surge cuando hay presunción de buena fe. Cuando se tiene en cuenta al otro, hecho que puede ser auténtico, cuando existe una predisposición positiva, o bien estratégica, cuando existe dependencia, o cuando el otro puede brindar beneficios o sanciones. Durante cierto tiempo, penderá la sospecha de que la búsqueda de consenso es un mero expediente oportunista.

Thomas y Kilmann[9] proponen el siguiente gráfico de diferentes complementaciones de las motivaciones encontradas (ver página siguiente). A cada estrategia agregamos aspectos positivos y negativos que, a nuestro juicio, muestran mejor su dinámica interna.

---

9. Kenneth Thomas y Ralph Kilmann desarrollaron el modelo bidimensional de la conducta en el manejo de los conflictos sobre la base del anterior de Kenneth Thomas, incluido en *The Handbook of Industrial and Organizational Psychology* (Ed. Marvin Dunnette), Chicago, Rand McNally, 1976.

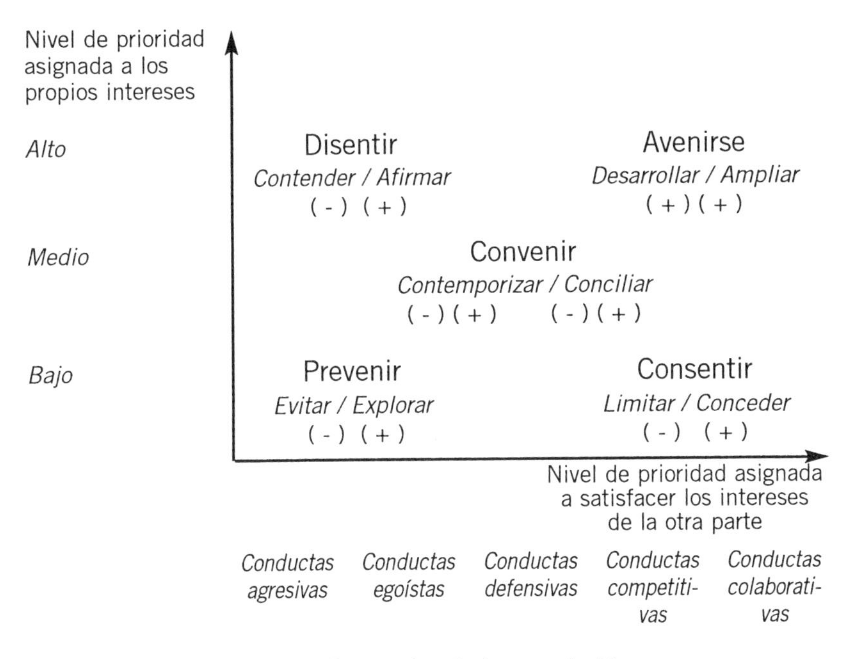

Figura 7. Estrategias de la negociación

Acciones iniciales: cuándo prevenir, explorar, evitar

Prevenir es el paso inicial, una vez identificado el otro como contraparte potencial. Estas acciones se aplican cuando existe cierto nivel de interés y de compatibilidad, y las partes se acercan para investigar y ganar tiempo. Ocurre cuando se advierte una oportunidad y falta información; se indaga para seguir adelante al comienzo de cada encuentro, y cada vez que es preciso pactar reglas de juego. La intención es recoger y convalidar información: conocer mejor, descubrir sobrentendidos, buscar coincidencias.

Es una etapa de intercambio, en la cual se encuadran y se ponen en evidencia los intereses de unos y otros. Sirve para organizarse, definir caminos, acordar prioridades, utilizar recursos, y cerrar rápidamente si no se justifica mayor dedicación de tiempo. Tiende a usarse cuando la situación tiene bajo nivel de interés y se piensa que son reducidas las posibilidades de negociar. Surge, además, cuando el negociador no ha decidido si centrará su atención en intereses egoístas o si conviene investigar sobre la posibilidad de compatibilizar a la procura de bienes comunes.

Acciones decisorias: cuándo disentir, contender, afirmar

Se aplican cuando el tema es percibido como importante, cuando no preocupa lograr acuerdo al respecto, y la pretensión de ejercer un derecho es legítima. Se usan cuando el negociador ve afectados asuntos propios, en la medida en que sus pretensiones sean comprendidas y aceptadas. Por extensión, advierten sobre elementos que valora, cuando aquel no les hubiera otorgado tal importancia. Fijan límites y protegen ante prácticas inescrupulosas, son válidas para establecer un límite claro, transmitir una convicción, o sentar un precedente. Son características cuando conviene actuar rápidamente, asumiendo la responsabilidad por una decisión.

Cubren las prerrogativas consideradas propias, y no negociables en las circunstancias. Se las utiliza para apuntalar un criterio, o reforzar el cumplimiento de una norma. Revelan que el tema en discusión tiene un significado especial para el negociador y que se considera innecesario o improcedente debatirlo. Transmiten las fronteras del temario, pero de usarse fuera de lugar, comunican intransigencia y desalientan el desarrollo de la negociación.

Acciones simbólicas: cuándo consentir, conceder, limitar

Se aplican cuando el tema tiene bajo nivel de interés para el negociador, y tras la reflexión, elige colaborar con el otro en el logro de ciertos fines, estimados y equilibrados con beneficios mayores derivados y contingentes de esa actitud. Sobreentiende que la situación se analizó y que, en caso de ingresar a esta zona, se habilitará al otro a lograr esos propósitos porque mantiene la armonía requerida y muestra respeto. No implican ceder, y crean precedentes positivos, al contribuir a reconocer olvidos, postergaciones y errores cometidos en otras circunstancias.

Es una estrategia imprescindible cuando lo que se demanda es justo y procedente, y se requiere una solución inmediata; o cuando se desea establecer una relación armónica que no ponga en peligro metas vitales. En el ámbito y el deseo de una relación extendida de intercambio, reconoce los espacios que corresponden al otro.

Acciones componedoras: cuándo convenir, contemporizar, conciliar

Se aplican cuando el tema tiene una importancia relativa y se colabora hasta cierto punto: las reglas son satisfactorias, se avanza informando y argumentando, y se concluye que conviene dividir costos y beneficios. Se utiliza un criterio de reparto y se entiende que ambas partes tienen, sobre ese tema, derechos y poder equilibrados. Suponen que la transacción distribuye beneficios e intenta hacerlo de forma equitativa, aun cuando una parte se lleve una porción mayor que la que recibe el otro, ya que una vez completada la transacción, surgirán otros intereses, en los que las proporciones podrán ser distintas. En este sentido, establecen acuerdos temporales, intermedios.

Constituyen la esencia de la negociación distributiva, afirman la relación, muestran éxitos parciales y dan continuidad al proceso. Son útiles cuando se desea resguardar el vínculo, ante la amenaza de la intromisión de terceros, o cuando se procura asegurar la estabilidad y garantizar el desarrollo de una negociación difícil.

Acciones integradoras: cuándo desarrollar, limitar, avenirse

Se aplican cuando el tema es de especial interés para el negociador, y este advierte que sin la contraparte no se podrían alcanzar los beneficios deseados. Por lo tanto, aluden a la construcción de un vínculo, que se cimentará en el tiempo y que permitirá sobrellevar dificultades y extender el marco de la relación. Se utilizan cuando el tema en cuestión es demasiado importante como para resolverlo con la estrategia de *convenir*.

Se utilizan además cuando (a) los objetivos son ambiciosos y complementarios; (b) se desea invitar al otro, como adversario leal, a compartir un universo más amplio de posibilidades; (c) la colaboración se hace imprescindible por el grado de turbulencia existente; o (d) la incertidumbre obliga a construir relaciones nuevas, capaces de afirmar el sentido y la dirección de los proyectos.

Se implementan toda vez que existe una intención de avanzar más allá de lo que se ha logrado, aun en los mejores momentos, sabiendo que esto requiere crear nuevas formas de asociación. Su necesidad surge también en casos especiales cuando es preciso inventar algo inédito y establecer las bases para un entendimiento a largo plazo.

Revelan un propósito de aprovechar la sinergia y transmiten voluntad de crecer. Mientras las estrategias anteriores, en el mejor de los casos, hacen una asignación adecuada de valor existente, esta es la única que "crea valor agregado".

Esta estrategia es la más beneficiosa y deseable. Pero es difícil instaurarla, a menos que exista entre las partes una experiencia previa y procesos que arrancan con el *prevenir*, definan los ámbitos de *disentir* y *consentir*, y dediquen tiempo suficiente a *convenir* (salvo que se enfrente una crisis y a través de una intermediación puedan instalarse condiciones que permitan saltear el *convenir* y pasar al *avenirse*).

Puesto que es la estrategia que mejores resultados puede producir, el negociador procura convencer al otro de la conveniencia de recorrer la diagonal. Esto en general comienza a hacerse intentando que el otro comprenda los propios intereses, ofreciendo acercar posiciones y construyendo relaciones de dependencia, sea aludiendo a cuestiones de beneficio mutuo, o de objetivos superiores, y esforzándose por desarrollar recintos creíbles de intercambio. También puede encararse expresando firmeza en los propósitos, valorando la objetividad, señalando la inoperancia de las prácticas contenciosas, mostrando plasticidad en la consideración de las aspiraciones del otro y manteniéndose firme en las propias convicciones, comunicando preocupación por los intereses de su contraparte y señalando la posibilidad de acceder a ellos, mostrando voluntad para reconsiderar sus propios intereses cuando el otro los juzga inaceptables. Sin embargo, en todo momento coexisten en difícil equilibrio elementos en pugna que se reflejan en la inclusión de los dos verbos junto a cada estrategia.

Decidir cuánto nivel de acuerdo es necesario

Conocer los aportes de las cinco estrategias permite iniciar el acercamiento definiendo los contenidos en los que corresponde, en el caso concreto, *disentir*, así como *consentir*, para analizar cómo *prevenir*, advertir los campos en los que se puede *convenir* y, dadas las circunstancias, *avenirse*, orden que no necesariamente se produce en ningún caso singular.

Sin embargo, el espacio comprendido entre los dos ejes de coordenadas refleja aquel en el cual las partes se abstienen de recurrir a la provocación. Por eso en ámbitos culturales en los que existe el divisionismo y la anomia, lugares en los que priman formas extremas de individualismo y las pautas jurídicas brillan por su ausencia, conviene reflexionar sobre el modo en que el afuera invade el cuadrante superior derecho de la negociación estratégica.

Entonces, ¿cómo jugar este juego? ¿Cuál es el nivel de acuerdo necesario? ¿Cuál es el equilibrio requerido entre competitividad y previsibilidad? La necesidad de previsibilidad aumenta a medida que se tornan más complejas las relaciones con las contrapartes.

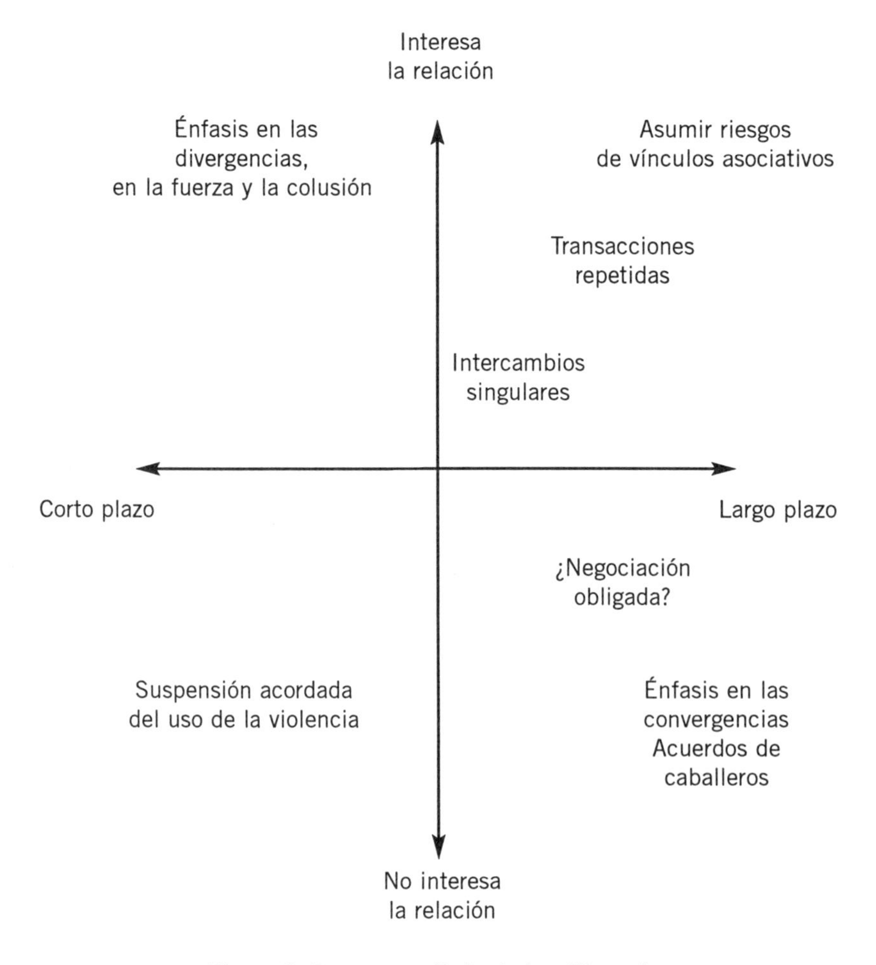

Figura 8. Campo ampliado de los diferendos

En esos casos, en algún momento surgen elementos gatilladores de intercambio de prendas de paz, que por aproximaciones sucesivas ponen en práctica la prenegociación y las concertaciones. Estos pueden sostenerse en el desarrollo de políticas públicas, en el cumplimiento de pautas, que permiten que propios y ajenos incorporen nociones sensatas sobre el rol diferenciado del mandante, del negociador, de los representados directos e indirectos.

Lentamente y con suspicacias, en el rincón inferior izquierdo del gráfico se pasa de *evitar* (-) a *explorar* (+), acordando intercambios puntuales menores de conveniencia. Hasta ahí, negociar es una intención apenas avalada, sin duda contraria a los supuestos de la cultura y, por lo tanto, sorprendente. No obstante, en esas circunstancias, se ingresa en el espacio del cuadrante superior derecho y se definen pautas para el reclamo, comenzando a ocuparse la parte central de dicho cuadrante. De prendas de paz se pasa a prendas de cambio, y si la mayor parte de las acciones ocurren en el centro del esquema, al avanzar por la diagonal, puede hablarse de una negociación encaminada.

¿Nosotros? ¿Nosotros y ellos? ¿Nosotros, ellos y todos?

La negociación comienza a esbozarse cuando aparece el discernimiento acerca de posibles complementaciones y cada uno se plantea si dividir o unir, si seguir divididos o comenzar a unirse.

Ante esos interrogantes, *prevenir* establece la concertación, que incorpora información, escucha opiniones, recriminaciones e interpretaciones, aun sesgadas, sobre lo que provoca el acercamiento. Esto será más arduo en las sociedades en las que subsisten divisiones francas, a partir de las cuales los diversos grupos desarrollan narraciones arraigadas en sus historias. Las explicaciones siempre tienen algo de sobresimplificación y de prejuicio, y se prestan a la controversia.

Para entablar la negociación se parte de analizar las contradicciones y de someterlas a pruebas de realidad. Es una tarea engorrosa y exigente, pero algunos preferirán un mal acuerdo a un buen juicio y si las partes son privadas, buscarán un amable componedor; si se trata de proyectos mayores, se crearán grupos de estudio, o con sindicatos, comisiones técnicas que investiguen, se coloquen por encima de la puja y ejerciten un pensamiento crítico considerando los posibles motivos que promueven al divisionismo, y las razones capaces de alentar el acercamiento.

En cada caso es importante determinar el rol que puede jugar un facilitador en las acciones compartidas que lleven de la puja al entendimiento, ya que solo conversando podrán investigarse las ventajas relativas de fijar una meta innovadora.

De incluirse esta figura, ¿cuáles son los límites a los que se restringirá el mediador, y qué funciones han de reservarse celosamente los contendientes? La tarea se hará asegurando que cada parte esté acompañada por asesores propios y confiables que, operando en sus internas, aborden temas que difícilmente puedan abrirse al diálogo sin volver al enfrentamiento; desarrollando objetivos superiores a los que sería más fácil suscribir; asegurando que cada parte refuerce su identidad mientras establece relaciones con su contraparte; registrando los costos de la violencia; convocando a encuentros de reconciliación con propios y terceros; respetando el temor o la vergüenza de quedar relegados frente a otros que ya iniciaron caminos parecidos tras pasar por peleas similares; incorporando prácticas y hechos de reparación; analizando, con preguntas obvias e ingenuas, los orígenes del enfrentamiento; manteniendo el proyecto en la medida en que se sostenga la voluntad de explorar las reglas que permitirían salir de la competencia, y pasar a formas de convivencia.

Este proceso se sostiene en condiciones institucionales que alientan el desarrollo de la noción de *debido proceso le-*

gal, o sea que puede apelarse a una autoridad que garantice el respeto de todos, y no solo algunos, los derechos legales de una persona de acuerdo con las leyes de ese lugar.

Si adquiere relevancia pasar a ver el caso como una situación compleja, de intereses múltiples y con efectos secundarios para la cual no hay reglas, tal conceptualización implica adecuaciones de conducta, amoldamiento a efectos de que pueda surgir un entendimiento. Esta forma de concebir el caso, de implicarse y preocuparse también por el otro, se denomina *modelo de motivaciones encontradas.*

Espectro de la negociación

La esencia de la negociación distributiva se entiende cabalmente al pensar en la compra y venta de una propiedad. Habiendo hecho su preparación, comprador y vendedor tendrán puntos de inicio, metas y puntos de retiro, y en la medida en que cualquiera de los dos puede interrumpir el diálogo, será un intercambio simétrico: ninguno de los dos está en condiciones de imponer su voluntad.

En el diálogo, la transacción circulará en torno a varios precios: (a) el pedido por el vendedor, (b) el deseado por el comprador para cerrar, o su *meta,* (c) la oferta que hace el comprador potencial, y (d) el valor máximo al cual aceptaría cerrar el comprador, y el valor mínimo que estaría dispuesto aceptar el vendedor, llamados *puntos de resistencia* en tanto ambos definirían su retiro de la conversación. Cada cual querría conocer el punto de resistencia del otro, pero a menudo no lo consiguen.

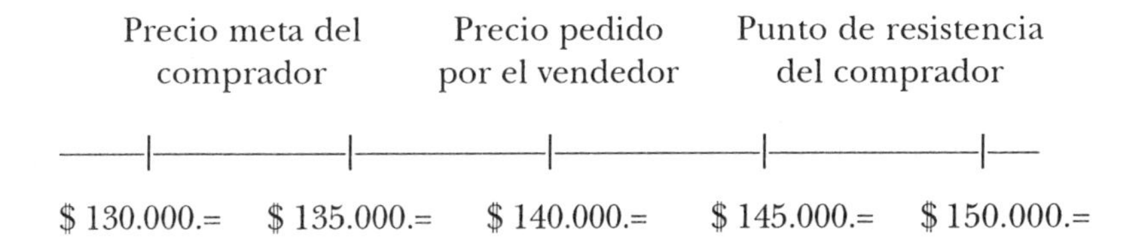

Puesto que es previsible que la primera oferta del comprador será resistida, comienza con una razonable de modo de dejarse lugar para negociar, ya que es menos que su meta, pero lejos de su punto de resistencia. El espacio entre el valor máximo que ofrecería el comprador y el valor mínimo que toleraría el vendedor se llama *rango de acuerdos potenciales:* la negociación distributiva se ocupa de acordar cómo cada parte reclama para sí la mayor porción de ese rango, definida por la distancia entre los puntos de resistencia.

Desde el punto de vista del comprador:

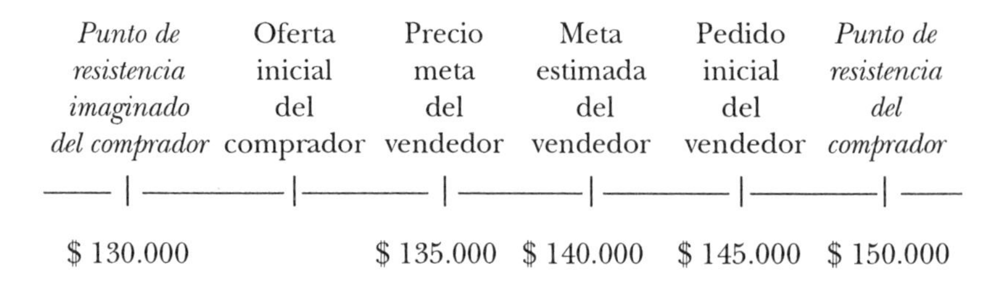

Ambos saben que en ese caso un acuerdo será satisfactorio, no óptimo. La conversación se extenderá mientras se mantengan en este rango e investiguen si acaso existe un rango de acuerdos positivos y cada cual espere capturar la mayor parte del excedente implícito. Cuando la conversación se inicia con un rango negativo de acuerdos, vale decir, cuando lo que pide uno jamás puede ser aceptado por el otro, se entra en parálisis y solo se puede comenzar si una de los dos partes decide modificar su punto de resistencia, o algún factor externo influye para que uno de los dos acepte un acuerdo insatisfactorio.

Ahora bien, una negociación difícilmente se limite a un tema, como el del precio, que puede ser esencial o importante, pero existirán otros elementos a discutir, como por ejemplo, el estado de la propiedad, arreglos requeridos, fecha de entrega, etc. Por ello, cada uno intentará ejercer influencia sobre el otro, intercambiando información, intentando persuadir, ofreciendo concesiones, incluyendo advertencias, explicitando posiciones e intereses, y ofreciendo divisas, beneficios no dinerarios.

El negociador sobrentiende que cada cual se expresará con aproximaciones, medias verdades, eufemismos y guarismos a los que cargará de sentidos diferentes de los que él mismo les otorgaría. En la posición de arranque acepta ese estado de las cosas, pero necesita tomar distancia para llegar a un trato, a un espectro de entendimientos, suma de términos medios que se expresen en números, palabras, marcos de acuerdo, que resuman una posición igualmente apartada de los extremos inconciliables con los cuales ambos comenzaron. De ahí la necesidad de templanza y creatividad; de ahí la insatisfacción que sigue a todo cierre.

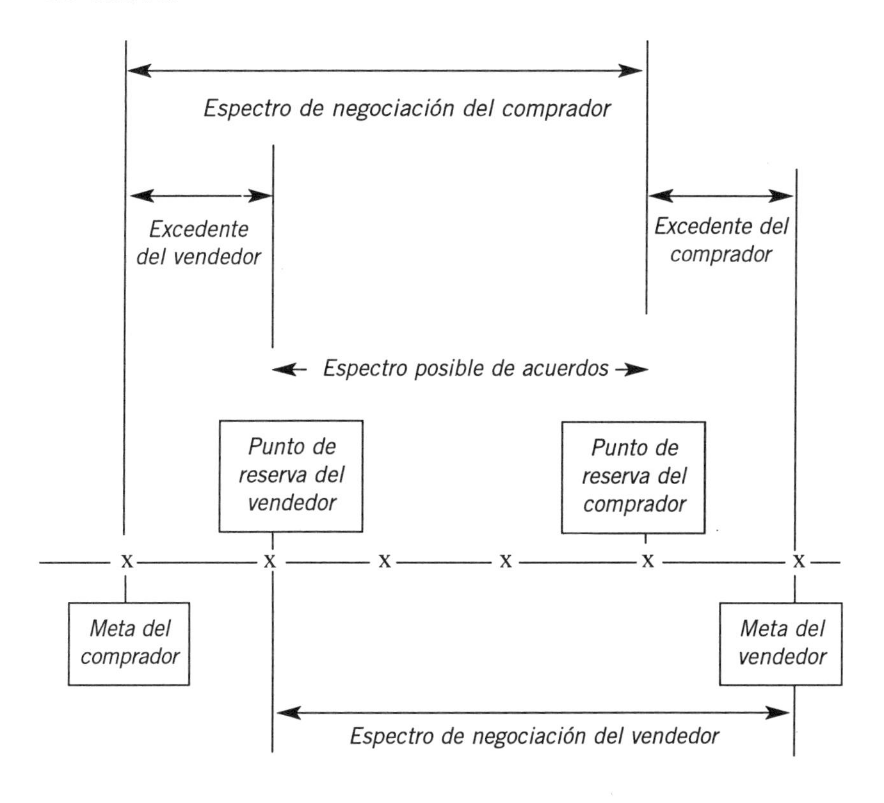

Superar las barreras

Para aprovechar el sobrante del espectro de negociación, las partes deben decidir que, durante cierto tiempo, intentarán buscar una salida mejor que la existente. Deben suspender lo que venían haciendo, escucharse y constatar si la información y las percepciones que reúnen contribuyen a mejorar el asunto.

La negociación prospera cuando se quitan los obstáculos, pero es previsible que haya resistencias cuando el conflicto es antiguo y se sostiene en hechos concretos. Ninguno querrá admitir los derechos del otro, no querrán ser vistos conferenciando entre sí, ni querrán sentarse a la misma mesa. Más aún, fortalecerán su imagen, considerando que el otro es un enemigo.

¿Por qué no negocian? A veces, porque no saben hacerlo; a menudo, porque no se dan cuenta de los costos y de las ventajas. También se interponen cuestiones ideológicas –"con esa gente no nos juntamos"–, o se interponen aspectos emocionales de egolatría e intransigencia. ¿Cómo acercar las partes, cuando lleva tiempo, paciencia, y se corre el riesgo de perder imagen por intentarlo? ¿Cómo lograrlo cuando las partes se desconfían y rehúsan recoger información, temiendo que sea usada en su contra? ¿Cómo proponerlo cuando no creen lo que dice el otro, y el otro puede sacar ventaja pero, por otra parte, si se mantuviera la incredulidad, se seguiría en la encrucijada?

Para dedicar tiempo y esfuerzo a negociar, las partes deben pensar que hay una salida. Que los costos serán altos si no lo hacen. Que acercarse es preferible a seguir en la situación actual. Que pueden alcanzar un trato satisfactorio. Que el arreglo es posible.

Surge madurez para negociar cuando las partes se percatan de que si se exacerban las conductas divergentes se llegará a un punto muerto que los perjudicará; cuando se dan cuenta de que no podrán alcanzar su solución ideal y convendría llegar a un entendimiento; cuando surge un rango de tratos posibles y se vislumbra la posibilidad de alcanzar un acuerdo potencial beneficioso para ambos.

Este proceso es lento y las partes se mantendrán distantes, a menos que encuentren una zona de acuerdo potencial, aquel sobrante del cuadro. Porque el vínculo se empasta con los detalles del acuerdo, porque los malentendidos refuerzan sus prejuicios y despiertan sus emociones. En esos casos, se escala el conflicto, crece el peso del rencor, los enojos, las frustraciones, la hostilidad, y se pierde de vista el objetivo. Las partes piensan que se ponen en tela de juicio sus convicciones, y se sienten amenazadas, se echan culpas y se aíslan. Se personalizan los intercambios, se magnifican las discrepancias y no se escuchan.

Cada lado juega para su interna, enfatiza sus posiciones de máxima, intenta forzar al otro a cumplir con sus demandas, y la agresividad puesta en juego impide los avances. Lo notable es que las partes se mantienen en sus trece aun cuando de nada sirve, y un observador independiente pudiera interpretarlo como actitud irracional. Se enfrentan y cada cual procura confirmar su posición y prestar oídos sordos a lo que la niega. Se preocupan por cuidar las apariencias, rehúsan honrar compromisos acordados o pasar revista a sus dichos y hechos.

Resultados posibles de la negociación

La negociación es un proceso complejo, porque depende de muchos factores, como por ejemplo, de cómo se acostumbra llegar a acuerdos en ese lugar; de los valores; de la experiencia de los actores; de los antecedentes del caso; de la madurez de los protagonistas; del estado de sus internas; del manejo de la información y de los tiempos; de la forma en que se conducen en el análisis de sus intereses; de los recursos en juego.

Ninguna negociación es igual a otra porque liga a dos o más actores interdependientes que enfrentan divergencias y que, por lo menos temporalmente, parecen dispuestos a procurar, en forma conjunta, un acuerdo de solución en vez de evadir tal responsabilidad o llegar a la confrontación.

La negociación busca un acuerdo sustantivo y puede llegar a cinco tipos de resultados: *fracaso neto*, cuando los actores evitan tomar compromiso alguno, o han actuado con malas artes a pesar de que parecieran dispuestos; *compromiso simple*, cuando ninguno logra satisfacer sus objetivos por completo pero llegan a una solución mínima satisfactoria; *concesiones mutuas*, cuando la solución supera la del compromiso simple y surge al comprobarse predisposición creativa por parte de los negociadores y por la búsqueda de equilibrar la mayoría de los puntos en debate; *adjudicaciones de contrapartidas*, cuando se amplía el objeto inicial de la negociación y se crean nuevos elementos negociables; y *creación de nuevas alternativas*, cuando el problema original se transforma en uno más ajustado a la nueva realidad para ofrecer una solución.

Idealmente una negociación será considerada exitosa cuando respete los intereses legítimos de los actores; cuando administre el conflicto en forma razonable, recíproca y perdurable; cuando logre mantener el acuerdo durante el tiempo previsto; y cuando mejore, o por lo menos no perjudique, las relaciones entre las partes.

Intereses y valores

La palabra *intereses* se refiere a los elementos tangibles e intangibles que cada parte considera que entran en juego en el proceso de la negociación. Por ejemplo, en el marco de una negociación comercial son primordialmente de naturaleza económica, como la rentabilidad, el volumen de la facturación o el índice de penetración en un mercado.

Sin embargo, también incluyen cuestiones más sutiles, como sostener los principios, guardar las apariencias, constituir o proteger un vínculo, defender o afianzar una imagen, consolidar una reputación, etcétera.

Los intereses revelan preocupaciones profundas que se verían afectadas por el modo en que se resuelvan los diversos temas en disputa.

En esencia, los intereses son lo que cada parte realmente desea, aunque no lo exprese en forma abierta. Esto incluye intereses sustantivos, que se vinculan con los temas de la negociación específica; cuestiones de procedimiento referidas a la manera en que se llegará a un acuerdo; cuestiones de la relación entre las partes; así como cuestiones de valores vinculados con lo que cada parte considera que es correcto, equitativo, aceptable, se ha hecho en el pasado y debería hacerse en el futuro.

La palabra *valores* se refiere a preferencias amplias por un estado de cosas. Determinan lo que un grupo humano considera bueno o malo, racional o irracional, normal o anormal, y transmiten el peso que lleva implícito cada interés.

Intereses y valores siempre están relacionados, pero mientras los primeros se refieren a cuestiones tangibles o intangibles que las partes ponen en juego, los valores aluden a la cantidad y al tipo de utilidad que se les atribuye.

Nierenberg[10] contaba la historia de un amigo que deseaba comprar una pintura como recuerdo de su vacaciones en el Brasil. Entró en una galería, admiró un cuadro y pidió el precio: le dijeron que costaba 500 dólares. Pidió precios de otros de similar tamaño y temática que oscilaban entre 100 y 200. La diferencia le pareció grande, y entonces le explicaron el motivo. Eran pinturas de un aborigen que había traído tres obras hermosas. El galerista reconoció su mérito y estaba dispuesto a pagar el precio estándar de 50 dólares por

10. Nierenberg, Gerald: *The complete negotiator.* Berkley, New York, 1986.

pieza, a lo que el indígena dijo que pretendía 250 por los tres. "Es imposible. Jamás los podría vender al precio correspondiente", respondió el primero. Conversaron. El indígena se mostraba inflexible y el galerista empezaba a perder los estribos. De pronto, el indígena salió a la calle, colocó uno de sus cuadros en un tacho de basura y lo prendió fuego. El galerista lo recriminó: "¿No se da cuenta de que acaba de destruir una obra de arte? ¿Por qué no llegamos a un acuerdo? ¿Cuánto quiere por los dos que quedan?", a lo que el indígena dijo que pretendía 250 por los dos. El galerista no daba crédito a sus ojos y lo reconvenía, pero el indígena no cambiaba su postura. Finalmente quemó el segundo. "Por favor", dijo entonces el galerista, "¿Cuánto quiere por el último?", y el indígena recibió lo que pedía: 250 dólares, lo que explica por qué el turista pagó 500.

Si imaginamos cómo las dos partes priorizan sus intereses recíprocos a lo largo del proceso podemos conjeturar lo que quería cada cual en el momento del ingreso al salón, seguir con asombro cómo el galerista modifica su comprensión de los intereses del otro, y cómo recién al final entiende el problema. En ese lapso, y porque no comprendía la naturaleza del juego, perdió dos cuadros hermosos. Perdió por querer aplicar las reglas acostumbradas con las que él compraba, sin advertir que el otro proponía negociar.

Sirve tener en cuenta una categorización que distingue *intereses esenciales*, el motivo por el cual se negocia; *importantes*, que de conseguirse, además de los esenciales, satisfarían al negociador; *accesorios*, que determinados los anteriores, pasan a segundo plano; e *irrelevantes*, que hecha la composición anterior, dejan de tener importancia alguna.

En la medida en que puedan ordenarse de mayor a menor, los accesorios e irrelevantes pueden ser considerados concedibles.

CAPÍTULO 3

CULTURA: RESOLUCIÓN DE USOS, COSTUMBRES Y CÓMO SUPERAR ENTUERTOS

Del *gramló* al *kannitverstan*

Sepa que yo hablo su idioma.
Por favor recuerde que no lo entiendo.
Donald Kaul

El negociador actúa en tres campos para lograr su cometido: en la definición y redefinición de las reglas; en el despliegue de instrumentos técnico-jurídicos; y en el manejo de los vínculos. Y si, en última instancia, entendemos la negociación como un proceso de toma de decisiones, en los tres campos es preciso hacer un manejo cuidadoso de la información.

En los tres campos pesa lo lingüístico, cuya impronta, sin embargo, es difícil dimensionar. Tanto es así que Zartman y Berman[11] sostienen que las *diferencias idiosincrásicas* pueden ser abarcadas en el marco de un modelo universal de negociación. Desestiman el peso de la cultura. Por el contrario,

11. Zartman, I. William, y Berman, Maureen: *The practical negotiator.* Yale University Press, New Haven CN, 1982.

Faure y Rubin[12] recuerdan que, si bien la cultura no es el único factor, ni siquiera el crítico, es imprescindible incluirlo para explicar el desarrollo de una negociación.

En este marco, el pasaje del diálogo a la letra escrita es importante en el trato entre contrapartes. Consciente de la imposibilidad de abarcar la riqueza de significados, el negociador construye glosarios, y determina cuál ha de ser el sentido de cada término cuando se lo utilice en un contexto limitado. En ese trayecto recorre un sendero trillado: dos vocablos permiten rastrear ese proceso.

Dario Fo[13] contaba cómo, en el medioevo, los comediantes trashumantes, al deambular de pueblo en pueblo –donde debían enfrentarse con el desconocimiento de las jergas locales–, hablaban el *gramló*, un remedo de idioma que, a medida que pasaban de región en región, apelaba a la onomatopeya, a la gestualidad y a las modulaciones de las diversas formas de comunicar que percibían en el otro. Actuaban ante un auditorio que desconocía el idioma de los actores, pero lo hacían en piezas que repetidamente presentaban los mismos personajes: el pícaro, los jóvenes amantes, la comadrona desdentada, el guerrero valiente, el marido engañado. Para hacerse comprender se expresaban con palabras sin sentido pero las pronunciaban imitando las cadencias del idioma de la audiencia. De esta manera, todos se divertían, aunque hablaran lenguajes distintos. No se requería una comprensión rigurosa de las palabras, porque el humor y el respeto por la melodía del lenguaje del lugar establecían el vínculo. El local sabía que el otro desconocía su idioma, pero admitía el placer que aportaba. Se comprendían sin entender lo que decían.

---

12. Faure, Guy, y Rubin, Jeffrey (Eds.): *Culture and negotiation*. Sage, Newbury Park, 1993.
13. Fo, Dario: información recogida en el Teatro General San Martín, Buenos Aires, 1984.

No obstante, a veces es necesario entender, no solo gozar. Y más aún, no solo entender, sino darse cuenta de que la comprensión nunca es completa. Canetti recuerda que la voz *kannitverstan* de los suizos no es solo el apócope de *kann nicht verstehen* ("no entiendo") sino "algo me estoy perdiendo"[14]. El término proviene de un relato moral que ubica a un campesino ignorante del siglo XVIII en la floreciente ciudad de Amsterdam. Sorprendido ante la magnificencia de una residencia familiar, pregunta de quién es la casa y le dicen: "*Kannitverstan*", que para el transeúnte significa literalmente "no entiendo". Sin embargo, siguiendo el hilo de su propio pensamiento, el campesino interpreta que ese sería el nombre del propietario y se admira de la riqueza del Sr. Kannitverstan. Sigue caminando y ante el desembarco de productos de Oriente en el puerto pregunta a otra persona de quién es la mercadería y le responden: "*Kannitverstan*", lo que le confirma la riqueza del Sr. Kannitverstan. Horas más tarde, sin embargo, ve el cortejo de un muerto, se acopla con reverencia y pregunta otra vez a quién acompaña la procesión, y otra vez más le responden: "*Kannitverstan*", de donde concluye que el Sr. Kannitverstan puede ser rico y poderoso, pero aun así le llega la muerte. Las tres preguntas: ¿de quién es este palacio?, ¿de quién son estos cereales?, ¿a quién estoy acompañando? son respondidas por personas diferentes y todos usan la misma respuesta, que significa "No sé". En esta circunstancia, la persistencia del patán le ayuda a hacer su propia composición de lugar: cree comprender, en el marco de la filosofía burguesa de la época, que la riqueza no importa, que todos nacemos y morimos, somos todos iguales. Llega a esta conclusión porque así lo condicionan las prédicas de su sociedad.

---

14. Canetti, E.: *La lengua absuelta*. Muchnik Editores, Barcelona, 1980. *Kannitverstan* es un relato de Johann Peter Hebel de principios del siglo XIX.

Colocando el dilema de la comprensión en la boca de un rústico y de transeúntes, recuerda que lo esencial de la conversación es darse cuenta de que cuando no se entiende, algo se pierde.

El observador prevenido, sin embargo, que acompaña la escucha con curiosidad, analiza el caso y se dice: "Algo hay detrás de este escenario, algo para lo cual mi experiencia anterior no me preparó". Y agrega: "Necesito entenderlo para ahondar más". Más aún: "Me encuentro con una emoción que no sé manejar...".

Para los cómicos de la legua, lo esencial es la representación –una forma de protocolo–, las palabras, lo de menos, por eso la mímica era para ellos una virtud. Su labor exigía un escenario, en el que unos discurseaban sabiéndose incomprendidos, otros escuchan vislumbrando el mensaje... Ante el *kannitverstan*, los roles se acercan a una mayor simetría, porque hay uno que quiere saber, acepta la incomodidad para fortalecerse, tanto que actúa en una escena que no le es propicia, y al darse cuenta de que las preguntas que hace reciben la misma respuesta, sabe que los otros suponen que todas se refieren a lo mismo, por lo que continúa auscultando, para dejar de lado las posibles conclusiones erróneas, para no descartar prematuramente ninguna explicación.

Gramló y *kannitverstan* son formas de acercamiento y de avenencia. La diferencia es que mientras que el *gramló* explaya e informa, y deja su mensaje ambiguo porque con él autoriza a cada cual a construir su propia diversión, *kannitverstan* reconoce la propia incompetencia, interroga, indaga, hace del otro fuente de modificación de su percepción original de la realidad y sabe que, aun hecho el esfuerzo, tampoco entenderá por completo. El *gramló* es la lengua de los recién nacidos, de quienes volverán pero deambulan, mientras el *kannitverstan* refleja las preguntas de quien recorre, está de paso e intenta, contra toda evidencia, la conversación.

La necesidad y la improbabilidad de la comprensión son factores críticos en la negociación. Un comentarista, refiriéndose al conflicto en Medio Oriente, escribió: "Ninguno entiende al otro y todos hablan como si fueran sordos. Cada lado piensa que sabe lo que está pensando el otro, y los dos están equivocados".

Quizá se entienda mejor la razón relativa de las propuestas de diversos estudiosos de la negociación con la metáfora de las fracciones. Sumar fracciones requiere desarrollar denominadores comunes y tomar conciencia de los numeradores. Los primeros, el denominador común –protocolo, representación; en esencia, *gramló*– brindan el piso para la conversación entre quienes difícilmente se entiendan; a los numeradores –el poder oculto de cada parte– solo se accede superando lo que de Beaufort y Lempereur[15] llaman la *doble ignorancia* que recuerda que, al considerar una negociación, las partes deben percatarse de que la comprensión del otro se sostiene en elementos culturales distintos de los propios, y que ambas arraigan en supuestos diferentes y convenientes para cada cual.

Un ejemplo práctico: Virmani y Guptan[16] recuerdan que "Las empresas industriales en la India retienen la estructura formal occidental, pero esa estructura debe ser sorteada para que el sistema funcione y se haga el trabajo".

Cultura y negociación

La cultura es el conjunto de significados, valores y convicciones compartidos y duraderos característicos del grupo,

---

15. De Beaufort, Vivianne, y Lempereur, Alain: "Preparing mergers and acquisitions in the European Union: The asset of cooperative negotiation", en Ghauri, P., y Usunier, J. C. *Op. cit.*
16. Virmani, B. R., y Guptan, S. U.: *Indian management*. New Delhi-Vision, 1991.

que orientan su conducta. La cultura, ¿afecta la negociación? ¿O es un condimento, un epifenómeno?

Cada persona aprende a desempeñarse en un ámbito cultural distinto, sea por provenir de cierta región, por actuar en cierta empresa, o porque se formó con pautas científicas o espirituales que da por incontrovertibles.

No todos aceptan el peso de lo cultural en la negociación. Hay quienes suponen que, al ser difícil determinar su aporte, la cultura no es un elemento fundamental más allá de lo obvio, o sea que es diferente el comportamiento de un inglés típico del de un senegalés característico. Se señala, además, que con la colaboración de asesores y especialistas, los intercambios entre las partes no estarían más que superficialmente afectados por las diferencias culturales.

Este texto, sin embargo, reconoce los riesgos y los costos de desatender la variable cultural en la negociación, desde el más elemental, vale decir el hecho de desempeñarse en una situación incómoda, la frustración que ello provoca, la agresividad que debe reprimirse, y la forma en que cada cultura administra ese proceso personal.

La cultura es la *dimensión escondida* que, sin ser evidente, ejerce influencia sobre la conducta de las personas, de los grupos y de las sociedades. Aun así, y a pesar de que se reconozca su impacto, es difícil de circunscribir, aunque se acuerda que cada una es característica del ámbito en el que actúan las personas y que las afecta en cada campo de acción en la vida social.

Al desarrollarse y por desempeñarse en cierto lugar, las personas adquieren pautas e ideas que, como propias de esa cultura, afectan su conducta al participar en los procesos de negociación: condicionando las percepciones que tienen de la realidad; eliminando toda información que sea inconsistente o desacostumbrada en comparación con lo que se da por supuesto en su cultura; atribuyendo significado a lo que dice y hace el otro; y, probablemente, conduciendo a conclusiones prematuras o erróneas sobre las motivaciones del otro.

Sin duda, no existe el inglés típico, como no existen el ingeniero típico ni el típico empleado de la empresa X, pero ingleses, ingenieros y empleados de esa empresa comparten formas de pensar y de actuar por los procesos de selección, inducción, formación y socialización, que permiten distinguirlos de ecuatorianos, geólogos y empleados de Y. Surge entonces la conveniencia de reconocer cómo juegan en cada persona su personalidad, sus orígenes, su pertenencia a un grupo social o profesional, su paso por cierto espacio de trabajo.

Constelación latinoamericana

Usted negocia en representación de una institución latinoamericana y su interlocutor, con quien mantiene una relación amable y satisfactoria, le muestra el siguiente texto extraído de GLOBE, la investigación de la Universidad de Pensilvania, que es la referencia actual de trabajo comparativo sobre gestión multicultural.

"El catolicismo ejerce una significativa influencia sobre las sociedades de las Américas, exceptuadas la de los Estados Unidos de América y la de Canadá. Esas sociedades hablan castellano y portugués, y 'comparten la herencia de derecho consuetudinario romano, el pasado ibérico colonial y las formas actuales de organización social'. Esas culturas se caracterizan por su personalismo, particularismo y paternalismo.

El *personalismo* remite a la noción de *simpatía*, una forma de vinculación que entiende que el buen trato evita las afrentas directas a la dignidad. En el lugar de trabajo, por ejemplo, se espera que quien dirige esté presente en los hechos vitales de la vida familiar de las personas que trabajan para él y tenga en cuenta qué podría ocurrir si acaso se cesanteara a una persona que se desempeña con bajo nivel de rendimiento.

El *particularismo* alude a la legitimidad de extraer beneficios personales a través del uso de las conexiones personales. Esta noción se sostiene en la tradición del derecho consuetudinario

> español y portugués. A diferencia de las pautas vigentes en los países de tradición inglesa, el particularismo deriva de un principio deductivo general por el cual las reglas se sujetan a un proceso de reinterpretación constante, y que depende del hecho singular. Por de pronto, existe un dicho brasileño que sostiene que: 'Al amigo, todo; al desconocido, nada; al enemigo, el peso de la ley'.
>
> El origen del *paternalismo* latinoamericano puede rastrearse en la monarquía ibérica, la Iglesia católica y el sistema de familia extendida patriarcal. Los límites de la familia se guían por el *compadrazgo,* en el cual los padres de una criatura fortalecen su relación de amistad para llegar a formalizar un vínculo más estrecho a través del bautismo, lo que da lugar a que se confíe menos en quienes son extraños a la familia o no están ligados por relaciones de amistad".

¿Cómo conversaría en torno a este texto? ¿En qué medida acuerda? ¿Su respuesta se sostiene en información, o detecta la infiltración de prejuicios en su propia opinión? ¿Conocer el texto modificaría su conducta para desempeñarse eficazmente con esa persona? ¿Cómo se prepararía?

Manejo de conflictos en la región latinoamericana

La realidad político-institucional y la idiosincrasia de cada lugar explica el nivel de colaboración aplicada a la solución de conflictos. Esto implica sopesar factores estructurales e históricos, derivados de la conquista, del grado de institucionalización de los organismos del Estado, del nivel de autonomía económica con respecto al primer mundo, del grado de estratificación de la sociedad, que impactan sobre la calidad de las relaciones sociales en Latinoamérica. No se desconoce la inequidad en la distribución del ingreso y la endeblez de los instituciones representativas que atentan contra la construcción de consensos y la superación de conflictos con mecanismos cooperativos. Se reconocen la suspicacia, las asimetrías de poder, la apelación a la violencia, al engaño y a la desinformación, elementos que explican la preferencia por los enfrentamientos. Cualquier abordaje del problema debe tener en cuenta estos factores.

En estas condiciones, el poderoso accede a mayores fuentes de dinero y de información, así como a influencia política, que sus contrapartes. Desde esa posición ejerce control sobre los procesos de toma de decisiones que inciden sobre los resultados de cada conflicto. Sin embargo, los procesos de concertación, mediación y negociación contribuyen significativamente a encarrilar y resolverlos, y crece el uso de tales prácticas que conllevan la creación de coaliciones y la exposición del conflicto a la opinión pública local e internacional, a menudo con la participación de concernidos. Este proceso ayuda a equilibrar las conversaciones y de ese modo influye sobre los factores estructurales e históricos.

Ahora bien, desarrollar abordajes ajustados a la realidad exige comprender cómo se entiende el conflicto, qué respuestas culturales surgen espontáneamente y cómo abordarlas en ese lugar y momento.[17]

El proceso se inicia entendiendo cómo la gente se refiere a diario a tales situaciones. El castellano utiliza muchos términos para referirse al conflicto, y cada uno tiene sus matices; familiarizarse con ellos es crítico para ubicarse en el nivel de conflicto en cada región. (Cabe señalar que en Colombia, quien asume responsabilidad por otros es llamado *doliente*, aludiendo a que hacerse cargo implica cuidar al otro y que esto lo coloca en una posición de inferioridad.)

---

17. Para acercarse a la problemática de la gestión en nuestra región interesan Nino, Carlos: *Un país al margen de la ley.* Emecé, Buenos Aires, 1992; García Hamilton, José Ignacio: *El autoritarismo hispanoamericano y la improductividad.* Sudamericana, Buenos Aires, 1998; y *Los orígenes de nuestra cultura autoritaria (e improductiva).* Albino y Asociados, Buenos Aires, 1991.

En general, la palabra *conflicto* (en la lengua coloquial argentina, *quilombo*), alude a una interacción agresiva, incluso destructiva. También se entiende como un problema arraigado y complejo, con corrientes subterráneas, que depende de otros que se consideran inabordables. En esos casos, cuando la disputa adquiere proporciones graves, las personas la consideran imposible de resolver en forma eficaz, y lo prudente es desagregar los conflictos, para ser atendidos por las partes en tanto de esta forma se las habilita a actuar y a elaborar respuestas creativas.

Otro factor fundamental es la definición del éxito en la solución de una disputa, porque no es inusual que atender una devela otras más profundas, en tanto cada asunto se inserta en otros, y al resolver uno, aparecen otros. Esto hace que, a diferencia del ámbito anglosajón, donde un conflicto se resolvería apelando a un modelo lineal de causa-efecto, en la región el abordaje parecería requerir un modelo circular y cíclico de conflictos entrelazados que supondría que una disputa no puede darse por cerrada, lo que lleva a pensar que un conflicto ha de ser administrado y no ya resuelto.

Por otra parte, y a diferencia de otros países en los que existe acceso eficaz a la justicia, en Latinoamérica pocos consideran tal recurso, y se sostiene el refrán español: "Mejor un mal arreglo que un mal juicio". El proceso legal es tortuoso, aletargado y favorece a quien especula con esos factores. Además, los jueces no gozan de independencia en sus decisiones y a pesar de que se desarrollan mecanismos de apelación, las partes temen que el sistema sea utilizado en su contra.

Sin duda, el proceso de administración de conflictos solo se desarrolla –y los avenimientos se implementen a satisfacción– cuando todos admiten el derecho del otro a participar activamente de las decisiones. Puesto que la legitimación de los involucrados comienza a instalarse –en tanto cada parte sigue temiendo las represalias del poderoso–, es esencial desarrollar prácticas estatales creíbles que regulen tales interacciones.

Aun así, no es fácil instalar procesos de negociación en el contexto de América Latina. La negociación es un proceso voluntario en el que las partes abogan por sí mismas para alcanzar soluciones aceptables para los involucrados. Puesto que esto implica desarrollar compromisos de buena fe, el paso crucial es persuadir a las partes de sentarse a la mesa. El poderoso no verá la necesidad de hacerlo, y tenderá a instalar prácticas cosméticas y negociaciones extorsivas que den lugar a contratos de adhesión, prediseñados, y atentatorios contra los intereses del débil.

De ahí que la presencia de formadores y catalizadores del proceso de concertación, mediación y negociación puede contribuir a legitimarlos con propios y ajenos. El ejercicio de tales prácticas en disputas internas menores, como la observación y la participación, fortalece los lazos sociales y permite poner freno a instancias inaceptables de encuentro.

Sistema de los contactos

¿Cómo se resuelven habitualmente los conflictos en las sociedades latinoamericanas? Se han desarrollado pocas investigaciones académicas, y el acercamiento se realiza a través del periodismo de investigación, o de los libros de historia. Ínterin, sintetizaremos un trabajo de investigación de John Paul Lederach[18], que observó la forma en que las personas hablaban de los conflictos en poblaciones rurales

18. Lederach, John Paul: "Of nets, nails and problems: The Folk Language of Conflict Resolution in a Central American Setting". En Avruch, Kevin; Black, Peter, y Scimecca, Joseph (Eds.): *Conflict Resolution: Cross-Cultural Perspectives.* Greenwood Press, New York, Westport, CO, London, 1991.

en Costa Rica, y describió la naturaleza del embrollo y el saber instalado para administrarlos y superarlos.

Lederach sostiene que el idioma es más que una forma de expresarse: es el sendero que lleva a comprender cómo cada grupo humano construye su visión de la realidad. Dice que los pueblos estudiados evitan la palabra *conflicto* ya que consideran que es un término académico, quizá más apropiado para referirse a enfrentamientos violentos. Para describir las situaciones inquietantes que atraviesan prefieren usar palabras tales como *disputa, problema, lío* y *maraña.*

Para los nativos de esas regiones estar en conflicto se aproxima a lo que llamaríamos encontrarse en medio de un enredo. Los orígenes de esta concepción llevan a la palabra *red,* un ejemplo de cómo el idioma refleja la realidad circundante. En contraste con otras culturas, en las que el conflicto interpersonal se da entre individuos, en aquella región se produce en medio de un entramado social constituido por los integrantes de una familia y sus amigos, y las marañas han de entenderse y administrarse en ese ámbito.

Por medio del análisis del lenguaje, Lederach exploró cómo esos grupos administran sus enredos. Por ejemplo, darse cuenta de que uno está en conflicto se expresa con frases que aluden a que se encuentra en una *maraña.* El primer paso para encararlo ha de ser encontrar la manera de *ingresar* al problema y a la persona con la que se tiene el conflicto. *Ingresar al problema* significa descubrir la manera correcta de acercarse al otro, lo cual se hace indirectamente, a través de un buen amigo o de un familiar confiable; para evitar el rechazo, el ingreso se hace con cuidado. El siguiente paso es *ingresar a la persona,* lo que implica hablarle y comprender su mundo interno, sus valores e inquietudes. Luego la persona conflictuada se pregunta cómo salir del conflicto. Podría evitar el contacto con aquella persona y con el problema causante el conflicto, pero eso le haría imposible acceder al mundo del otro, y con ello se debilitarían los lazos. La otra opción exige restaurar el vínculo.

Resolver el conflicto requiere de tres pasos: *ubicarse* (ver dónde uno está plantado), *conversar* (acercarse, dialogar) y *enmendar* (administrar, arreglar). Ubicarse significa encuadrar el problema, lo que se consigue *conversando* sin mencionar el entredicho en forma directa, pero allanando el camino al intercambio, mudar el nivel de tratamiento del caso, dejando de lado la desconexión personal hasta restablecer contacto entre las partes. *Enmendar* tiene tres connotaciones: (a) restaurar, volver a colocar las piezas en su lugar; (b) establecer comprensión mutua; y (c) hacer un reconocimiento del lugar que ocupa cada cual en los vínculos de modo de *arreglar* la relación. Así, *con un arreglo y con comprensión, se enmienda lo quebrado y desarma el enredo.* En el inicio, la persona se encuentra *metida*, y el tercero asume la responsabilidad de construir el camino que permita salir del conflicto promoviendo la comprensión mutua y ordenando las relaciones futuras entre las contrapartes. La *salida* puede ser la evitación del otro o un *arreglo*, la superación del conflicto tras el diálogo que lleva a comprender y reconocer.

En esas regiones se utilizan tres prácticas para administrar conflictos/enredos. La primera es pedir ayuda a otros, con quienes se tiene trato, lo que otorga más objetividad a la comprensión del problema y pone las cosas en perspectiva. Pedir consejo cumple dos funciones: incorpora a un tercero y ayuda a formar una imagen más clara de la situación y del asunto. Quienes aportan consejo participan en la construcción de la realidad social compartida por otros. Otro aspecto importante de esta manera de superar los conflictos es acudir a quienes, siendo familiares, inspiran confianza, ya que solo se pide consejo a la persona en quien se puede confiar. En ese sentido reconocen tres niveles de depositación de confianza: (a) en alguien a quien se conoce pero se encuentra en la periferia de la red, como en el caso del amigo de un amigo que permite establecer el *ingreso* al problema; (b) en un amigo o pariente en la red con quien se comparten *cuestiones secundarias*, como preocupaciones de dinero o dificultades ante funcionarios; (c) en una persona cercana –compadre, coprovinciano– con quien se puede ser franco en cuanto a *asuntos íntimos*. De esta manera, la superación del entuerto se sustenta en la confianza y tras la revelación de intimidades, penas y vergüenzas. Se asemejaría a una terapia a cargo de pares, que recompone heridas por medio de relaciones de confianza. El tercer paso es fortalecer conexiones, o *patas*, palabra que señala la acción favorable de personas cuyas posiciones les permiten influir sobre la situación a la que uno no tiene ingreso.

Conociendo este encuadre, donde la noción de confianza sustituye a la de neutralidad, se debe comprender cabalmente la cultura y lo que se espera de ella. ¿Qué se pretende de un mediador, sino el cumplimiento de roles diferentes de los de ámbitos cosmopolitas, en los que se pide imparcialidad? En las culturas estudiadas, el mediador ocupa un lugar protagónico, en tanto es colocado en el lugar del amigo en quien se confía, y no es entonces el tercero neutral, sino un vocero de la propia red que se ocupa de extraer a las personas del conflicto.

En esos grupos, los conflictos se desarrollan dentro de la red de familia y amigos. Superarlos significa restablecer la trama que constituye la red. Comprender el conflicto exige ingresar en ese mundo con la ayuda de *contactos* que merecen la confianza de ambas partes. Así, la resolución de un conflicto es circular; se basa en expectativas y tradiciones culturales; requiere dar con los intermediarios justos, *ubicarse* y *reubicarse*. Y a diferencia de las culturas occidentales, se confía en el tercero de apelación para que este, de quien dependen los integrantes de la red, ayude a recomponer los lazos, y no, como aquel, desagregue y resuelva asuntos puntuales.

Este tercero es responsable por cuidar el futuro de los vínculos, puesto que él mismo pasa a ser parte de la red social.

Ahora bien, es probable que este libro llegue sobre todo a colegas con fuerte impronta profesional, y muchos conocerán los textos surgidos de centros de investigación que publican sus avances y privilegian la noción de negociación por principios, centrada en los intereses. Este abordaje reconoce una secuencia de seis pasos; (a) las partes describen y circunscriben los asuntos centrales en pugna; (b) cada parte identifica sus intereses sobre esos asuntos y explora los del otro; (c) habiendo llegado a una comprensión compartida de todos los intereses, ambas partes se dedican a crear alternativas y soluciones potenciales; (d) las partes llegan a un acuerdo sobre los criterios que usarán para evaluar las alternativas; (e) las partes eligen las alternativas que mejor satisfacen los criterios acordados; y (f) integran esas alternativas en una solución de beneficio mutuo.

Lo esencial es el primer paso, propio también de la justicia europea tradicional: cuando dos partes comparecen por una disputa, el funcionario encargado de contribuir a la solución del litigio identifica aquellos temas en los cuales ambos están de acuerdo, para recién atender aquellos en los cuales tienen objetivos encontrados.

Entonces, ¿cuánto se filtra en nuestra cultura latinoamericana en general de lo que Lederach describe sobre grupos rurales en Costa Rica? ¿Se podría asimilar lo presentado por este investigador como propio de la cultura latinoamericana, reconociendo, a su vez, que en el ámbito de las organizaciones lo cultural se equilibra con las nociones cosmopolitas propugnadas por aquellos autores? ¿Será el rol del negociador propio de un modelo etnocéntrico que debe ser completado por desarrollos y trabajos de campo en esta parte del mundo? ¿Por ejemplo, entender que el contacto lo realiza un *conocido*, y que cuando de tramas de complicidades se trata ingresa el rol del *operador*?

En un trabajo de campo, Leeds estudió el sistema de contactos en la sociedad brasileña de los años '60. Reconoce las características feudales, no meritocráticas, de intercambio entre personas de la misma familia extendida; señalando que en toda sociedad existen este tipo de prácticas, destaca la red constituida por la *cabide de emprego* ("percha" de empleo, de la cual la persona sucesivamente cuelga varias posiciones o cargos), la *panelinha* (la sartencita, grupo primario que renueva vínculos de obligaciones mutuas en contactos informales sostenidos en el tiempo), el *pistolão* (un amigo importante en algún lugar relevante) y la *igrejinha* (la red extendida de relaciones en la que cada cual se inserta para saberse protegido e informado, y estimarse capaz de tener *projeção*, es decir, un destino mejor).[19]

El rol del negociador

La bibliografía reciente sobre procesos de negociación hace hincapié en el rol activo del negociador y atiende las conductas que caracterizarían al buen negociador.

¿Esas conductas serían universales? Es muy posible, ya que en todas partes habrá tareas antes, durante y después de la negociación en sí. Ahora bien, ¿se desempeñarían de similar manera negociadores de culturas distintas? Seguramente, no.

Sin duda, el comportamiento de quien actúa amparado por mecanismos institucionales para el manejo de las situaciones de conflicto será distinto del de quien desarrolla su actividad en un entorno en el que las normas son poco

---

19. Leeds, Anthony: "Brazilian careers and social structure: A case history and model". En Heath, Dwight, y Adams, Richard (Eds.): *Contemporary cultures and societies of Latin America: A reader in social anthropology of Middle and South America and the Caribbean.* Random House, New York, 1965.

respetadas. En los países anglosajones y escandinavos, por de pronto, la negociación sería la modalidad preferida para abordar tales situaciones. ¿Diríamos algo parecido en América Latina?

En una región en la que la conducción es autoritaria, la administración de justicia deja mucho que desear y la arquitectura institucional es endeble y el mandante actúa hegemónicamente, el negociador se desenvuelve con menor grado de libertad.

En tales espacios, la negociación acostumbrada en los países anglosajones será una práctica ajena a la cultura predominante; vale decir que la sociedad no la tiene instalada, ni las personas la consideraran una opción habitual. Sin duda, los intercambios contemporáneos se desarrollan de manera verbal, explícita y previsible, pero cuando existe una crisis, las costumbres arraigadas adquieren peso e influyen sobre el modo de operar. Quizá ilustre sobre la variedad de negociaciones tácitas el siguiente texto que recuerda aquella que aún hoy subsiste en el *acuerdo de caballeros.*

> Las mentas sobre el comercio silencioso llegaron por primera vez a los oídos del príncipe Enrique de Portugal cuando estaba en Ceuta, mientras se informaba sobre los misterios del África. Los mercaderes hablaban de caravanas, cargadas de sal, cuentas de coral y mercadería barata originarias del sur de Marruecos que cruzaban la cadena de montañas del Atlas y se dirigían a Senegal. Al llegar al río de ese nombre, los marroquíes se anunciaban con redobles de tambores, desplegaban sus bienes sobre la playa y, después de permanecer un tiempo a cierta distancia, se retiraban.
>
> Más tarde, volvían a la playa y junto con sus bienes encontraban pequeñas montañitas de oro colocadas allí por los hombre de la tribu vecina a las minas de cielo abierto. Si los comerciantes marroquíes consideraban que la suma era insuficiente, retiraban parte de sus bienes y volvían a replegarse. El regateo concluía cuando uno de los dos grupos retiraba la pila del otro. El final de la transacción volvía a señalarse con

el son de los tambores, que iniciaba el retorno de los visitantes a su tierra.
De este modo, los protagonistas nunca llegaban a verse, fuera por cuestiones de precaución de los lugareños, fuera por la carencia de un idioma compartido. Y este sistema comercial intrigante y grotesco sobrevivió muchos siglos, tanto es así que Herodoto sostenía que el mercado era controlado por los reyes de Timbuktú.[20]

La negociación tácita existe también entre quienes comparten un idioma, como cuando a través de preguntas se transmite a la contraparte que no se desea abordar cierto tema a esa altura. Se llama oficio mudo. Por otra parte, ciertos sistemas de comunicación son engorrosos, como en el caso de los cayato... ¿Negociarán los cayato?

El sistema matemático de los cayato

Los aborígenes llamados cayato, de la tribu menkranoti, habitantes de las junglas cercanas al Amazonas, usan el siguiente esquema matemático.[21]

	Español	Cayato
0.	cero	
1.	uno	pudi
2.	dos	amaikrut
3.	tres	amaikrutikeke
4.	cuatro	amaikrutamaikrut
5.	cinco	amaikrutamaikrutikeke
6.	seis	amaikrutamaikrutamaikrut
7.	siete	amaikrutamaikrutamaikrutikeke
8.	ocho	amaikrutamaikrutamaikrutamaikrut
9.	nueve	amaikrutamaikrutamaikrutamaikrutikeke
10.	diez	amaikrutamaikrutamaikrutamaitrutamaikrut

Analice las ventajas y desventajas de este sistema. Cada sociedad cuenta con sistemas propios de negociación táci-

20. Kaplan, M.: *The Portuguese: the Land and its People*. Penguin, London, 1998. El mismo esquema comercial es descrito por Sanders, Lawrence: *The tangent factor*. Putnam, New York, 1978, refiriéndose a los ashantis en África.
21. Ver http://www.plusroot.com/dbook/14LangWiz.html

ta y explícita que a los nativos les parecen superiores a los de otros. ¿Qué consecuencias puede traer esto?

Por ejemplo, puede que un brillante ingeniero tenga dificultades en conversar con un contador excepcional, para no mencionar la dificultad de la conversación entre un directivo y un ingeniero, y entre este y un operario. En esos casos, ¿cómo afirmar la propia identidad y acercarse al otro?

Además, ¿en qué casos apelar a sistemas lógico-matemáticos, racionales, y en qué casos dedicarse a comprender las emociones, las pasiones, las intuiciones...? ¿O se trata de dos procesos imbricados?

¿Qué hacer cuando el otro no desea conocerme como persona porque teme que a partir de ahí sus ideas entren en colisión con sus planes...?

¿Cómo eliminar suposiciones innecesarias? El texto sobre constelaciones latinoamericanas aporta información genérica, y los trabajos de campo agregan prescripciones para la acción. Entonces, ¿qué se sabe? ¿Cómo dicen los observadores que negocian los latinoamericanos? Hofstede y Lewis adelantan reflexiones surgidas de trabajos de campo.[22]

Hofstede trabajó con las dimensiones *Elitismo, Individualismo / Colectivismo; Estereotipos de masculinidad / femineidad, y Evitación de la incertidumbre. Elitismo* mide el nivel al cual los integrantes más débiles de una sociedad esperan y toleran que el poder esté distribuido inequitativamente: al admitir conducciones autocráticas o paternalistas, los latinoamericanos muestran alto nivel de elitismo. *Individualismo* alude al nivel en que se espera que cada cual obre por sí mismo y elija sus propias relaciones: en general los latinoamericanos se entienden como colectivistas, vale decir integrantes de

22. Más allá de textos gerenciales de divulgación, merecen consultarse las investigaciones de Gerd Hofstede: *Cultures consequences*. Sage, London, 1980; y Lewis, Richard D.: *Why cultures collide*. Nicholas Brealey, Boston MA, 2006.

grupos que subsistirían a lo largo de su existencia. *Masculinidad / femineidad* atiende a la valoración relativa de la competitividad, afirmación, ambición, adquisición de prestigio y bienes entendidos como valores masculinos, mientras afectos y calidad de vida serían valores femeninos; los latinoamericanos equilibran ambos. *Evitación de la incertidumbre* refleja el nivel al cual los integrantes de una sociedad intentan manejar sus ansiedades y reducir la inseguridad desarrollando reglas y estructuras religiosas. Los latinoamericanos exhiben alto nivel de evitación de la incertidumbre.

Lewis recupera la historia para indicar que en la región queda la impronta de la complementación de codicia y cruzada evangélica propia de la conquista, y que esta impronta tiene un impacto significativo en las conductas, atemperadas sin embargo por rasgos derivados de las culturas originales. Sus aspectos distintivos serían la teatralidad, la locuacidad, la volubilidad, el placer por el debate y la polémica, la expresión abierta de las emociones, la crispación seguida de comprensión, el armado y la sospecha de conspiraciones, la templada mirada clínica y la suspicacia infranqueable, el sentido del honor y la necesidad de procurar retribución cuando se percibe una ofensa, la galantería propia del machismo y la reverencia por líderes carismáticos.

¿Cómo se expresan estas conductas en la tarea de los mandantes?

Tarea de dirigentes

En un mundo interrelacionado, salir del conflicto es tarea de dirigentes, de quienes asumen y comunican un mandato, personas que reflexionan antes de hacer y entienden que su acción tendrá consecuencias, de quienes eligen sabiendo que han de rendir cuentas. Las observaciones anteriores se complementan con prácticas gerenciales investigadas en

GLOBE, de la Universidad de Wharton, sobre conducción y prácticas gerenciales, que analiza las prácticas en 62 países, incluidos diez de América Latina[23]. Procesados los datos, concluye que los conceptos usados en la Argentina para referirse a figuras de autoridad serían: *dueño, jefe, buen jefe, gerente* y *líder*. De ellos, solo *buen jefe* y *gerente* tienen connotaciones positivas y responderían a lo que la bibliografía gerencial denomina *líder*. Según la investigación, las figuras predominantes: *dueño, jefe* y *líder* se caracterizarían por servirse de los proyectos en beneficio propio. ¿Cómo negociará cada uno de estos tipos de conductores?

De los registros recogidos en grupos de discusión, dos viñetas representativas del icono *dueño* son:

> *Al dueño no le importa nada. Caras buenas, caras malas, para él es lo mismo. Ponga cara buena, pero no le crea cómo le contesta. Porque cuando está contento, no le dice nada porque tiene miedo de que usted le pida algo, y el día que está decidido a echarlo, le dice que ya no lo necesita.*
>
> *Es clásico tener un padrino. En la multinacional en la que trabajé antes no había familiares, era más profesional. Es la diferencia entre el equipo y la pequeña mafia.*

El icono *jefe* nombra a quien ocupa un cargo en contra de la voluntad de la mayoría, es prepotente, no acepta opiniones, se distancia:

---

23. Para conocer el resultado del proyecto de investigación GLOBE en Latinoamérica, ver Ogliastri, Enrique; McMillen, Cecilia; Altschul, Carlos; Arias, María Eugenia; De Bustamante, Colombia; Dávila, Carolina; Dorfman, Peter; Dela-Coletta, Marilia Ferreira; Fimmen, Carol; Ickis, John y Martínez, Sandra: "Cultura y liderazgo organizacional en 10 países de América Latina. El estudio GLOBE". En *Academia, Revista Latinoamericana de Administración,* CLADEA, Bogotá, 1999. El capítulo sobre la Argentina es: "Argentina. A crisis of guidance. Leadership and managerial practices in Argentina" de Altschul, Carlos; Altschul, Marina; López, Mercedes; Preziosa, María Marta y Ruffolo, Flavio; en Chokar, Jagdeep y Brodbeck. Felix y House, Robert J. (Eds.): *Cultures and Leadership across the world: The GLOBE Book of In-Depth Studies of 25 Societies.* Lawrence Earlbaum, Mahwah, NJ, 2007.

> *Los argentinos que crecen jerárquicamente, no bien tienen un puesto, ya no vienen, piden excepciones, se piensan libres de la norma. O te hacen quedar fuera de hora. Te llaman a reunión a las 6 de la tarde. Lo permanente es la falta de respeto. Si me preguntan cuál fue mi mejor jefe en 20 años de trabajo, tendría que elegir el menos malo...*

El icono *buen jefe* nombra a quien sabe qué hace cada cual, rinde cuentas y valora a las personas; incorpora a los otros:

> *Lo primero en el buen jefe es la elasticidad. Sabe cerrar los ojos a ciertas cositas. Tiene un sistema de méritos que maneja él y hace la evaluación cada fin de semana. Cuando hay posibilidad de premio, la maneja en función de un puntaje que va poniendo en un tablero para que lo vean todos.*
>
> *El buen jefe se preocupa por la persona más allá de lo laboral, y si hay un incendio, maneja con calma, resuelve, se despliega, felicita.*

El icono *gerente* nombra a quien ocupa un cargo en una multinacional. Cumple con sus responsabilidades y trata a las personas en el marco de políticas y procedimientos:

> *En un conflicto, tomó la responsabilidad de hablar por nuestra empresa. Personalmente se metió y consiguió en dos semanas lo que no habíamos conseguido en siete meses, lo puso en marcha, volvió a su puesto, mantuvo a todos satisfechos.*
>
> *Un nuevo gerente insistía con comunicaciones y transmitía lo que quería, por qué lo quería y cómo creía que sería la manera de resolverlo. Llamaba a reuniones con todos para explicar detalles de cómo nuestro trabajo se enganchaba con los de las otras áreas. Estableció objetivos y procedimientos. Creó un espíritu de equipo y pudo hacer que todos empujáramos en la misma dirección, aunque muchos no compartíamos sus ideas.*

Son viñetas representativas del icono *líder*:

> *(...) si decimos líder nos referimos a las habilidades de las personas, a cosas que el individuo tiene de nacimiento. Al carisma. Es el macho típico. El trasgresor. El que hace la clase de cosas que a los argentinos*

les gustan pero no se animan. Tener fama de mujeriego, gastar mucha plata. Exhibir dinero.

(...) es un técnico. Su capacidad de liderazgo se ve en la manera en que el equipo reaccionó cuando se hizo cargo. Antes que lo designaran, no iban para atrás ni para adelante. (...) Cuando se hizo cargo impuso su método y les hablaba mucho, se comunicaba. Creaba confianza.

Esto indica que pesa en la sociedad argentina la noción del *dirigente abusivo* que extiende la lógica contenciosa en un entorno en el que se burlan las normas y rige la lógica del incumplimiento.

GLOBE incorpora el análisis de los resultados de la Argentina, Bolivia, Brasil, Colombia, Costa Rica, Ecuador, El Salvador, Guatemala, México y Venezuela; se observa que los coeficientes de variación entre países indican una cultura latinoamericana homogénea que contrasta con la diversidad de naciones estudiadas. El líder individualista es mal evaluado entre los gerentes que juzgan competente a quien tiene capacidad para inspirar a los demás, una clara visión de futuro, integridad personal, es decisivo, diplomático y modesto. Señalan que América Latina vive una situación incierta; sus sociedades tienen valores elitistas con marcadas diferencias de estatus y de poder; son individualistas, y prima la ventaja personal sobre el bien común; discriminan a la mujer; se orientan al presente, no al desempeño, y son poco generosas y solidarias. Como compensación, surge que el colectivismo familiar y la lealtad al grupo están entre los más altos del mundo.

Se llama *colectivistas* a las naciones y sociedades en las que el interés por el grupo prevalece sobre los intereses por el individuo, y las personas se integran en grupos cohesionados; *individualistas*, a aquellas en las que rige lo opuesto y los lazos entre las personas son flojos. La dimensión *elitismo*, o *distancia admitida al poder*, mide el nivel al cual se espera que el poder se asuma de manera individual o se comparta; los valores altos indican una tendencia a la centralización del poder. De este modo, informa sobre relaciones de dependencia. Esta noción existe por igual en la mente de conductores y conducidos, se traslada al sistema jerárquico y se carga de emoción, proceso que se advierte en la forma como se aceptan las diferencias y se descuenta que serán ejercidas.

Conductas propias

Se advierte que la negociación no surge naturalmente en nuestra parte del mundo. Ante un conflicto, lo previsible es afianzarse, intentar prevalecer; lo característico es suponer que la realidad es más rígida de lo que quizá sea. El divisionismo provoca inoperancia a nivel individual, escaladas de conflictos a nivel grupal y atrasos en el desarrollo de proyectos comunitarios.

En este contexto, el negociador debe ser competente en los temas críticos en discusión, pero debe asimismo conocer los elementos centrales de la conducta en situaciones de tensión, comenzando por los propios. Teniendo los antecedentes técnicos o legales, ponderar, en cada situación, el peso de la dimensión humana. De otro modo, difícilmente pueda articular firmeza en la defensa de los intereses de sus representados y flexibilidad para avanzar en la búsqueda de avenimientos.

Los comentarios que siguen de ninguna manera se refieren excluyentemente a nuestra región. Se enfatizan, sin embargo, porque se relacionan con las prácticas del conductor abusivo que surge de la investigación de Wharton.

1. *La impaciencia lleva a la improvisación* y no es un buen indicador de logro. Para llegar a un entendimiento, la preparación es el factor fundamental, y en especial, la matriz de intereses propia y ajena. Tras cada encuentro, se debe

analizar lo ocurrido, incorporar los datos nuevos y elaborar abordajes para el próximo, identificando las divisas que pueden contribuir a dar un salto cualitativo en la disputa. En cada intercambio, identificar los factores que contribuyen u obstaculizan el trazado del camino del acuerdo.

2. El encuadre ha de ser empírico y *postergar las propias emociones* para transmitir aplomo, a efectos de moverse con plasticidad en el campo de las cinco estrategias, manteniendo bajo escrutinio los intereses del mandante y de la contraparte. En ese sentido, es usual encontrar en nuestras culturas el placer por sobreidentificarse con el rol, cuando la característica a resaltar es la disociación para operar. En ámbitos en los que prima la desconfianza, el mandante delega poco en el negociador, y más allá de los riesgos que esto comporta, este último siente que debe aprovechar la oportunidad para demostrar su valía y tiende a hacerse cargo de llegar a una completa resolución, ya que por otra parte percibe que se le exige que *consiga todo lo que pueda.*

3. Si es esencial *dedicar tiempo a tratar de entender la realidad* como la observa su contraparte, a menudo encontramos en Latinoamérica ejemplos de desprecio flagrante por la visión y las necesidades del otro. Además, es imprescindible compenetrarse con el modo de ubicarse de aquel, y esta preocupación puede ser decodificada por el otro como interés en construir un red compartida que permita avanzar aun en las instancias difíciles. En la medida en que el otro otorga legitimidad, se puede ampliar el espectro de los intercambios y evitar los quiebres en las comunicaciones.

4. Sabe que *la situación de negociación incorpora tensión,* por lo que, tanto en la mesa externa como en el frente interno, el negociador debe evitar que los otros enfrenten innecesarias dificultades. La ausencia de preparación da lugar a que en muchas instancias uno descubra inconsistencias

evidentes en el negociador, especialmente cuando opera en equipo y se evidencian las discrepancias internas. El modo en que se comunica es tan importante como lo que dice, a los efectos de construir modelos que le sirvan al otro en las discusiones que inevitablemente ha de tener ante sus propios mandantes.

5. El dominio de la situación *se expresa de manera atemperada y persuasiva*, escuchando con atención y ofreciendo propuestas razonadas. Esta actitud alienta al otro a mantenerse dentro de ese esquema y es más creíble. No lo hacen las personalidades autoritarias, que tienden a sentirse ofendidas y heridas con facilidad, ponen en escena malos tratos, soberbia, o desplantes que pueden satisfacer a alguno, pero incorporan costos ocultos, o difíciles de mensurar, salvo al constatar que postergan el diálogo e imposibilitan el cierre implementable.

6. *La reciprocidad*, vale decir, las concesiones mutuas y el intercambio de información y propuestas, datos, anticipación de ofertas, *es una práctica respetada* en toda sociedad, y el placer derivado de formar parte de un grupo es un factor a tener en cuenta. Efectuar concesiones y esperar que el otro actúe a la recíproca debe ser cultivado porque no siempre opera la noción de bien superior compartido de nuestras culturas, sino más bien la pasión adversa, o sea, la felicidad derivada más del fracaso de la contraparte que de los propios logros.

7. Poco conviene *adoptar posiciones extremas y jugar al borde la cornisa* a quien le interese desarrollar relaciones estratégicas. Provoca sobresaltos en la propia interna e inquieta a las otras partes. Esto tiene aún más peso en ámbitos tradicionales, en los que las partes se conocen, y los afectados en forma indirecta se sienten condenados a juegos de poder y sospechan connivencias que los afectarán negativamente. Sin embargo, es usual que se atrase el desarrollo de las conversaciones para convalidar posiciones e impresionar favorablemente a sus internas.

8. *Las exageraciones reducen la credibilidad y provocan desatención.* En esos casos las partes se protegen tomando distancia y es usual que quien se expresó fuera de lugar explique que se lo "cita fuera de contexto". Habrá quienes piensan que es un ardid que consigue intimidar o convencer, pero provocan pérdida de confianza en las personas y en el proceso, lo que los hace más resistentes a las argumentaciones y da lugar a encerronas. A menudo encontramos que, alentados por su propia locuacidad y emotividad, y a efectos de lograr una intimidación que, por manida, no tiene efecto alguno, se provoca el enojo de quienes acompañan en el equipo de negociación, o como asesores técnicos.

9. *Aumentar el nivel de incomodidad* trae consecuencias desagradables o nefastas. Hay quienes desarrollan su tarea con un alto nivel de inexpresividad, o de apelación a la sorpresa, como quien escondiera sus naipes en un juego de barajas, esperando sorprender al adversario con una jugada maestra. Si el negociador se propone llegar a conciliaciones constructivas, cada movida es crítica. No obstante, *se topa más de la cuenta con la táctica de ensuciar la cancha, o de patear el tablero.*

10. Es normal que las partes mantengan *cierta información reservada* cuando se alude a hechos significativos y a *evidencia* que uno prefiere aportar en el mejor momento. En cada caso en que se aplique este criterio, debe poder tenerse la tranquilidad de que la explicación que eventualmente sobrevenga sea creíble, y se la apoye en pruebas claras.

11. Ciertos antagonistas entienden que tienen *todas las de ganar* y lo proclaman. Se corta el diálogo cuando esta actitud se ve acompañada por posiciones infranqueables, cerrazón e indiferencia. Ocurre cuando se limita a datos que solo a ellos convienen y a los análisis que los favorecen. Debe cuidarse uno de restringir el campo de visión a los primeros datos, a percibir solo lo que a uno le conviene y a confiar en exceso en el propio extraordinario talento.

12. Los especialistas aconsejan *evitar la agresión, no entrometerse en la interna del otro ni mencionar lo que "a usted le convendría..."*. Sea una recriminación, una acusación de malas artes, una reprimenda por conducta inadecuada, o pretendidas sutilezas intelectuales, no debe apelarse al ridículo, a las expresiones soeces, ni a las amenazas, ya que todas provocan desgaste de imagen. En vez de producir la derrota del otro, cierran el proceso de construcción del acuerdo, alteran las relaciones y todo se hace cuesta arriba.

13. De ser posible se establecen *mecanismos colaterales* de discusión para prever dificultades. La negociación se precede de encuentros para elaborar temarios, acordar los materiales a aportar, etc., porque surgirán sorpresas, y lo ideal es limitarlas. Los borradores de trabajo allanan el camino a decisiones consultadas en la interna y a nuevos textos elaborados con su aporte. Y cada argucia requiere aclaración, por la veracidad de una declaración o la pérdida de tiempo.

14. En la negociación surgen *engaños* y es vital entender su medida: de disfrazar las expectativas a incorporar cifras falsas hay un largo trecho, y el grado en que se usan define la interrupción del proceso o la dificultad en la implementación del acuerdo. Además, puesto que la credibilidad es un factor crítico, la reputación crece o disminuye a partir de lo que se advierte a nivel personal y se escucha en los corrillos.

Competencias requeridas

En América Latina no se negocia con espontaneidad. Más aún: se tiende a evitarlo. De hecho, "negociar" evoca entrar en componendas, tratos sombríos, contubernios, acuerdos de cúpula, etc. No obstante, ningún proyecto importante se hace sin otros, y todo adulto aprende a negociar a medida que crece. De hecho, todos los casos exitosos citados en este texto fueron desarrollados por latinoamericanos.

Pasar de la teoría a la acción en el manejo del conflicto y la negociación depende de seis competencias críticas:

1. *Habilidades de comunicación*, ya que la información –que la hay en exceso– no siempre es categorizada y utilizada en forma sistemática; brilla por su ausencia la capacidad de escuchar, de detectar implicancias en el discurso del otro cuando es contrario al propio, de construir credibilidad interna, de aprender a preguntar, de separar la opinión de la información, de manejar reuniones de trabajo, de dar y recibir realimentación.

2. *Habilidades de análisis de conflicto*, comenzando por reconocer ciertas restricciones, distinguir necesidades e intereses de la otra parte, el posicionamiento adoptado, entender los deseos y desarrollar divisas para satisfacerlo; evaluar las implicancias de una postura o de una decisión, hacerse cargo del peso relativo de la propia posición en el juego de las partes.

3. *Habilidades de análisis de sistemas complejos*, como por ejemplo, pensar estratégicamente y seleccionar objetivos de corto y mediano plazo, entender repercusiones y ramificaciones, valorar los antecedentes propios y ajenos.

4. *Habilidades interpersonales*, ya que surgen una y otra vez el menosprecio, la dificultad para crear equipos de trabajo perdurables, el desapego a analizar los propios prejuicios, delegar autoridad y asignar responsabilidad, así como entender cómo funciona el otro a través de las recurrencias en sus conductas.

5. *Habilidades de resolución de problemas*: acercándose al tema crítico en forma conjunta, a efectos de lograr una definición del caso, producir y evaluar alternativas creativas, generar formulaciones, a partir de la conveniencia singular del momento; construir foros; fijar compromisos creíbles; mantenerlos.

6. *Habilidades de pasaje a la acción*, como por ejemplo, fortalecer el frente interno, definir cronogramas para administrar negociaciones, generar planes de acción, prever necesidades y asignar recursos para actuar profesionalmente, manejar proyectos ligados / superpuestos y desarrollar opciones, así como sistemas críticos de evaluación de la actividad realizada.

Sin embargo, y ausente la costumbre de analizar una situación incorporando la mirada del otro, es previsible que surjan síndromes culturales, de aplicación universal.

Somos superiores

Cada una de las frases que encabezan los siguientes párrafos desnuda un sobrentendido fácil de advertir. Sin embargo, ¿cuáles serían sus reacciones al acercarse a una comarca en la cual la mayoría no es consciente de que opera sobre la base de este tipo de supuestos?

Armagedón: la batalla final
La vida es una jungla, en la que la lucha
no tiene otra solución que el triunfo del Bien sobre
el Mal, de manera que fortalezcámonos
y debilitémoslos.

Somos los elegidos
Nuestro grupo es excepcional y fue elegido
por fuerzas superiores.
Tenemos una misión y, por su propio cuidado y beneficio,
los otros deberían prestarnos atención.

Estamos destinados al éxito
En el pasado tuvimos éxitos resonantes
porque fuimos liderados por figuras señeras
y las futuras generaciones hablarán de nosotros
y de nuestras conquistas.

Tenemos una actitud de sacrificio
Provoca envidia haber sido elegidos,
lo que nos hace sentir amargamente los esfuerzos
y las dificultades que hemos debido superar para llevar
a cabo nuestra misión.

Pensamos dicotómicamente
No hay vueltas: el mundo se divide en dos campos,
el nuestro y el de ellos,
y todo lo otro son justificaciones.

Criterio maniqueo
Nosotros somos los buenos, los otros están equivocados
y, además, reflejan el mal,
que intenta subvertir nuestros propósitos.

Facilitar la aculturación

Este material puede ser de valor para los colegas provenientes de otra región, ya que, al fin de cuentas, estamos frente a una diversidad de culturas.

Se llama *aculturación* al proceso que se desarrolla cuando personas o grupos provenientes de culturas distintas entran en contacto cercano y continuado, como consecuencia de lo cual han de preverse modificaciones en las pautas culturales originales de uno o ambos.

Las siguientes sugerencias pueden ayudar a reducir la tensión resultante de la aculturación.

1. Reconozca que usted es portador de cultura y, por lo tanto, sobrentiende desde su propio marco cultural restringido.

2. Sepa que la cultura que lo enfrenta es compleja y que usted solo ha entrado en contacto con una muestra limitada de ella. Evite llegar a conclusiones prematuras y hacer evaluaciones simplistas.

3. Acepte los desafíos de la experiencia intercultural. Anticipe, aproveche y encare el reto personal de la adaptación y los cambios requeridos en situaciones transculturales. Prepárese para modificar sus hábitos, actitudes, gustos, vínculos y fuentes de satisfacción. Y, sin duda, cuanto más comprometido esté usted con su tarea, mejor protegido estará para contrarrestar el previsible aislamiento y la incomodidad de vivir lejos de su terruño.

4. Tome en cuenta las características de los procesos locales de comunicación y trate de aprender, por lo menos, lo esencial del idioma del lugar.

5. Prepárese para superar el choque entre culturas, y si fuera posible, procure encontrar un mentor que ha vivido en esa cultura, o que esté a su disposición cuando usted llega para servirle de consejero, darle aliento y apoyo para comprender la complejidad de la nueva cultura.

6. Establezca relaciones con personas del lugar. Ábrase a los contactos, evite los encierros con gente de su grupo de origen, insértese en la cultura, ofrezca intercambiar clases.

7. Actúe de modo creativo y experimente: asuma riesgos para superar las barreras de comunicación que lo separan de sus anfitriones. Pruebe lo diferente, desde las comidas, los lugares, las actividades inusuales para usted.

8. Ponga a prueba su sensibilidad en lo cultural. Identifique las costumbres y tradiciones que, de ser adoptadas por el visitante, harían más probable su aceptación. Evite actuar sobre la base de estereotipos, juicios previos, prejuicios adquiridos, así como criticar las prácticas (sorprendentes) del lugar; más aún, ábrase al asombro como fuente de aprendizaje.

9. Ejerza la paciencia, la comprensión y la aceptación de sus anfitriones tales como son. En todo momento actúe con flexibilidad, curiosidad y serenidad ante cualquier inconveniente.

10. Desempéñese con realismo. Reduzca sus expectativas y evite sobrestimar sus talentos y los de sus anfitriones,

así como exagerar su experiencia antes de llegar a establecer relaciones de credibilidad y confianza.

Adquirir conciencia cultural

A veces, cuando los griegos o los búlgaros dicen "No", mueven la cabeza de arriba abajo como cuando en el resto del mundo se dice "Sí". Cuando un japonés trata de escuchar con cuidado, a veces cierra los ojos y parece estar durmiendo. Cuando dos franceses se sientan a tomar café, se tocan alrededor de cien veces en una hora, mientras que dos ingleses no se tocarán nunca. El idioma urdu, que es usado y entendido por muchos en Pakistán y la India, usa la misma palabra, *Kal!*, para decir "ayer" y "mañana". Son todos ejemplos al azar, pero más cercanamente, cuando en inglés se dice *"I could settle for that"* significa que se conforma y temporalmente acepta... ¿Eso puede acarrear problemas? El latinoamericano que habla inglés, ¿conoce las implicancias de esa respuesta? ¿Cuándo y cómo expresa su conformidad un latino? Cuando habla un argentino, ¿cómo lo escuchan los otros latinoamericanos?

Más allá de gestos y palabras, que no admiten la traducción literal, es bueno saber que el otro es diferente. Tanto es así, que un ingeniero preferirá no hablar con un contador, por ejemplo, ya que en su cultura, dedicarle tiempo a comprender al otro, es molesto e implica "pérdida de tiempo".

Ubicarse, incorporar modestia, comunicar y entender el sentido detrás de las palabras exige tomar distancia de sí mismo y percatarse de los valores, creencias y percepciones que derivan de la manera en que se crece en aquel mundo. El primer paso es preguntarse: "¿Por qué *nosotros* hacemos las cosas de esta manera? ¿Qué pensamos del mundo? ¿Por qué respondemos como lo hacemos?". Somos aquello con lo que nos identificamos y que va más allá de una persona, va hacia lo que hace que una persona se sienta parte de un grupo y que informa su manera de pensar, sentir, desear, hacer.

En general, se toma conciencia de lo cultural cuando se interactúa con personas de otro grupo, sea profesional, regional, etario, nacional. Porque cada cual ve, interpreta y evalúa lo que ocurre de modos distintos. Especialmente, al darse cuenta de que lo que uno considera correcto puede ser considerado inadecuado por otros. La percepción aparece cuando se detectan malentendidos.

El americano del sur advierte que el americano del norte siempre se muestra ocupado, hablando del trabajo mientras come y sorbiendo su café a las corridas en vez de sentado y conversando. ¿Cuál es el paso que lleva de esa observación a que los unos serían haraganes y los otros no gozarían de la vida? El de la ignorancia, ya que solo señala que diferentes personas otorgan diferentes significados a la misma actividad. En el sur se valoran las relaciones sociales, y cada ocasión fortalece los vínculos. Para los estadounidenses, *time is money*, y debaten y cierran negocios en el almuerzo, mientras pagan la cuenta y dejan una propina, que cuando hay más de ocho comensales es del 18%.

La confusión puede surgir cuando no se tiene conciencia de las propias reglas de conducta y se cree que todos deberían compartirlas. Cuando no se tiene más información que aquella con la que se creció, nunca se analizó y se da por descontada, en vez de averiguar cómo se comporta un otro distinto, por lo que en algún caso se hace con desaprensión, aquello que puede ofender a quien se desempeña en otra cultura. Por cierto que eso también ocurre en el mismo país, en lugares diferentes: no es lo mismo actuar con eficacia en Lima que en Huancavelica, en Santiago de Chile que en Calama, en Buenos Aires que en San Juan.

Sin embargo, es difícil tomar conciencia de la dinámica de la propia cultura, porque ciertas conductas parecen naturales. Se fueron incorporando desde el nacimiento en forma inconsciente. Experiencias, valores y antecedentes culturales conducen a ver, procesar y hacer de cierta manera. En general, es preciso salir del propio entorno para percatarse del efecto que tiene la cultura sobre el comportamiento, hasta descubrir la contribución que puede hacer el otro para reconocer la propia idiosincrasia y apoyarse mutuamente a partir de lo que cada cual aportaría de diferente.

Matriz de la negociación local

Cada vez que operamos en un entorno distinto, reunimos a personas del lugar que tengan cierto desapego emocional e ideológico, y construimos un borrador de la matriz de negociación local. Sobre la base del gráfico, se conversa acerca de cómo se encaran conflictos, concertaciones y negociaciones en ese momento y en ese lugar, entre ese tipo de personas para ese tipo de litigios.

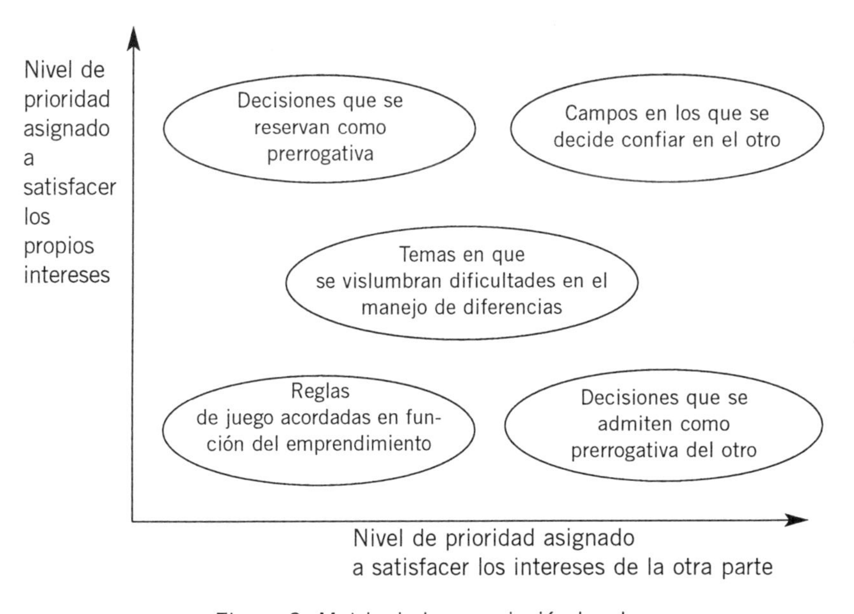

Figura 9. Matriz de la negociación local

Cuando uno comienza a trabajar con personas de otra cultura, ya sea por región, país, tipo de organización, etc., es interesante plantearse un primer ejercicio de acercamiento a su singularidad. Esto se logra sentándose a conversar con representantes de ese grupo humano con este esquema a la vista.

Tal invitación provoca un efecto de descubrimiento: el gráfico ordena ideas y opiniones y sirve para que los participantes entiendan mejor el proyecto, a partir de un relevamiento de las formas tradicionales de manejo de conflictos y concertaciones en ese lugar. Cada vez que sea posible, además, se invita a participar a representantes de los grupos enfrentados, sea en ámbitos separados, incluyendo instancias de acercamiento, sea en plenarios, con espacios de afirmación de los propios proyectos por separado.

La experiencia muestra que, cada vez que esto es factible, se reduce el tiempo de conciliación, las partes valoran la metodología en la medida en que esta contribuye a afirmar sus propias posiciones en sus internas, y a avanzar más eficazmente en la evaluación de los hechos y la toma de decisiones pertinentes.

CAPÍTULO 4

PODER: COSTOS, BENEFICIOS Y APRENDIZAJE

No podíamos imponer

En 2006 integré el grupo que llevó adelante el proyecto de montaje de la nueva planta de roscado de tubos en China. Seguía la fabricación de provisiones electromecánicas, visitando proveedores dentro del país y supervisando el montaje eléctrico de la planta y sus líneas de producción. En las visitas semanales a los proveedores veía las cuestiones técnicas de fabricación en los talleres y me reunía para evaluar los avances de fabricación discutiendo fechas, precios por adicionales y/o modificaciones, correcciones por deficiencia en la calidad de fabricación, retrasos en provisiones de terceros, etc. Todos estos factores eran determinantes para obtener un producto, porque las fechas de entrega debían ajustarse a los programas de montaje; el producto debía ajustarse a los planos entregados y respetar especificaciones de calidad y costo, porque aunque los costos están definidos, durante la fabricación pueden sufrir modificaciones por cambios de ingeniería y ajustes por imprevistos. Es lo mismo con cualquier proveedor local, pero ahí el idioma y la cultura complicaban el proceso.

Casi ninguna persona de las que visité hablaba bien inglés. Por eso hacíamos las visitas con un empleado de nuestra planta que dominaba el idioma y conocía de mantenimiento y producción, para resolver las cuestiones técnicas. El problema mayor eran las diferencias culturales. Atender cuestiones lingüísticas no era suficiente: había diferentes formas de tratar el caso, de hablar, de resolver lo técnico y, además, había intereses encontrados. Muchas eran empresas del Estado, creadas para mantener gente trabajando, con lo cual la mayoría no tenía compromiso con lo que hacían, ya que ninguno se beneficiaría por hacerlo mejor. Ni siquiera nuestros empleados locales mostraban compromiso por lograr que la provisión se realizara en tiempo y forma. En general, debíamos hacer varias veces la misma pregunta para obtener la respuesta esperada, o para saber si nuestro traductor transmitía nuestras preocupaciones, quejas y pedidos como queríamos. Porque si nuestro colega chino defendía su postura, se enfrentaba con un compatriota y defendía los intereses de una empresa extranjera.

Así, las reuniones se volvían eternas y no se concretaba nada. Ellos dan muchas vueltas antes de llegar a un trato. Y como nuestro estilo era interrumpir y plantear cuestiones puntuales, los encuentros eran interminables. Siempre se planteaban casos de a uno y se trataba de acordar la solución para ese caso antes de pasar al siguiente. Además es difícil que se nieguen a un pedido, aunque eso no significa que lo acepten o que vayan a cumplirlo. Esto generó problemas, porque uno empieza a dudar de lo que dicen. La generación de actas de reunión luego de cada visita ayudaba, por lo menos, a tener un documento que probara lo acordado.

Los seguimientos y visitas se acrecentaron a medida que se acercaban las fechas de entrega. El contacto no se perdía y se insistía con que plantearan los problemas que pudieran retrasar los trabajos para anticiparse a buscar una solución. Muchas veces aparecían las dudas y los errores de fabricación que trataban de ocultar, lo que provocaba demoras de semanas por problemas que podían haber sido resueltos en el momento.

Por las diferencias culturales, cada uno de nosotros adoptó métodos de negociación diferentes de los acostumbrados. Fue la única manera de lograr que los plazos de entrega se cumplieran, aunque fuera parcialmente, y en el marco de los costos y parámetros de construcción establecidos en las especificaciones técnicas y en los contratos de compra.

¿Cuáles son problemas previsibles vinculados con los juegos de poder y cómo se defendería?

¿Cuáles son problemas previsibles vinculados con las diferencias culturales y cómo los atacaría?

¿Cuáles son problemas previsibles vinculados con la dificultad de comunicación y cómo se prepararía?

Juegos de poder

El caso señalado incorpora juegos de poder: en la medida en que la relación de fuerzas es crítica en el desarrollo de una negociación, Mintzberg sintetiza los juegos políticos y recuerda que es usual que varios de ellos se apliquen en forma simultánea.[24]

- La *insurgencia* y *contrainsurgencia* remarcan la asimetría entre débiles y poderosos; los insurgentes proponen cambios radicales y los poderosos responden con la coacción. Esta dinámica mantiene vigente la relación duro-blando, enriquecida con atribuciones de culpas, recriminaciones y la práctica de golpear para negociar.
- El juego de *auspicio* desarrollado por patrones y clientes potenciales, en el que una persona se acopla a quien, a futuro, puede beneficiarla, y es previsible cuando aquel solo puede aspirar a favores en la medida en que sea reconocido por quien intermedia en su acceso a recursos.
- El juego de *construcción de alianzas* entre pares que requieren apoyo de manera implícita y se fortalecen creando una trama de ventajas recíprocas.
- El juego de *construcción de imperios*, de quienes procuran captar y subordinar a terceros a sus intereses, y son usados por quienes se encuentran en proceso de

24. Mintzberg, Henry: *Mintzberg y la Dirección*. Díaz de Santos, Madrid, 1991.

ascenso y construyen una base de poder para hacer frente a feudos constituidos, y no ya a individuos.

- El juego del *presupuesto*, en el que una persona se propone acceder a la mayor cantidad de recursos posible, para lo cual pide en forma exagerada sabiendo que solo recibirá una parte; es un juego distributivo con reglas claras.
- El juego de *pericias* entre quienes, como expertos enfrentados, debaten cuestiones de contingencia estratégica, actúan en beneficio propio y no para un objetivo superior.
- El juego de *señorío*, en el que actores menores pretEnden dominar aprovechando el poder de su cargo ante quienes necesitan de ellos.
- El juego de *línea versus staff* en el que cada sector usa su autoridad para zanjar diferencias de modos ilegítimos en cuestiones de rivalidad, y que enfrenta a quienes tienen compromisos de corto plazo y pueden resistirse o rechazar, con quienes deben responder por el largo plazo.
- El juego entre *quintas* o *campos rivales* que surgen cuando crece el antagonismo en la construcción de imperios o de alianzas, y se llega a resultados de suma cero; es propio de quienes disputan territorio en forma agresiva, a partir de su saber específico e ignorando el aporte del otro.
- El juego de *candidatos estratégicos* desarrollado por poderosos que saben de un cambio y se agrupan en torno a ideas opuestas procurando asegurar sucesores preferidos al surgir vacantes.
- El juego de *filtraciones*, en el que figuras de poco peso procuran exponer malas prácticas y negligencias para promover cambios de estructura o de política interna; o cuando, con la intención de desacreditar a un rival, se menciona algo que se desconocía y el alu-

dido replica ofendido; tiene componentes ideológicos o moralistas, y puede incluir dosis de ingenuidad e incompetencia.

- El juego de *jóvenes turcos*, en el que se preserva la autoridad de la organización, dando un *golpe de Estado* para asegurar un cambio de administración; cuando se desafía la autoridad para cambiar de rumbo.

Conflictos infranqueables

Según el diccionario de la lengua de la Real Academia Española, *infranqueable* significa "imposible o difícil de desembarazar de los impedimentos que estorban el paso".

Cualquier enfrentamiento puede derivar en un *conflicto infranqueable*, pero la probabilidad crece ante *procesos de negación de la identidad*, vale decir, cuando la disputa afecta la legitimidad o el sentido del propio valor que tiene una persona o un grupo de pertenencia; ante *procesos de negación de otras necesidades* como el sentido de seguridad, o la capacidad de un individuo para perseguir metas propias; ante *conflictos de dominación*, o sea, enfrentamientos debidos a quién prevalece sobre otro en la estructura social, política o económica; ante *conflictos distributivos* de gran alcance, es decir, en aquellas negociaciones en las que *lo que uno gana es mucho*, y *lo que pierde el otro es mucho.*

1. Problemas previsibles en la parte extorsiva de la negociación

Hablamos de problemas previsibles en la parte extorsiva *cuando una parte fuerza, o intenta forzar, a otra a hacer algo que esta última no desea* y encuentra resistencias; cuando las partes hablan afirmando y preguntan cerrando; cuando hacen de una cuestión puntual, una cuestión límite. En esas circunstancias, puede suceder alguna de las siguientes situaciones entre las partes.

Pueden no darse cuenta de que existen opciones más efectivas.
Las partes a menudo no se percatan de que cuentan
con una variedad de opciones de fuerza,
cada una con sus ventajas y desventajas. Este
desconocimiento puede
llevarlas a persistir en estrategias inefectivas
o agresivas, cuando puede ser mejor usar tácticas
de resistencia pasiva.[25]

Pueden mantenerse recalcitrantes y suponer
que la fuerza es el único instrumento.
Ante la posibilidad de un conflicto, las partes a veces
desatienden la posibilidad de acudir
a la negociación o a la persuasión, y confían
en el uso de la fuerza bruta.
La probabilidad de que esto ocurra aumenta cuando
la otra parte ya apeló a la coerción.
En esas circunstancias lo usual es responder con igual
o mayor fuerza.
Esto produce una escalada, mientras otras opciones
pueden proteger los intereses igual o mejor,
sin dañar la situación.

Pueden faltar mecanismos inhibidores del uso de la violencia.
El uso de la fuerza produce resultados muy distintos
en función de si en el lugar existen o no normas
o procedimientos
cuyo propósito es inhibir su aplicación.
Quien no comprende esta diferencia puede
elegir estrategias inapropiadas e inefectivas,
sin advertir las consecuencias.

---

25. Burgess, Guy y Mary: "Conflict Research Consortium", Universidad de Colorado, crc@colorado.edu.

Pueden no anticipar las reacciones y efectos de rebote de la contraparte.
Quienes confían en el uso de la fuerza a menudo tienden a pensar que sus oponentes se someterán sin más a sus exigencias, y descuentan que rápidamente conseguirán lo que se propusieron. Así dejan de lado el hecho de que a nadie le gusta hacer cosas contra su voluntad, por lo cual es previsible que el otro recurra a cualquier medio para resistirse.
Esto hace que sea difícil predecir cómo reaccionará el oponente ante la coacción: aun cuando parezca someterse, tratará de fortalecerse para tomar represalias o modificar la situación en otro momento.

Pueden no comprender la relación entre la amenaza y el uso de la fuerza.
Amenazar con el uso de la fuerza tiene bajo costo, pero entraña costos y riesgos llevar a cabo la amenaza y usar la fuerza. Es usual que las partes que no comprendan esto, a menudo apliquen estrategias basadas en la amenaza y así vean restringida su capacidad de alcanzar sus metas.

Pueden hacer un uso ilegítimo o excesivo de la fuerza.
Es previsible que surjan el resentimiento y la represalia cuando quienes se sienten victimizados creen que no existían motivos para el forzamiento que han sufrido.
De ser así, es probable que dediquen esfuerzos a construir poder de coerción con la expectativa de desafiar al vencedor cuanto antes.
Así, en vez de resolverse, el conflicto se extiende e intensifica.

Pueden ensoberbecerse y atacar hasta el fin.
Las partes, a menudo, y a pesar de los enormes
costos a incurrir, incorrectamente suponen que,
para alcanzar la victoria o derrota,
no existen opciones a las estrategias basadas
en el uso de la fuerza.

Pueden someterse.
Cuando se somete a un grupo a acciones
descomunales de fuerza y
este se sabe impotente, quizá sea aconsejable aceptar
la derrota e intentar, por lo menos en el corto plazo,
amoldarse a las circunstancias.

Pueden actuar clandestinamente.
No es raro que quienes se sientan sometidos
por la fuerza finjan que aceptan las exigencias,
cuando en realidad persiguen estrategias de engaño
para evitar cumplir con ellas.

Pueden pasar a la provocación.
Se incrementa radicalmente el costo de las amenazas
de uso de la fuerza cuando el otro, a su vez,
en vez de someterse, elige desafiar. Esto obliga a quien
primero amenazó a cumplir con su amenaza o bien
a admitir que se trataba de una argucia. En general,
cumplir con la amenaza genera una escalada costosa y
destructiva, mientras que retirarla desacredita
y reduce la capacidad para usar amenazas y estrategias
agresivas en el futuro.

Pueden defenderse.
Defenderse envía mensajes a terceros sobre
los costos de utilizar el uso de la fuerza.
Sin embargo, una estrategia defensiva exitosa no brinda

a quien se defiende la habilidad de usar
la fuerza con efectividad contra quien lo agrede.

Pueden armar una coalición.
Se construyen bases de poder y se fortalece
una parte
para llevar a cabo o defenderse
de estrategias agresivas armando coaliciones con
quienes tienen intereses complementarios.
Los integrantes de tales coaliciones prometen ayudarse
a avanzar en sus intereses y
defenderse de estrategias agresivas
de sus opositores.

Pueden elegir la disuasión y elaborar contraamenazas.
En vez de someterse, en ocasionesa las partes
en disputa responden a amenazas de uso
de la fuerza con contraamenazas. Ambas llevan
a escalar el conflicto. Esta dinámica, propia del campo
militar, donde se habla de *carreras armamentistas*,
surge también en el campo jurídico, político
e institucional.

Pueden levantarse e irse.
El uso de la fuerza descomunal a veces lleva
a abandonar el campo de batalla.

Pueden pretender autojustificarse descalificando al otro.
Las partes a veces piensan que las intenciones y
estrategias del otro son infames.
Sería extraño que esta concepción fuera correcta
y es insensato basar decisiones estratégicas en esas ideas,
porque además antagoniza a los integrantes
moderados de la otra parte
y lleva a escaladas costosas.

Pueden ser negligentes en cuanto a los costos y consecuencias del uso de la fuerza.
Las partes a veces deciden instrumentar estrategias agresivas a partir de supuestos optimistas sobre los costos y éxitos previsibles.
Es usual que los dirigentes alienten a sus supervisados a partir de estimaciones optimistas para así fortalecer cierta estrategia de su preferencia.
Esta práctica conduce a una desestimación de las dificultades, costos, riesgos y consecuencias del uso de la fuerza, y produce equivocaciones en el diseño de la estrategia de negociación.

Pueden caer en problemas de derechos humanos.
Cuando, en un conflicto polarizado y escalado, un grupo viola los derechos humanos del otro, pasa a ser casi imposible lidiar con la situación sin la intervención de terceros.

Puede haber ausencia de opciones institucionales.
Cuando no existen en el lugar normas y procedimientos efectivos que ayuden a circunscribir el uso de la violencia, las partes pueden llegar a concluir que, para proteger sus intereses,
lo mejor será apelar al uso de la fuerza, a través de abusos o excesos, de la humillación o
de la soberbia. Esto pocas veces es cierto, ya que de esta manera se puede ganar una batalla,
pero perder la guerra.

Pueden los poderosos ejercer la tiranía.
Existen numerosas estrategias para contribuir a que los desposeídos defiendan mejor
sus intereses y se vean protegidos ante la injusticia,
pero cada una opera mejor según

las circunstancias. En ciertos casos, se impondrán
los poderosos, por lo menos en el corto plazo, a pesar de
que su causa sea ilegítima.

Puede producirse el ostracismo de los perdedores.
Es usual que quienes pierdan sean condenados
al ostracismo: de este modo,
además de haber fracasado, se sienten discriminados
y sometidos al escarnio y a la burla: esto puede generar
aún más hostilidad y conflicto.

2. Problemas previsibles en la parte constructiva de la negociación

La parte constructiva es aquella en la que ambos
construyen en forma asociativa.

El sistema *constructivo* es la trama de lazos sociales,
económicos y políticos que mantiene unidos a grupos
y comunidades: hablamos de problemas previsibles
en la negociación *constructiva* para referirnos
a las situaciones que debilitan tales lazos o
desaprovechan la autoridad que brindan cuando
se encara un conflicto
para fortalecer aquellos sistemas.

Hablamos de problemas previsibles en la parte
contenciosa *cuando una parte alienta a construir de común
acuerdo y no lo logra.*

Pueden desestimar oportunidades para la persuasión.
A menudo las partes no utilizan las oportunidades
que brinda la persuasión, porque no
la valoran como fuente significativa
de poder.

Pueden usar mal la persuasión.
Una estrategia produce rechazo cuando una parte,
encubriendo demandas egoístas
pretende obligar a la otra a cumplir
con sus deseos.

Pueden olvidar que existen escalas de valores diferentes.
Persuadir a la otra parte de "hacer lo mejor" niega la
existencia de escalas de valores distintas.
Porque cada grupo elige *qué está bien o mal,*
y tiene sus propias vivencias
y concepciones, a menudo contradictorias.

Pueden carecer de legitimidad.
Toda apelación, para ser creíble, debe ser percibida
como legítima; esto exige que quien la pronuncie
haya, a su vez, construido una imagen
de legitimidad.
Cuanto más creíble sea el mandante, más coherente
será el desempeño del negociador.
Por eso, si el mandante es parte de una estructura con
posición de dominio, el negociador traduce
ese encuadre y agrega a su tarea la de resguardar
su propia reputación, algo difícil en una cultura
de incumplimiento.

Puede haber desconfianza.
Aunque no sea crucial, crece significativamente
la probabilidad de resolver el conflicto
cuando las partes confían la una en la otra.
También vale lo opuesto: es difícil llegar a un
avenimiento cuando no se confía,
como ocurre tras un conflicto prolongado,
porque las partes no creen que el otro
cumpla con el compromiso asumido.

Pueden existir prejuicios y discriminación.
Los prejuicios y la discriminación están extendidos
en las sociedades, especialmente en las que tienen
diversos grupos étnicos y nacionales.
Estos pueden minar los sentidos de
pertenencia general,
alimentar los conflictos y
dificultar la resolución constructiva.

Pueden haberse erosionado las instituciones de
administración de conflictos.
Cada sociedad cuenta con instituciones y
estructuras sociales usadas y aceptadas
para resolver sus conflictos legítimamente.
Cuando se dañan tales estructuras y procesos,
se restringe la capacidad de esa sociedad
para administrar sus propios conflictos.

Puede no existir o ser inútil el sistema constructivo.
Los grupos se sostienen en lazos sociales:
cuando son fuertes, las personas se identifican
con el grupo y se sienten responsables de él.
Los conflictos, no obstante,
pueden destruir esos lazos al punto de
destrozar el sentido de comunidad.
En tales casos, se limita el poder de la apelación
a la autoridad constructiva
para alterar el curso del conflicto.

Puede tratarse de conflictos turbulentos.
Los conflictos mayores pueden surgir de profundas
heridas sociales y
transformarse en conflictos masivos,
descontrolados y violentos.

3. Problemas previsibles en la parte distributiva de la negociación

La parte distributiva es aquella en la que se acuerda
cómo dividir lo que hay.

Hablamos de problemas previsibles en la negociación
distributiva cuando existen *obstáculos
al desarrollo de transacciones voluntarias sujetas a reglas*
y una parte intenta crear las pautas para asignar recursos
objetivamente y no lo logra por alguna de las siguientes
razones.

*Pueden existir, para el otro, mejores opciones que obstaculicen
este acuerdo.*
Resolver una disputa a través de transacciones es
una de varias opciones y
nadie aceptará un trato si piensa que es posible
obtener una mejor solución de otro modo.
Por ejemplo, apelará a una llamada de atención
cuando un trato negociado
exige aceptar un compromiso que se cree poder evitar
a través del uso de la fuerza.
A veces, las partes tienen expectativas desmesuradas
sobre lo que suponen que van a obtener negociando,
o alargando el conflicto:
si piensan que ganarán más continuándolo
que lo que podrían ganar en cualquier otra
circunstancia, seguirán en él, aun cuando,
en parte, los perjudique.

Pueden estar administrando mal los tiempos.
Las partes a veces tratan de negociar
un acuerdo conscientes de que cierta persona crítica
no están preparada. En general, esto se debe a que
alguno piensa que cuenta con otras opciones
(normalmente agresivas)

que brindarán mejores resultados que los que
podrían extraerse de una negociación.
A pesar de que esa parte se acerque a negociar, por si
estuviera equivocada, es improbable que
lo haga con vocación real,
y descansará en su opción agresiva para obtener
lo que desea.
Tenderá a utilizar el consenso como expediente
circunstancial.

Pueden dejar pasar buenas oportunidades para negociar.
También ocurre que las partes no se percatan de
cuándo el conflicto está *maduro*
para ser negociado. Pueden encontrarse tan
atrincherados en sus riñas,
que pasan por alto las situaciones en las que
convendría adoptar otra actitud.

Pueden rechazar las negociaciones.
Es usual que las partes tarden en sentarse a conversar
y negociar.
Este rechazo a veces se debe al temor a ser obligados
a aceptar compromisos no deseados, mientras
que en otros casos, a que se supone que sería
una pérdida de tiempo porque las negociaciones
requerirían recursos y estarían condenadas
al fracaso.
Más aún: cuando el conflicto es de larga data y
ha habido incitaciones y escaladas,
puede haber crecido el rencor y
las partes preferirán rechazar un trato con
beneficios para ambas, porque se resistirán a
cualquier acuerdo
capaz de significar algún beneficio
para el otro.

Pueden pretender negociar temas no negociables.
Cuando una parte pone sobre la mesa temas que
para el otro no son negociables,
y por lo tanto siente haber fracasado,
pierde confianza en el proceso negociador.
Esto vuelve a esa persona renuente al diálogo, aunque
sea la mejor opción.

Pueden carecer de interlocutor válido.
A veces uno desea negociar, pero si no hay quien
represente legítimamente a la otra parte,
fracasará todo intento.

*Pueden darse cuenta de que sus contrapartes son inadecuadas
o están ausentes.*
Los resultados son mezquinos cuando se entabla una
negociación con las partes equivocadas. Esto ocurre
cuando quienes se sientan a la mesa no tienen poder
de representación o
carecen de autoridad para tomar decisiones.
También ocurre que faltan a la mesa quienes no han
sido invitados, o eligen no concurrir: en ambos casos,
esto provoca dificultades,
tanto cuando se toma una decisión
como más tarde, cuando se trata de llevarla a la práctica
y se constata que la decisión tomada no refleja
los intereses de alguno o todos los concernidos
o afectados.

Puede carecerse de un sitio adecuado para negociar.
A veces las partes estarán dispuestas a negociar,
pero no tienen dónde hacerlo.

Puede subsistir la desconfianza.
Cuando, como ocurre tras un conflicto prolongado,

las partes desconfían la una de la otra,
se hace cuesta arriba llegar a entendimientos,
porque cada cual tendrá sus reservas.

Puede pedirse dejar de lado las opciones de fuerza como prerrequisito para negociar.
A veces se pide a las partes potenciales que abandonen
la coacción, como prerrequisito para su participación.
En tales casos, las partes débiles tienden a aceptar,
no así las poderosas.

Puede intentarse distribuir los beneficios del trato de modo inequitativo.
Se pierden oportunidades de alcanzar soluciones
de beneficio mutuo porque cada parte
siente que la otra ganaría demasiado.

Puede jugarse a todo o nada.
Es común que las partes rehúsen
considerar acuerdo alguno de beneficio mutuo
a menos que se atienda y resuelva el núcleo central
de sus diferencias.
Esperan que negarse a sostener relaciones normalmente
aceptadas en esa sociedad
fuerce al otro a hacer concesiones sustanciales.
A pesar de que esa estrategia pueda,
en determinadas circunstancias, ser efectiva,
también pone freno a las actividades de construcción
de vínculos capaces de constituir la base
a partir de la cual atender aquellos elementos nucleares
de modo constructivo.
Algo similar ocurre cuando las partes no desean llegar
a acuerdos parciales, porque temen que tal abordaje
pueda limitar su posibilidad de alcanzar
sus objetivos de largo plazo.

Debe trabajarse con el frente interno.
En general, las situaciones infranqueables
se negocian en grupos pequeños y bajo la coordinación
de terceros: las partes deben comunicar y debatir
sus ideas y su experiencia, ya que
de lo contrario corren el riesgo de ser rechazadas en
su frente interno.

Pueden no contar con partes experimentadas.
Negociar es un proceso social en el cual las partes,
para avanzar, deben capacitarse.
Los menos formados están en clara desventaja ante los
más experimentados.

Pueden manejar mal el proceso o carecer de estructura.
A veces, los procesos de negociación son inadecuados,
y fracasa aun una negociación
con buen potencial de resolución.

Puede ignorarse la existencia de desequilibrios de poder.
Toda negociación es asimétrica,
por más que al sentarse a la mesa se creen condiciones
de horizontalidad. Las relaciones de poder
del entorno se reconocen y
aunque se llegue a un acuerdo,
este reflejará la distribución de poder de las partes,
ya que en la toma de decisiones tiende a prevalecer
el poderoso.

Deben incorporar a terceros con ciertas competencias.
Para coordinar la negociación, el criterio de equidad,
la capacidad y la credibilidad
del tercero, deben ser aceptados por todas las partes:
de otro modo, no acudirán o se retirarán
de la mesa.

Puede fracasarse en la mediación.
Si, en una ocasión, se usaron mal los tiempos,
los métodos o se eligió mal al tercero,
las partes pueden mantener su intransigencia a futuro
a pesar de que vayan cambiando las condiciones.

Operar en posición dominante

Un monopolio instala una relación asimétrica. ¿Puede suponerse que esto inevitablemente lleva a la explotación de quien tiene menor poder? Porque, en parte, al negociar, se establece un nuevo equilibrio en la mesa, que produce cierto nivel de simetría.

En Física, "poder" es el trabajo dividido por el tiempo que se tarda en hacerlo, donde el tiempo se mide fácilmente y el trabajo se define por fuerza y distancia. Por otra parte, en Ciencia Política, "poder" es la capacidad de una parte de mover al otro en una dirección elegida, pero como el otro es un agente social, la noción incluye elementos de intencionalidad y de voluntad. En Física puedo mover una roca, aunque ofrezca cierta resistencia, pero las personas y los grupos *no solo resisten, sino que también pujan.* Por lo que Zartman y Rubin sugieren que *poder* sería la acción de una parte que *intenta* producir un movimiento en el otro, o sea, *sería una fuente* y no un resultado.[26]

Hay quienes siguen pensando que *poder = fuerza.* Pero si así fuera, se dejaría de analizar el poder como un fenómeno complejo y se lo mantendría a nivel ideológico, justificando el uso de la violencia y, con ello, la desvalorización de medios pacíficos para la resolución de disputas. Por otra parte, si *poder = fuerza* fuera cierto, los débiles evitarían encarar a

26. Zartman, I. William, y Rubin, Jeffrey (Eds.): *Power and negotiation.* The University of Michigan Press, Ann Arbor, MI, 1994.

los poderosos, lo cual es falso, ya que los débiles, en determinadas circunstancias, se salen con la suya... pero, ¿cómo lo logran?

Algunos proponen usar la palabra *autoridad*, que contiene elementos de información, de referencia, de pericia, de legitimidad, de reconocimiento y de coerción, lo que equivaldría a reconocer fuentes diferentes de energía. Ninguno de estos componentes son fáciles de medir y, además, son de diferentes naturalezas.

En ese marco, en condiciones de conflicto e incertidumbre, la *negociación sería un proceso compartido de toma de decisiones en el cual posiciones divergentes se complementan en un resultado único*, sabiendo que además de la negociación las partes pueden recurrir a la dominación, la capitulación, la inacción, el retiro voluntario, la colusión y la intervención de terceros. Por lo cual surge otra definición, que entiende al *poder* como la capacidad percibida de una parte para producir un efecto intencional sobre otra, a través de acciones que pueden requerir uso de recursos.

Zartman y Rubin analizaron casos diversos de negociaciones asimétricas internacionales para poner a prueba las siguientes hipótesis.

- Las percepciones de poder simétrico entre negociadores tienden a dar lugar a negociaciones más efectivas que en situaciones de poder desigual.
- En condiciones de asimetría de poder percibido entre negociadores, el más poderoso tiende a explotar, mientras que el menos poderoso tiende a someterse, a menos que prevalezcan condiciones especiales.
- Cuanto menor sea la diferencia percibida de poder de los negociadores, más probable es que la negociación sea efectiva.
- Los negociadores se conducirán más efectivamente cuanto menor sea la cantidad de poder en el sistema.

- Es más probable que la negociación sea más efectiva si las partes se perciben mutuamente como de poderes similares y si los negociadores comparten una intencionalidad cooperativa.
- Las partes negocian más efectivamente si se perciben como de iguales poderes y si existe buena predisposición interpersonal, que si se percibieran como de poderes asimétricos.
- Las partes negocian más efectivamente cuando perciben que tienen iguales poderes y existe buena predisposición interpersonal, si comparten una intencionalidad cooperativa, y menos si comparten una intencionalidad competitiva.

Realizadas las investigaciones, Salacuse[27] propone las siguientes lecciones.

A. *Lecciones para el débil*

1. Para fortalecerse, construya *relaciones con terceros* que no se sientan a la mesa.
2. En la negociación, la *percepción de poder* es más importante que el poder.
3. El poder *centrado en un asunto* es más importante que la suma del propio poder.
4. Para incrementar el propio poder, atraiga la atención del nivel más alto del otro lado.
5. El tamaño y la complejidad de la otra parte incrementan la oportunidad de aumentar el propio poder.
6. En una negociación particular, las posiciones tomadas por el más poderoso en otros asuntos pueden ser usadas a veces para incrementar el propio poder.
7. El peso de cada recurso de poder cambia con el tiempo, por lo que conviene esperar a que llegue el mejor momento para actuar con más poder relativo.

27. Salacuse J.: "Lessons for Practice". En *Power and Negotiation.* (Eds. I. W. Zartman y J. Z. Rubin). The University of Michigan Press. Ann Arbor. MI. 1994

8. Tomando ciertas iniciativas se puede incrementar el propio poder.
9. El poder se incrementa cuando uno comprende y explota el entorno en el que se desarrolla la negociación.
10. El propio poder puede ser incrementado en la medida en que se pueda conseguir del poderoso un mayor nivel de compromiso con un acuerdo negociado.

B. Lecciones para el poderoso

1. Analice cuidadosamente la naturaleza y las fuentes de poder en cada negociación.
2. El más débil es generalmente más fuerte de lo que se piensa.
3. No se extralimite en el uso del poder.

C. Conclusiones

- Las asimetrías en recursos de poder no se vuelcan necesariamente en asimetrías similares en el ejercicio del poder.
- En la negociación, el peso de la intervención de los terceros puede ser significativo.
- En toda situación de poder existen prácticas probadas para instalar mayor nivel de equilibrio, y el débil debe dedicar atención a cómo encuadrar el conflicto para lograr, aunque sea, ventajas temporales, y debe procurar lo que valora el poderoso, y por lo que aquel elegiría no acceder a sus propósitos por la fuerza o el engaño, sino a través del toma y daca de la negociación.
- Asimismo, el poderoso debe tomar conciencia de que la posición subordinada puede alentar al débil a asumir formas de insubordinación o de escalada disruptiva que lo pueden perjudicar en forma directa o indirecta.

Oligopolio

Un *oligopolio* es una situación de mercado en la que pocos vendedores de un mismo producto satisfacen la demanda de multitud de compradores. Un *monopolio* se caracteriza por una situación persistente de mercado en la que existe un solo proveedor de un producto o servicio. Esta posición de poder incluye los siguientes componentes.

Proveedor único. En una situación de monopolio, solo hay un proveedor.

Barreras significativas de ingreso. En un monopolio, a otros competidores les es difícil ingresar a la industria para proveer los mismos bienes o servicios que brinda quien ostenta la posición dominante.

Inexistencia de sustitutos similares. Un monopolio no se limita a tener un producto único reconocible, sino que *no* existen sustitutos cercanos que puedan cumplir la función requerida por aquel bien o servicio.

Definidor de precio. Puesto que, en una situación de monopolio puro, una sola firma controla la provisión completa de sus bienes, esta puede ejercer un alto nivel de control sobre el precio y otras condiciones.

- A partir de estas definiciones, *elija un caso de su experiencia en el cual se trabajó bien* en el marco de estas limitaciones.
- Describa un caso de prácticas efectivas de su experiencia.
- En el caso elegido ¿qué se hizo bien a nivel de mandante y a nivel de negociador?
- En el caso elegido, ¿cuáles hubieran sido los riesgos de aprovechar desaprensivamente la posición dominante desatendiendo prácticas de la relación comercial efectiva?
- Señale un caso de su experiencia en el cual, para mejorar los beneficios sustantivos de las partes, sugeriría revisar alguna práctica actual.

Porfía sostenida

El conflicto es campo y fuente de hostilidades y surge ante las incompatibilidades. La relación es el espacio donde se vuelven observables las siguientes conductas: alguien desea hacer lo que otro impide, uno desea evitar que otro alcance su meta, o uno percibe que lo que necesita solo puede obtenerlo a expensas del otro.

Un conflicto abierto impulsa a las partes a tomar conciencia de la incompatibilidad, y al reconocerlo, difícilmente se resuelva, dado que tal incompatibilidad se suele expresar desde las emociones, salvo que se trabaje sobre sus causas –y la dimensión política que las atraviesa–, o que se puedan encuadrar y desagregar sus partes.

Un conflicto escondido se resuelve en las sombras. Veamos un ejemplo. "Como a Pancho el patrón no le pagaba, un domingo fue a la casa grande, tomó una montura y se vino de vuelta." Pancho había concluido que el otro no era de entender razones y resolvió actuar con autonomía. ¿Mengua su culpa saber que el delito se origina en la falta de pago de su sueldo? Ante la ausencia de diálogo y la imposibilidad de apelar a un tercero, logró un triunfo vindicativo confiando en que, sin hablar, años de trabajo explicarían a los peones tanto su propia ausencia como la desaparición de la montura preferida del patrón.

El conflicto suele transitar etapas de reivindicación, aclaración y encarrilamiento. En esa evolución, es crítico el nivel de exposición ante públicos afectados, así como la potencial participación de terceros de apelación que pueden contribuir a que la disputa comience a resolverse, si aportan a su análisis, reúnen datos y los procesan, incorporan mecanismos institucionales y provocan tomas de conciencia que movilizan a los antagonistas.

Sin embargo, muchos conflictos no llegan a resolverse y se pierden en luchas, juegos de poder y desplantes. En la etapa de mayor beligerancia, el objetivo será dañar al otro o afectar su imagen con una casi total ausencia de estrategia. Los conflictos explicables en función de disensos significativos de valores tienden a perpetuarse, pero también habrá motivos que impulsen la continuidad del conflicto: la soberbia, la posibilidad de cargar los costos a terceros, el disgusto de conversar en torno a lo que cada cual considera sus legítimos derechos, lo que denunciaría la debilidad ante el frente interno, la creación de precedentes, la sensación de haber sido vencido, etcétera.

Un conflicto es una oportunidad, pero se vuelve destructivo cuando se extiende, se escala y se pierde de vista el motivo por el cual se inició. Se pretende mantenerlo en reserva mientras se aumenta la apuesta, se presiona con advertencias y amenazas a otro para obligarlo a ceder, se rechazan ciertos temas, se utilizan engaños y se violan normas.

El conflicto centra el *pensar en sí mismo*, se encarrila en la medida en que *se tiene en cuenta al otro*, y se consolida en la medida en que *incluya a los otros*. Reconocidos los costos y las repercusiones de proseguir enfrentados, el primer paso será el trabajo en la propia interna, el de la conducción.

Una ráfaga de decencia

Fue un punto de inflexión en la historia del sindicalismo local argentino. No hubo entonces negociaciones cupulares para organizar la repartija de cargos, ni sometimiento a las directivas de poder alguno. En marzo de 1968, el Congreso que dio lugar a la CGT de los Argentinos decidió enfrentar abiertamente a la dictadura militar que había usurpado el gobierno, impulsar el desarrollo de organizaciones de base y denunciar la penetración de los monopolios extranjeros.[28]

En lo que se constituyó en un verdadero documento moral, los miembros del secretariado presentaron ante un escribano público las declaraciones juradas de su bienes: "Esto es lo que tenemos; no lograrán sobornarnos. Cada trabajador podrá comprobar cuando quiera si sus dirigentes se han enriquecido y si

28. CGT de los Argentinos, ver Vilá, Daniel: "Una ráfaga de decencia". En *Acción: En defensa del cooperativismo y del país.* Instituto Movilizador de Fondos Cooperativos, Buenos Aires, diciembre de 2008.

> así ocurre, tendrá derecho a terminar con ellos, así como hoy termina con la vieja guardia entreguista", manifestaron.
>
> Pequeñas viviendas hipotecadas y automóviles usados que aún continuaban pagando en cuotas era su único patrimonio. Pero entre las exiguas declaraciones se destacaban dos, la del prosecretario gremial interior, Benito Romano, y la del vocal Aureliano Floreal Lencinas. Cuatro letras sintetizaban sus propiedades: "Nada".
>
> El mensaje a los trabajadores y al pueblo argentino, dado a conocer el 1 de mayo de ese año –en el que se percibe la huella de la pluma sutil e incisiva de Rodolfo Walsh– es una dramática y contundente descripción del cuadro de situación imperante. Allí se sentencia: "Durante más de un lustro cada enemigo de la clase trabajadora, cada editorial adverso, ha sostenido que no existía en el país gente tan corrompida como algunos dirigentes sindicales. Costaba creerlo, pero era cierto (...) Esa satisfacción han dado a los enemigos del movimiento obrero, esa amargura a nosotros".
>
> El párrafo concluye con una esperanzada invocación. "Que se queden con sus animales, con sus cuadros, sus automóviles, con esos viejos juramentos falsificados, hasta el día inminente en que una ráfaga de decencia los arranque del último sillón y de las últimas representaciones traicionadas".

Es de destacar que, cuando hablan de prácticas constructivas de negociación, los trabajos de la Escuela de Harvard se refieren a negociar por *principios.* Ese sentido quizá en América Latina corresponda a negociar por *ideales,* por *sueños.*

Firmeza y rigor

Llama la atención el caso de un gerente de una filial de una importante empresa extranjera, hombre cercano a la jubilación, profesional reconocido en Relaciones Gremiales, que nunca había estudiado inglés aunque la empresa ofrecía, a su cargo, capacitación en idiomas en horas de trabajo y la mayoría de sus colegas se desenvolvía con fluidez en ese idioma.

Aclaró que muchas veces se había sentido tentado, pero que cuatro factores lo llevaron a decidir que sería mejor usar traductores. Sostenía que a un extranjero le costaría entender su especialidad; que sus decisiones debían ser conversadas con el gremio y comprometían a la firma; que, en general, quien ocupara el cargo de gerente general viviría a los sobresaltos; y finalmente, que a su superior, el gerente de Recursos Humanos, a pesar de que se esforzase en mostrar su dominio de ambos idiomas, le sería difícil hacer comprender al otro la dinámica del caso singular.

La práctica le demostró que, en la medida en que él desconociera el inglés, tanto el superior como el que oficiara de traductor deberían dedicar mucho tiempo a dialogar y acordar qué se sugería hacer en cada punto.

El trámite sería más lento, pero había concluido que, gracias a su ignorancia, las decisiones surgidas de esas tratativas serían tanto o más equilibradas que las de colegas de otras empresas que, para su desgracia, hablaban un fluido inglés y eran comprendidos solo en lo superficial, no en lo esencial.

Al observarlo, por otra parte, era obvio que el gerente de Relaciones Gremiales entendía perfectamente el idioma inglés, pero comprendía, asimismo, que sería improbable que un anglosajón, que solo ocuparía el cargo un par de años entre nosotros, pudiera desarrollar el criterio requerido para resolver las vicisitudes de la relación con la circunstancial Comisión Interna.

El gerente de Relaciones Gremiales tenía un puesto jerárquico, cumplía acabadamente con las exigencias de su función y formaba parte de un equipo profesional; pero dada la turbulencia del contexto y la visible incomodidad de un gerente general de extracción técnica por la obligación de abocarse a temas políticos y sociales, ejercitaba su propio juicio asumiendo menos riesgo que el que implicaba acelerar la toma de decisiones.

Llama la atención, entonces, que el negociador sea quien encuadra el papel del mandante, y que quienes pasan por el cargo de gerente general confían en él porque resuelve mejor su tarea que lo que podrían hacer ellos mismos. El desconocimiento del idioma le permite incrementar sus grados de libertad para el desempeño de su tarea.

Abre, sin duda, espacio para la sospecha: ¿qué ocurriría si se aprovechase de esa posición para su propio beneficio? Porque lo que con la mejor intención entiende como positivo el negociador, puede no satisfacer las necesidades y criterios del mandante...

La autoridad en la negociación

El proceso de la negociación descansa en la capacidad de las partes para comunicar sus intenciones y para influir de forma tal que cada negociador no solo advierta las ventajas del caso sino que pueda, a su vez, comunicarse efectivamente con su mandante y su interna.

En estas circunstancias, la noción de poder depende de las posibilidades que tiene cada parte de modificar percepciones y decisiones de terceros, dentro y fuera de la propia organización.

Cuando esto no ocurre, en aquellos casos en que fue magro el resultado de la concertación, en que el mandante siente que sobre todo debe reforzar su imagen, o en que no existe voluntad de negociar, se inician las tratativas asumiendo posiciones extremas, con el deseo de mostrar quién está a cargo, y dirigiendo exhortaciones a la interna. En esos casos se enfatizan las amenazas y las advertencias, que tienen intención mediática.

A su vez, la conflictividad disminuye a medida que se incrementa la capacitación en el uso de mecanismos no violentos para la resolución de disputas. Esto confirma una amplia serie de experiencias en sociedades diversas, que se caracterizan por desarrollos sociales y económicos sostenidos y por aplicar prácticas de negociación en las que las partes abogan por sí mismas y desarrollan pautas institucionales republicanas.

Además, el manejo de la información otorga autoridad profesional. Quien tiene la capacidad de acercarse a cada situación y a sus participantes puede pergeñar un proyecto con mayor facilidad. Eso incluye la capacidad de prestar atención, entender el mundo del otro y transmitir con calma y seriedad, teniendo en cuenta el espacio en el que se desenvuelve su interlocutor y su estilo. La autoridad se gana estableciendo vínculos llanos basados en la credibilidad. Cuando el negociador construye una reputación de franqueza, se incrementa su capacidad de influir.

Todos estos factores son expresiones del uso del poder en la relación de colegas-adversarios de la negociación. Como resultado, cada parte ve cumplidos sus objetivos importantes, y el ejercicio del diálogo funda una relación más sólida a futuro. Descubre que la noción de autoridad modifica la idea de *poder sobre*, y se convierte en *poder para*. Esta figura refleja la noción de negociador como conductor del proceso del cual es parte.

Distinguir entre el negociador y el mandante

Cuando el negociador responde a otra persona o entidad –mandante– que asume la decisión final sobre la aceptabilidad de los términos y condiciones, es imprescindible distinguir entre el rol del negociador / agente / representante y el rol del mandante / principal / decisor.

El mandante decide: sus necesidades, intereses y metas son diferentes de los del negociador. Por eso, idealmente, mandante y negociador se organizan dividiéndose la responsabilidad por intervenir y asumir distintas decisiones a lo largo de un proceso.

El mandante toma la decisión final sobre los términos mínimos para aceptar la propuesta. Es la decisión última que refleja los términos que debe alcanzar el negociador. Define asimismo los límites de la autoridad del negociador. Por ello, este comunica sus ideas e intuiciones a su mandante. A veces, en el marco de lineamientos establecidos, el mandante autoriza al negociador a usar su propio arbitrio. Aun así, los intereses, necesidades y metas del negociador se subordinan a los del mandante.

En general, el negociador elige estrategias y tácticas, salvo cuando las decisiones negociadas tienen un efecto directo en proyectos críticos para el mandante, o bien cuando el mandante es, a su vez, un negociador capacitado.

Es tarea del negociador descubrir las necesidades, intereses y metas del mandante, así como asesorarlo sobre cuándo dar los pasos para acordar el cierre, con un trato firme en cierto tema o en la negociación entera, en vez de arriesgarse a perder esos términos. En esta decisión pesan los siguientes aspectos: el valor del acuerdo presente; la probabilidad de que la otra parte retire la oferta mientras se espera alcanzar términos mejores; los términos que se estiman mejores que los actuales; y la probabilidad de alcanzar esos términos mejores. Porque:

1. la negociación se propone metas específicas, pero negociar es un proceso dinámico: no es solo una serie de ofertas y contraofertas, sino un intercambio de informaciones y de construcción de reglas por aproximaciones sucesivas;
2. la incertidumbre y la falta de control explican las dificultades de la negociación: ambas se restringen mejorando las pericias personales;

3. el abordaje óptimo de la negociación requiere rigor, flexibilidad, planeamiento y una comprensión cabal de metas, estrategias y tácticas;
4. cada negociación puede tener varias metas: meta *egoísta* es la que se propone un resultado específico a despecho de lo que obtenga el otro; meta *agresiva* es la que se propone dañar al adversario; meta *defensiva* es la que se propone evitar cierto resultado específico; meta *competitiva* es la que se propone lograr más que el otro; meta *cooperativa* es la que se propone un acuerdo para alcanzar beneficios mutuos;
5. ha de desarrollarse un plan de contingencia por si no conviene llegar a un acuerdo con la contraparte, o se prefiera postergar el encuentro;
6. cuando existen metas conflictivas, deben establecerse prioridades. Para alcanzar un acuerdo equilibrado, el negociador debe asegurar la inclusión de la mayor cantidad y calidad posible de información;
7. las posiciones, necesidades, intereses y metas constituyen la información crítica de toda negociación;
8. el manejo del tiempo, de la información y de los hechos puede alterar las metas, por lo cual conviene reevaluarlo periódicamente;
9. el mandante define las metas de la negociación, decide las condiciones mínimas aceptables para llegar a un acuerdo e instruye al negociador que lo representa, quien, generalmente, decide sobre cuestiones estratégicas y tácticas, lo aconseja y puede influir sobre esas condiciones; para incrementar su eficacia conjunta, mandante y negociador se constituyen en equipo;
10. el negociador debe conocer las metas requeridas por el mandante, ya que una meta puede ser un aspecto crítico del acuerdo, o simplemente algo deseado; y las metas de la negociación determinan estrategia y tácticas;

11. el negociador administra el conflicto: no lo evita ni alienta; mejora su destreza negociadora identificando sus destrezas y puntos ciegos personales críticos.

Los otros

Uno

"No están en nuestra longitud de onda. Pero se entiende,
estamos en economías distintas.
Ellos viven en una economía de carencias, porque lo que
les viene, les viene de arriba, pero con opulencias: nada
los exige. Tienen tiempo."

Dos

"Cuando vinieron los de esa firma, muchos
nos entusiasmamos porque tenían un nombre,
eran de primera.
Pensábamos que crearían fuentes de trabajo en la provincia.
Tenían una oportunidad extraordinaria: eran los primeros en
traer tecnología de avanzada y
el mercado hubiera sido enteramente de ellos.
Desgraciadamente eligieron mal, y se conectaron
con una caterva que vendía gato por liebre.
No se dieron cuenta, le creyeron, perdieron 6 millones
de dólares y la posibilidad de ingresar en el futuro.
Hoy nos cerraron las puertas, nuestra imagen regional quedó
por el suelo y nos llevará años, y mucho dinero, revertirla.
Además hablaron en su tierra y cambió la forma en que viene
otra gente de aquel país a hacer negocios. Nos afectó a todos
en nuestra economía, porque ahora cada negociación
es mucho más difícil para todos, incluso para los que no saben
nada de aquella mala experiencia anterior."

Ejes de descubrimiento

- ¿Cómo aparece en estas viñetas la noción de intereses?
- ¿Conviene otorgar peso a lo que valora el otro?
- ¿Es prudente pensar a futuro al construir una relación?
- En medio de un conflicto, ¿es posible generar credibilidad?
- ¿Es un engorro la interdependencia cuando no volveremos a ver al otro?

Concernidos / apostadores / adherentes

Concernido / apostador / adherente –en inglés *stakeholder*– es todo aquel que puede influir o verse influido por el conflicto y por los procesos que se sigan hacia una negociación. Especialmente en la región latinoamericana, donde cada proyecto parece ser parte de una red compleja con innumerables otros, y aludir a rencores y conveniencias múltiples, es imprescindible hacer un listado de quiénes son y de qué maneras pueden contribuir u obstaculizar el avance del proceso. En ciertos ambientes, se descuenta que estos pueden ser manipulados, y de hecho lo suelen ser a través de mecanismos coercitivos y colusivos. Más efectivo, sin embargo, es administrar los conflictos, concertar y negociar teniéndolos en cuenta, ya que de no hacerlo la contraparte puede adelantarse, formar coaliciones o desarrollar estrategias, y entonces crece la probabilidad de toparse con fracasos anunciados.[29]

El primer paso es identificar, registrar e intentar comprender las motivaciones y vicisitudes que encara cada concernido. Realizada esta lista, cabe preguntarse: ¿quiénes son?; ¿cuáles son sus intereses, necesidades y deseos en el caso?; ¿qué oportunidades y amenazas les plantea el caso específico?; ¿cuáles son las responsabilidades de cada parte si se produce un empantanamiento, o un fracaso?; ¿cuáles serían las estrategias más adecuadas para encarar cada caso?

A partir de esta toma de conciencia se puede elaborar un mapa político que incluya las respuestas a los interrogantes citados, descubra los hiatos de información y permita diseñar acciones sustantivas, que comprendan otras de reducción de costos y de control de daños.

---

29. Ian Mitroff presenta la noción de adherentes en *Stakeholders of the organizational mind*. Jossey-Bass, San Francisco, 1983.

Coerción o influencia

El proceso de la negociación descansa en la capacidad de las partes para comunicar sus intenciones e influir de forma tal que cada negociador no solo advierta las ventajas del caso, sino que pueda, a su vez, entablar conversaciones difíciles con su mandante y su interna en forma efectiva.

En estas circunstancias, el poder depende de la capacidad que tiene cada parte de modificar percepciones y decisiones de terceros, dentro y fuera de la propia organización, y no ya de imponer su criterio a despecho de la voluntad del otro.

Cuando esto no ocurre, cuando solo vale la fuerza, o en aquellos casos en que fue magro el resultado de la concertación, en que el mandante siente que sobre todo debe reforzar su imagen, o en que no existe voluntad de acercamiento, las tratativas se inician desde posiciones extremas, con la intención de mostrar quién está a cargo, y dirigiendo exhortaciones genéricas a la interna. Con diferentes niveles de histrionismo, se enfatizan las sanciones, las amenazas y las advertencias, que por tener intención mediática, confirman en los espectadores los supuestos existentes sobre los protagonistas. Puesto que la mayoría de las negociaciones críticas son seguidas día a día en los medios, en los que analistas especializados de diferentes signos evalúan cada situación, en particular las posiciones extremas, y señalan los costos a la sociedad, cuanto mayor es el uso de tales prácticas, mayor será el atraso, el desprestigio social, las consecuencias a nivel internacional, y más se tardará en zanjar las diferencias. Cada vez, entonces, que una parte apela a la coerción para forzar a la otra a modificar sus posiciones, crece el resentimiento, carga de fragilidad a la relación y realimenta la dificultad. La experiencia muestra que estas prácticas causan pérdidas de oportunidades y postergan el inicio de procesos más esforzados, si bien convenientes.

El choque de las personalidades tiene un efecto significativo en el desarrollo de las tratativas. Mientras la capacidad de persuasión, centrada en el ascendiente del presidente Carter, hizo posible los acuerdos en Camp David entre Anwar al Saddat y Moshe Rabin e instaló un hecho innovador en las relaciones entre Egipto e Israel, un ejemplo fascinante opuesto es el del sostenido antagonismo entre Robert Kennedy y Lyndon Johnson[30]. A la vista de propios y ajenos, el odio entre los dos produjo una batalla monumental e inacabable: su profunda animosidad volvía casi imposible el intercambio, y sus encuentros eran seguidos de abiertas desvalorizaciones ante sus internas. De esta manera, las políticas federales de los Estados Unidos sufrieron atrasos groseros, el partido gobernante se fracturó y las pujas tuvieron efectos lamentables sobre su espacio político. Hechos recientes en nuestra región muestran ejemplos también lamentables de la misma dinámica.

A su vez, la conflictividad disminuye a medida que se incrementa la capacitación en el uso de mecanismos no violentos para la resolución de disputas[31], lo que confirma una amplia serie de experiencias en sociedades muy diversas, que se caracterizan por desarrollos sociales y económicos sostenidos tras aplicar prácticas de negociación en las que las partes han abogado por sí mismas y desarrollado pautas institucionales republicanas.

Aplicar el poder de influencia, en contraposición a la coerción, se sostiene en la construcción del rol de negociador, representante de un mandante y figura de autoridad basada en el ejercicio de una función para la que es nombrado, así como en el acceso a sistemas de gratifica-

30. Shesol, Jeff: *Mutual contempt: Lyndon Johnson, Robert Kennedy, and the feud that defined a decade.* Norton, New York, 1997.
31. Novick, Marta: presentación en mesa redonda de negociación. Universidad Nacional de Rosario, septiembre de 2008.

ción y sanción, que configuran su *autoridad formal*; en el dominio y acceso a los conocimientos y experiencia técnica, legal y profesional, que se sintetizan en la noción de *autoridad profesional*; y en la capacidad de crear ascendiente y reputación, que se sintetizan en la noción de *autoridad referente*.

En lo práctico, estos elementos constituyentes de la autoridad se advierten en la conciencia de los costos que entraña un conflicto extendido; en el derecho que, en un proceso democrático, asiste a cada cual a apelar en defensa de sus intereses y valores; y en la coherencia interna del negociador y su capacidad de actuar en función de una preparación que incluye la capacidad de levantarse de la mesa a menos que se den las condiciones como para avanzar en la concreción de un trato que satisfaga sus necesidades. Cada uno de estos elementos marca la importancia del fortalecimiento del frente interno, en torno a argumentaciones sólidas en ocasión de alistarse para una negociación. Contar con cada uno de estos elementos contribuye, por otro lado, a mostrar aplomo en la acción y a transmitir estos factores a terceros.

El manejo de la información otorga autoridad profesional. Quien tiene la capacidad de acercarse a la realidad de cada situación y de sus participantes puede construir un proyecto con mayor facilidad. Eso comprende la capacidad de prestar atención, entender el mundo del otro y transmitir con calma y seriedad, teniendo en cuenta el espacio organizacional en el que se desenvuelve y el estilo de su interlocutor. La autoridad se gana estableciendo vínculos llanos basados en la credibilidad. Cuando el negociador construye una reputación de franqueza, se incrementa su capacidad de influir.

Además, lo esencial en la capacidad de influir sobre el otro depende no tanto del manejo de cifras y reglamentaciones, en sí críticas, sino en la forma en que son ordenadas y puestas en discusión: la persuasión que pueda ejercer el negociador depende de presentar los contenidos en forma llana, organizarlos y señalar los aspectos clave de manera creíble, a pesar de que defiende un punto de vista propio. Por ello, siendo fiel a su propio estilo de trabajo debe tener en cuenta qué necesita el otro y allanar el camino a la aceptación, sin cargar las tintas. En ese sentido, los mejores negociadores van elaborando la síntesis final a medida que se desarrollan los intercambios de modo que la contraparte vea desarrollarse su propia preferencia ante sus ojos. De esta manera, sin reducir la tensión, incorpora elementos de tranquilidad, sin negar los aspectos en los cuales se deberán dirimir diferencias.

En todo este proceso será clave respetar las necesidades de la interna de la contraparte de modo de facilitar el camino a la aceptación del documento, en la interna del otro. Esto se consigue en un primer momento relevando si acaso pueden acordarse objetivos superiores compartidos; en segundo término, acordando los criterios objetivos y estándares de legitimidad valorados en ambas partes, especialmente a nivel de los asesores que pueden vetar la redacción; y finalmente, el negociador afianza su autoridad descubriendo ocasiones de beneficio mutuo, y que atienden a los intereses de las partes, aun en condiciones adversas, al incluir elementos descubiertos a medida que se desarrollaron los intercambios.

Todos estos factores son expresiones del uso del poder en la relación de colegas-adversarios de la negociación: como resultado, cada parte ve cumplidos sus objetivos importantes, y reconoce que el ejercicio del diálogo funda una relación más sólida a futuro. Descubre que la noción de autoridad modifica la idea de *poder sobre*, al convertirse en *poder para.* Esta figura refleja la noción de negociador como conductor del proceso del cual es parte.

Negociaciones internas para desarrollar el trato con contrapartes

No hay negociación exitosa con contrapartes externas
sin apoyo sustantivo a nivel interno.
Y la negociación interna es más ardua que la externa.

Para el fortalecimiento interno
se tienen en cuenta tres elementos críticos.

– Una negociación interna inefectiva tiene
ramificaciones predecibles.
– Estos efectos negativos pueden ser previstos.
– Las negociaciones internas y externas tienen similitudes
– La negociación interna efectiva genera los recursos,
el alineamiento y el apoyo requeridos para
una negociación con contrapartes externas.

1. Si no se fortalece el frente interno

– Evitar encontrarse uno sin recursos.
– Puede fracasar la implementación.
– Se incrementan las resistencias y el riesgo de sabotaje.
– Cada cual defenderá sus intereses sectoriales.
– Si se fracasa, el costo lo asume el negociador.

2. Fortalecer el frente interno

Para fortalecer el frente interno
es vital sobrecomunicar.

– Evitar que los colegas se sorprendan
por el resultado de la negociación externa.
– Involucrarlos en la resolución conjunta de problemas
al preparar la negociación externa.
– Construir redes de apoyo
para sostener el acuerdo con las contrapartes externas.

Para lo cual se debe identificar a quiénes afecta
la negociación en la interna.

Pregúntese:

– ¿A quienes les interesa este caso?
¿Quiénes se verán afectados?
– ¿A quiénes se necesitará para implementar este trato?
– ¿Quiénes pueden sentirse perjudicados
y sabotear el proyecto?
– ¿Quiénes pueden ayudar más como aliados,
mentores, auspiciantes?
– ¿Qué fechas de control interno deben tenerse
en cuenta?
– ¿Qué relación tienen las fechas internas
con las necesidades de la contraparte?

3. Pasos para negociar de adentro para afuera

– Conocer los intereses de los colegas internos
y reconocer las ramificaciones políticas del trato.
– Construir una red de comunicaciones y de apoyo.
– Crear opciones de beneficio mutuo interno
y cuantificar los beneficios y costos
para la parte y la contraparte.
– Identificar los parámetros con los cuales los colegas
internos evaluarán el trato.
– Generar alineamiento y consenso.
– Cerrar el trato en la interna antes de presentarlo
a la contraparte externa.
– Mantener permanentemente informados
a los colegas internos mientras
se desarrolla la negociación externa.

Divisas

Divisas inspiradoras
Involucrarse en un proyecto significativo.
Tener la oportunidad de hacer algo vital.
Colaborar en un proyecto trascendente.[32]

Divisas vinculadas con la tarea
Recibir presupuesto, dotación u otros recursos.
Recibir ayuda o lograr salir de cierto proyecto.
Recibir asistencia, respuesta rápida, aprobación.
Recibir información técnica o institucional.

Divisas vinculadas con la posición
Recibir asignación para lucirse.
Ser reconocido por esfuerzo, habilidad, logros.
Poder mostrarse ante quien dirige.
Mostrarse en la mejor luz.
Saberse importante.
Tener oportunidad de vincularse.

Divisas vinculadas con las relaciones
Sentirse aceptado.
Recibir apoyo efectivo y simbólico.
Saberse escuchado.

Divisas vinculadas con la persona
Permitirse expresar valores, identidad.
Participar de tareas que incrementan habilidades.
Saberse / sentirse dueño.
Recibir reconocimiento por aportes.

---

32. Cohen, Allan R., y Bradford, David, L.: *Influence without authority*. Wiley, New York, 1989.

Organizarse para negociar

Para alcanzar mejores resultados en las negociaciones debe saber:

– qué resultados busca y cómo se da cuenta de que los alcanza,
– quiénes hacen cada cosa,
– cómo se aportan unos a otros (reuniones, instrucciones, minutas, etc.),
– qué hacen cuando encuentran dificultades,
– cuánto se entienden.

Consensuar en torno a:

– la forma actual de organización, ¿ayuda a alcanzar las metas?;
– ¿coloca a cada cual en el mejor lugar? y, de no ser así, ¿permite cambiar?;
– quienes necesitan cada aporte, ¿le encuentran sentido?;
– la forma actual de organización, ¿alienta la cooperación?;
– ¿satisface a los diversos sectores?;
– ¿es simple y fácil de entender?;
– ¿ya quitaron los niveles y relaciones de coordinación que no agregan valor a la forma actual de organización?;
– la forma actual de organización, ¿permite que, como responsables, sepan a quién recurrir cuando necesitan algo?;
– ¿permite que sus supervisados sepan a quién recurrir cuando necesitan algo?;
– ¿incluye líneas claras de responsabilidad?;
– ¿permite tomar decisiones en forma ágil?;
– ¿atesora datos críticos en un núcleo central para ser procesados?;
– ¿procesa esos datos y facilita su uso en su propio sector de responsabilidad?;

–¿ayuda a que sus supervisados se enteren a tiempo de sus decisiones, y de las decisiones de sus colegas?

Salir del pantano

Cambiar de negociadores
Cambiar el nivel de los negociadores
Reencuadrar para avanzar
Mudar de local
Incorporar mediadores
Nombrar árbitros
Dividir las diferencias
Entrar en receso
Redondear cifras
Incorporar datos nuevos
Crear Comisión Mixta

CAPÍTULO 5

COMUNICACIÓN: PROCESOS DE COMPRENSIÓN Y PERSUASIÓN

¿Se entiende? ¿Cómo se entiende?

1.
En 1957 un contingente de la UNEF, la Fuerza de Emergencia de las Naciones Unidas, se encontraba desplegado en Gaza. Era su primera noche en el lugar y, al escuchar desde los minaretes el llamado a las oraciones del muecín, sin entender el idioma árabe ni el sentido del mensaje, las tropas supusieron que se trataba de una provocación al desorden civil y aterrorizadas dispararon sobre la mezquita.[33]

2.
El recién llegado aprendía que ciertas palabras aparecían con sorprendente frecuencia. Ya que fueron los portugueses los primeros en intentar navegar y explorar la costa oeste del África, *dash* ("¿me das?") es un término que probablemente haya llegado a la jerga nigeriana de aquel idioma. En la primera época del comercio con Guinea, los portugueses dominaban el comercio y *dashi'*, una forma anterior del vocablo, que se utilizaba

33. El primer texto es de *A Life in Peace and War*, las memorias de sir Brian Urquhart de sus años como subsecretario general de las Naciones Unidas, el segundo es de *Sweet pass kerosene. Nigeria: A personal history*, de Ian McCall.

a lo largo de la costa de Guinea desde Cabo Verde hasta Gabón, aludía al regalo que se acostumbraba presentar a un jefe africano antes de iniciar una negociación. Entonces, uno llegaba a Nigeria y se topaba con los ojazos de los chicos que pedían: *Oyibo* (hombre blanco), *dash me*. Uno podía contestar "¿Por qué te debería *dash*?" Si la respuesta era "Porque tienes mucha plata", correspondía sonreír y decir "No soy un gran amo". A esto seguía otra sonrisa del chico que se sentía descubierto y ambos gozaban del intercambio. Pero si el chico decía: "Cuido tu auto mientras compras en Kingsway", se sobrentendía la reciprocidad que justificaba el símbolo del bien de cambio, aun antes del cumplimiento del contrato implícito. La confianza emergente aseguraba que él estaría en su lugar cuando uno retornase y creaba la expectativa de iniciar una relación de largo plazo para el beneficio de ambas partes.

Haga un listado de las impresiones sugeridas al leer estos casos.

Incorpore experiencias personales de ignorancia, incomprensión, malentendidos, prejuicios.

La maravilla del idioma

En pocas actividades humanas deja de tener importancia el idioma, y en negociación es crítico conocer la forma en que se expresa cada interlocutor.

Porque el idioma cumple un rol esencial en la creación de significados. Porque el idioma otorga sentido a cada hecho; pone de manifiesto cuestiones de la cultura y de la historia de quien habla; construye o debilita las relaciones sociales.

El idioma pone en claro lo que la persona siente, sabe, piensa, teme, necesita, desea, valora, y la comprensión de la realidad no solo se expresa en palabras, sino que pone en evidencia a través de ellas. Lo cual significa que el idioma no pone en palabras alguna idea o evento preexistente, sino que opera con fenómenos y sucedidos, y los transforma en hechos, dejando de lado a otros; y por hechos no nos referimos solo a cuestiones físicas, sino también a ideas, valores y opiniones. O sea que el idioma distingue y aísla ciertos aspectos de la realidad, y al diferenciarlos, los traNsforma en hechos que se registran en palabras.

Al elegir ciertas formas de comunicación, porque sirven a su propósito, el negociador instala hechos y, cuando es exitoso, el idioma cumple la función de compartir interpretaciones. Sea por la claridad de la presentación, sea por la reiteración de los significados, sea porque el hecho es consistente con lo que se acepta en ese momento y lugar, pasa a ser parte del sentido común.

A través del idioma se crea, modifica y desarrolla el sentido que cada grupo da a su existencia y las formas que adopta pasan a ser parte del tesoro compartido, tanto es así que ciertas palabras, o formas de comunicación, pierden relevancia o se desacreditan. Las palabras traducen sentido.

Comunicar y negociar

La negociación es un proceso de comunicación entre personas, que representan a otros que tienen intereses parcialmente encontrados/compartidos. En esas circunstancias, es previsible que, en el mejor de los casos, se libre a tientas, y en cada paso sea imprescindible verificar hasta qué punto uno mismo y el otro entienden lo que corresponde, y hacerse cargo de lo que uno desea que el otro asuma. Por ese motivo, en caso de actuar con voluntad negociadora, ese proceso de entendimiento se facilita, y en instancias de preocupación, se hace más lento.

Al hablar, cada parte traduce sus intenciones en palabras que se vinculan con su forma de ubicarse en la situación. Viene a la mente ese mismo proceso en Cervantes: la relación entre los árabes y los cristianos, y el problema de la traducción es evidente en muchos pasajes del *Quijote*. De hecho, Cervantes atribuye la autoría de su texto a gran variedad de personajes y traductores moros, y al hacerlo da su opinión sobre la traducción. En cierto momento, propone una metáfora de la traducción cuya vigencia es indudable: "Pero con todo eso, me parece que el traducir de una lengua en otra, como no sea de las reinas de las lenguas, griega y latina, es como quien mirara los tapices flamencos por el revés: que aunque se vean las figuras, son llenas de hilos que las escurecen, y no se ven con la lisura y tez de la haz".

En 1606, un copista moro del Q'oran anotó en una extraña mezcla de castellano, aljamaido y árabe en los márgenes de un pergamino: "Está eskrito en letra de kristyanos (...) rruega y suplica que por estar en dicha letra no lo tengan en menos de lo kes, antes en mucho; porque pues esta asi declarado, está más a vista de los muçlimes que saben leer el cristiano y no la letra de los muçlimes. Porque es cierto que dixo el annabî Muhammad salla Allahu alayhi wa-sallam que la mejor lengwa era la ke se entendía".

La importancia de la comunicación se reconoce cuando se escucha a quien balbucea, como en el caso que sigue.

Escuchar a Pepe

Mire, como decía mi padre, hacer como los hebreos, aguantaos y jodeos. Hay que tener gobelinos, señor, si me permite el chascarrillo, pelotas, como decimos acá. A la vaca hay que sacarle la leche mientras está viva; cuando muere, de nada sirve llorar.

Y en el comercio, el único capital es la clientela, y siempre hay que regalar algo, una sonrisa, una cortesía. Tiene que estar dentro del paño del gasto o de la inversión, pero tiene que estar. Si el otro me llama y me pide un despacho para mañana, tengo que llevárselo esta misma tarde. Porque el que tiene negocio, si le va bien la gente lo ayuda, si le va mal es porque no supo elegir o mandar.

Mi papá decía que todo es verdad, todo es mentira, de la óptica con que se lo mire. Me mostraba la mano, me preguntaba qué ves, yo le decía la mano, proyectaba el dorso en la pared y me decía qué ves y yo le decía la sombra, y la daba vuelta y me decía y ahora que ves y le decía la mano, y cuál es la mano me preguntaba, la primera o la segunda, y cuál es mejor; es la misma, pero de lejos uno no alcanza a darse cuenta de si está del derecho o del revés, no se da cuenta. Entonces, hacer de tripas, corazón, hijo.

Tuvo fatalidades, se le murió el hermano chico. Del disgusto se cayó. Mira, como el Flaco INRI acá no va a bajar, mejor nos arreglamos entre nosotros, ¿no te parece? Porque quien piensa que su cruz es la más pesada, que se vaya al cementerio, la tire y tome la que más le guste; terminará mirando para arriba para pedirle que le devuelva la suya. Y el Flaco sabe, él sabe.

Yo creo que la fe es un ingrediente que el espíritu necesita. Hay muchos ingredientes, pero la fe es una. Todos los 13 me voy a La Plata desde hace años para la Rosita Mística. Porque es a suerte y verdad, entonces mejor ser justo con los propios que generoso con los de afuera. De chico yo estaba en los scouts y competíamos, y yo tenía que conducirlos, y me decían esos son tal cosa, y yo decía mejor clasifiquemos, ¿nos sirven o no nos sirven para competir? Nos sirven o no nos sirven, entonces no calificamos, los que nos sirven, los que no nos sirven. Veamos qué podemos manejar, no será fácil pero no hay por qué hacerla difícil.

La competencia se arregla cuando se comparte el juego, la mentalidad y la meta es compartir, no entremos mal, una vez ahí decidimos si seguimos o si damos un pasito al costado. Todo el mundo tiene cosas buenas y cosas malas, la mano y el dorso, somos nosotros los que elegimos. Si hablas con un delincuente y tú recién te inicias, para ti es un ídolo porque mató dos policías… entonces busca por el medio que es lo que llaman normal.

Mi padre decía "no sé si soy emigrante o errante, porque fui y volví, porque la cosa anda, pero no anda". Yo iba a su tienda y le preguntaba: "¿Qué estás haciendo?", y él contestaba: "Mejor, mejor, mejor no preguntes, mejor no hablo".

¿Reconoce la banalidad, los lugares comunes en los dichos del papá de Pepe? ¿Qué hacer si su contraparte no hace sentido? Especialmente si es integrante de su organización...

¿Tiene conciencia de su propia forma de comunicar?

Para el desarrollo de una negociación ¿qué elementos de su propia forma de comunicar lo ayudan a negociar estratégicamente? ¿Qué elementos de su entorno lo condicionan?

Escuchar y procesar

La parte más importante de la escucha es prestar atención al sentido de lo que comunica el otro, y para ello es necesario filtrar todo ruido, provenga este de la incomodidad física, de sonidos molestos, o bien de fastidios provocados en el que escucha por la ansiedad, que impide que se entienda lo que se dice. También las actitudes evitan que se canalice la escucha hacia lo que se quiere escuchar y no a lo que en realidad se dice.

Es esencial expresarse con claridad, en términos simples, porque la confusión inhibe y desalienta la escucha, y la complejidad exige un exceso de concentración para decodificar lo que se escucha. Así es que ciertas personas entienden cada expresión como un ataque y se crispan, o les disgusta el que habla, y desmienten o niegan lo que provenga de esa fuente.

Al escuchar se advierte si acaso el otro integra lo que se dice en su repertorio de ideas y si confiere sentido a lo que a su vez escucha. En la negociación este proceso de doble vía se complica, porque ciertas informaciones convendrán al propósito del que escucha, pero otras, incluso quizá convenientes, necesitarán ajustes en caso de aceptar lo que se dice y escucha.

Por eso es necesario percatarse de que el flujo de información requiere tiempo de digestión: el negociador lo administra tras escuchar cómo se expresa y aporta información el otro. En ese caso, abre el campo a la conciliación de intereses.

Concertar

La concertación es trabajo de gente tranquila, de *buenos jefes* y de *gerentes*: abarca (a) transmitir al otro la convicción de que fue escuchado y comprendido, (b) tener en cuenta los intereses de ambas partes y (c) acordar reglas de juego. Conociendo la conclusión de GLOBE, ¿puede producirse este proceso en una sociedad sin reglas, en la que prevalece el pensamiento ultramontano, donde la palabra *colusión* tiene numerosos sinónimos, y donde la negociación fue tantas veces prebendaria?

Cuando uno entonces propone: "Ensillemos, que a caballo vamos a entender mejor", alude a un código que surge de hacer algo juntos. *Ensillemos* es la invitación que, de ser aceptada, dota a ambos de un mismo instrumento, permite a ambos "co-mentar", da lugar a "re-correr", "con-versar" diferencias. Sin códigos, se incumple, no hay aparcería. Sin "co-legas dis-pares" no hay creación de valor. Sin *affectio societatis* no se recaudan impuestos, no se firman contratos, no se alista una máquina, no se vende ni se compra.

Negociar es un juego de viejos lechuzones cascoteados que puede surgir cuando las partes tienen intereses encontrados, no están satisfechas con el modo existente para resolverlo, se proponen temporalmente no destruirse, someterse ni huir, y deciden inventar un proceso para resolver sus diferencias. Combina estrategias sutiles de competencia y de cooperación. Requiere saber esperar, saber perder, saber ganar.

Zartman recuerda que es imprescindible tener en cuenta las cuestiones de ideología, necesidades y codicia, *creed, need and greed*. El proceso dejará de ser eminentemente defensivo, seguirá exhibiendo facetas extorsivas, pero se perfilarán los aspectos distributivos a través de los análisis de reparto que surgirán de discusiones entre técnicos, y aparecerán las tareas conjuntas de resolución de problemas que agrandarán el tamaño de la torta y asegurarán otras formas de distribución, sin eludir la controversia.[34]

El conflicto comenzará a abrir alineamiento y a administrarse, alguno abogará por sí mismo, empezará a negociar.

Para eso se informará sobre los resultados de experiencias anteriores. Se preguntará: "¿Qué pasa acá y ahora? ¿Qué antecedentes vuelven al tapete en la puja que se expresa en estas conductas?". Se aportarán los antecedentes que darán sentido a las proclamas y a los rencores. ¿Es esta la primera vez que se enfrentan? ¿Hay pactos preexistentes? ¿Tienen en cuenta a terceros?

Se pensará: "¿Cuál es la capacidad de las figuras de autoridad para organizar y dirigir de modo efectivo y legítimo los asuntos que les competen? ¿Cómo se fortalecen en la propia interna? ¿Son pocos o muchos y forman, o no, coaliciones? ¿Qué conciencia desarrollaron del propio lugar en el concierto de actores? ¿Cómo imaginan que el caso los consolida?".

Se reunirá información. Se irá adonde sea necesario para contrastar opiniones. Se sabrá cómo cada cual se desempeñó en otros juegos. Se publicitará cómo acostumbran resolver sus entuertos, si tienen experiencia en conflictos de poca o gran monta, si saben construir y defender espacios de debate, si supieron armar tramas a las que pueden apelar para resolver cuestiones complejas.

El proceso entrará en otra etapa cuando empiece a tomarse en cuenta el caso singular, se vaya por partes, se pon-

---

34. Zartman, I. William: "Need, creed and greed in intrastate conflict". En Arnson, Cynthia J. y Zartman, I. William, *Rethinking the economics of war. The intersection of need, creed and greed.* Woodrow Wilson Center Press, Washington DC, 2005.

ga en evidencia la pérdida de poder y se quiebren y recompongan las internas, dejen de pesar las conducciones hegemónicas, se oiga sin esfuerzo al que habla, aparezcan referentes y técnicos que aporten su grano.

Se buscarán las líneas de fuga, se intentará hacer converger la mirada sobre el tema en cuestión y pensar para la acción. Se analizará el peso de los aspectos contenciosos del caso, cuánto puede desagregarse para permitir que cada uno reclame lo que considera suyo, qué probabilidad existe de incorporar elementos de beneficio mutuo.

Se producirá información y aprendizaje en el desarrollo de la experiencia de concertaciones en un espacio común y con cada uno de los protagonistas. Se difundirá lo que se recoge al acercar a las partes, el aprendizaje derivado del aporte de los otros, los de adentro y los de afuera registrarán los costos y los beneficios.

En algún momento aparecerá otra forma de conducción. La del que "no tiene miedo". Algo de eso ocurre porque el fracaso enseña, los costos crecen y la responsabilidad prima sobre la vergüenza y la culpa. Porque pesan el cansancio y el hastío. Porque la porfía se vence con hechos pequeños y palabras llanas. Porque vuelve a surgir el trabajo pertinaz. Y a veces surgen personajes atrabiliarios.

Aprender a concertar

Son las peripecias y los vaivenes de la negociación: administrar un proceso en el cual uno puede salir beneficiado, o puede salir perjudicado. Y normalmente nunca sabrá cuánto.

Por eso, ante una crisis, aun en una cultura que valora el enfrentamiento, llega un momento en que se toma conciencia de que es inconveniente seguir con el estado acostumbrado de cosas. En esas circunstancias, surgen interlocutores válidos, personas dispuestas a participar en encuentros de acercamiento y debate, preparados para escuchar a la contraparte a presentar sus necesidades en forma desprejuiciada. Es vital que esas personas estén habilitadas para escuchar concesiones, transmitirlas y redactar papeles de entendimiento que lleven a tratos. En ese proceso deben encontrarse en comunicación directa con quienes ejercen el poder.

La tarea de esos representantes, agentes autorizados, es dedicarse a desarrollar una percepción compartida sobre la naturaleza del conflicto que pueda dar lugar a concebir términos de un entendimiento, borradores de diversas soluciones con sus costos, beneficios y consecuencias, así como criterios de equidad que sus internas consideren aplicables.

En general, conviene que tales borradores puedan ser enmarcados por una definición llana de los resultados esperados; también es importante que los desarrollos atiendan las cuestiones centrales del asunto, y encaren el problema con visión de conjunto, cubriendo la mayor cantidad de aspectos conflictivos. Además, los documentos deben expresar flexibilidad, coherencia interna y equilibrio. Tales documentos deben elaborarse en términos simples, con referencias a beneficios evidentes, así como advertencias, costos y repercusiones en caso de no cumplirse. De alguna manera deben poder transmitir que la formulación ofrecida es la mejor para el caso en las condiciones dadas y en función de los tiempos disponibles.

Transformar un conflicto en un problema

El esquema que sigue ayuda a ordenar posiciones y necesidades en un conflicto entre dos partes. Se entiende mejor después de aplicarlo.

Los pasos de la metodología toman en cuenta la naturaleza de un conflicto y fueron aplicados con buen resultado en acercamientos de diferentes cuños. Sin embargo, se debe ajustar a la índole de cada situación particular. Por ejemplo, en la medida en que las partes tengan conciencia del efecto negativo de los costos actuales de la situación creada, puede trabajarse en una actividad extendida durante la cual se opera como taller, incluyéndose los pasos detallados a continuación, así como precalentamiento, ejercitaciones, intercambio de roles, dramatizaciones, etc.

En esas circunstancias, el trabajo se encuadra en un proceso de desarrollo y aprendizaje personal y organizacional, y exigirá instalar continuidad. En los casos siguientes, sin embargo, se desaconseja operar bajo tales sobrentendidos: cuando el caso es puntual y hay desavenencias serias; cuando una de las partes actúa como miembro ilustrado de la díada, porque su posición relativa le confiere más fuerza; cuando una de las partes convoca porque tiene más autoridad institucional o profesional; cuando las partes tienen un vínculo endeble; cuando las partes se recelan o no han creado reputación de credibilidad; cuando la situación que las enfrenta tiene importancia muy relativa para una o varias de las partes; cuando una parte entiende que aún no es tiempo de intentar un acercamiento, mientras la otra lo necesita con urgencia entre otros.

Metodología de aplicación

1. Fortalecerse en la propia interna. Lograr que cada parte gane aplomo a partir de elementos con consistencia interna, que sean contrastables y tengan legitimidad ante terceros, mientras toman conciencia de sus propios puntos flacos y tareas pendientes.

2. Conjeturar el perfil de la contraparte. Realizar la misma tarea sobre la contraparte, reconociendo que la información que se tiene es incompleta, interesada y, tal vez, obsoleta. Cada parte trata de registrar y comprender los aspectos salientes de la posible posición de la otra, y desde allí se toma conciencia de que cualquier acercamiento ha de incluir sesiones de intercambio para luego decidir si habrá o no avenimiento; que ninguna parte cuenta con suficiente información como para avanzar sola en un trato, y que probablemente otra porción de sus acciones esté sustentada en conjeturas y percepciones, que no contribuyen a la efectividad, especialmente en contextos competitivos, turbulentos, ambiguos, etcétera.

3. Costos y beneficios de avenirse / allanarse. Invitar a cada parte a decidir qué información desea ofrecer a la otra, lo que se hace indicando que debe dar lugar a la primera instancia de encuentro, cuyo propósito será acordar las condiciones en las cuales se reunirán más tarde para presentarse y conformar una base de datos desde la cual pueda o no avanzarse hacia el logro de un entendimiento.

4. Manejo de los intercambios. Priorizar intereses, conformar un esquema de negociación, y prever situaciones de sorpresa y crisis.

5. Presentación de los perfiles. En plenario, cada parte presenta su perfil haciendo hincapié en elementos observables por terceros y lo coloca en hoja de rotafolio en la pared, mientras la otra escucha y pregunta.

6. Análisis de compatibilidades. En plenario, comparar los perfiles e identificar campos de similitud, complementación e incompatibilidad: explicitar ambigüedades e inconsistencias, y colocar los análisis en hoja de rotafolio que serán estudiadas y comentadas.

7. Desarrollo de proyecto compartido. En plenario, identificar proyectos en los cuales las partes podrían beneficiarse si operaran juntas, explicitándolo en indicadores de éxito. Se propone desarrollar opciones creativas que amplíen la interdependencia, y se prohíbe inventar soluciones que excluyan el contacto entre ellas, ya que esto impediría encarar la dificultad mayor. En cualquier momento, a lo largo del encuentro, las partes pueden revisar, volver a redactar, agregar mejoras que describen su posición. Las partes se autorizan mutuamente a expresar las ideas más insólitas y deliberan como si fueran pares sobre cómo habría que hacer para satisfacer todas las necesidades.

8. Identificación de campos de autonomía / trabajo en plenario. Explicitar los campos en que mantendrán su autonomía, cómo manejarán situaciones de potencial conflicto, evaluar los acuerdos tentativos redactados en conjunto y mejorarlos a la luz de los obstáculos que advierten si pusieran en marcha sus intenciones.

9. Diseño estructural. En plenario, definir las reglas de juego a utilizar prestando atención a los desvíos e inconsistencias previsibles.

10. Acuerdo sobre acciones a tomar. En plenario, analizar e intentar llegar a un primer acuerdo sobre asuntos fundamentales: registrar los entendimientos e incluir las prácticas que aseguren la implementación y el mantenimiento del trato.

11. Acuerdo sobre roles y responsabilidades. En plenario, identificar garantes del acuerdo, que desde esa posición reflejen la filosofía del trato alcanzado.

12. Requerimientos a terceros. En plenario, consentir en crear instancias de seguimiento y evaluación de los resultados en fechas preacordadas; identificar derechos y obligaciones de terceras partes, afinar los acuerdos a la medida de sus requerimientos y ampliar su franja de concertación.

Argumentar

En la negociación, las partes apelan a diversas formas de persuasión y en ese proceso intercalan proposiciones, aseveraciones y advertencias para convencer a otro de la verdad o falsedad de un asunto, y aquel responde rebatiendo hasta que se llega a un punto en el cual cada uno concluye por separado que el nuevo estado de cosas lo satisface; desde esa constatación, suspende las fintas de defensa y ataque.

La argumentación reconoce componentes lógicos, emocionales, agresivos e ideológicos.

Los componentes lógicos muestran la construcción paciente de una serie de pasos dirigidos hacia la proposición que interesa al que habla. Se componen de formulaciones que responden a una secuencia comprensible, parten de un origen que se expresa en términos claros, señalan el conjunto que cumpliría y podría demostrarse objetivamente, llevan a una conclusión y pueden ser comprendidas por un observador independiente. En su curso, por ejemplo, se indica que si la otra parte aceptara A, y A implicara B, debería entonces aceptar B.

En diferentes momentos, la argumentación apela a las emociones, sea en términos positivos, aludiendo al orgullo, sea en términos negativos, aludiendo a la vergüenza o al temor.

Es usual, además, que la argumentación incorpore elementos agresivos, en forma directa o indirecta, a través de desvalorizaciones o de insultos.

Por último, dadas las circunstancias, los negociadores estimulan elementos ideológicos, sea tanto para expresar aprobación, sorpresa o disgusto, como para marcar que ciertas consideraciones o decisiones parecerían contradecirse con ideales o principios aceptados.

De la conversación a la confusión

Gómez: Si entiendo bien, Márquez, y si las especificaciones son correctas, el precio de ustedes sería de $3.600.000. Ahora hablo con el gerente de Compras...

Márquez: Espere un momento, Gómez. Ese precio no incluye el mantenimiento del servicio del que le hablé, lo que agregaría unos $600.000 más.

Gómez: ¿Cómo dice? Si desde un primer momento estábamos hablando del paquete total. Me está haciendo una broma.

Márquez: Hablábamos del paquete total de la instalación, pero no podíamos hablar del mantenimiento sin haber acordado el alcance de nuestros servicios.

Gómez: Al contrario, siempre hablamos de un apoyo durante el primer año.

Márquez: Pero no habíamos hablado de precios.

Gómez: En ese caso, déjeme conversarlo con mi gente en Compras.

Al día siguiente

Gómez: Partamos de la información que tenemos. Hablamos de la venta de los equipos y del mantenimiento por un plazo de un año...

Márquez: Se lo dije ayer... pero no hablamos de capacitación de la gente. ¿Quiere que hablemos de eso ahora, o prefiere acordarlo por separado?

Gómez: ¿Pretende decirme que la compra también excluye la formación de la gente? Cada vez que llegamos a un acuerdo, usted agrega otros gastos. ¿Habla en serio?

Márquez: Ustedes pueden comprar el entrenamiento a otras firmas, aunque le recomiendo la nuestra porque diseñamos los equipos, pero esto le costará $54.000 más. Naturalmente, podrían confiar en su propia gente, pero cometerían errores... más les vale adquirir el *know how* cuanto antes y evitarse problemas.

Gómez: O sea que en vez de $3.600.000, el precio en realidad es de $4.254.000.

Márquez: Si consulta a la competencia verá que es el precio más competitivo, y recuerde que está comprando equipos de nivel internacional.

¿Ocurre este tipo de situaciones? Si aparecen, ¿por qué surgen?

A partir de la lectura ¿cuáles serían los intereses de los dos interlocutores?

¿Qué sugiere hacer para cerrar esta operación cuanto antes?

¿Qué conclusiones saca en cuanto a pasar de una confusión a una negociación exitosa?

En *De la conversación a la confusión* hay malas artes: en vez de transformar una pregunta incontestable en un interrogante, objetivo de la negociación, prima la picardía. Una de las partes encamina un proceso consciente, destructivo de la relación social. El vendedor desconoce que un cliente insatisfecho difícilmente vuelva a comprar.

En el caso siguiente, *Tener un problema*, uno se pregunta si es ceguera o simplemente el peso de lo ideológico lo que rige el comportamiento y evita avanzar. El que habla se refiere a sus jefes como incapaces de tomar distancia para ver dónde están y recordar quiénes son. Entre la espada y la pared, el negociador está inhibido de actuar.

En *Usted, ¿dónde vive?* hay lógicas opuestas, pero los que deben velar por los objetivos comunes actúan con madurez. Parten de una composición de lugar, y muestran la intención de conformar a las partes, porque piensan que la negociación sería la mejor herramienta para disminuir la intensidad del conflicto.

Tener un problema

Usted es una persona respetada y conversa con un buen colega que trabaja en una firma de primer nivel. Lo consulta: "Mi gerente general sabe todo lo que te estoy refiriendo. Tiene ganas de entrar para resolver, pero se inquieta porque no sabe, una vez que se haya incorporado al diálogo, cómo salir sin traicionar el excelente espíritu que él sabe que puede crear, a nivel del personal y de los representantes obreros... La cosa no avanza porque aunque el diálogo existe para los temas de entrecasa, en los puntos de mayor interés de ellos estamos trabados porque están en el ministerio. Son temas de aumento salarial, de personal fuera de escalafón, de personal de contratistas. Y tienen una interna complicada, porque hay diferencias entre la Comisión Interna y el sindicato. Los problemas del día a día se siguen resolviendo. Eso sí, no es como con los anteriores, tradicionales, que eran de *vamos y venimos*, se hacían alianzas de conveniencia, y arreglábamos. Estos nunca tienen un renuncio, son gente correcta que cumple horarios, viajan en transporte público, están en las protestas, tienen formación; los otros saben que ellos nunca los van a vender. Tienen convicciones, son anticapitalistas, discuten y saben, nunca se sentarían a una mesa con nosotros. El delegado tiene intereses distintos, piensa que la empresa siempre los va a estafar, preferiría que se expropiara, que fuera del pueblo, que la manejara la gente de acá. Tiene otra ideología y los argumentos que esgrime son de todo o nada. Y cuando avanzo en algo de interés común, ciertos temas de ideología entorpecen las conversaciones. Es como si te dijeran: 'Si no me das lo que me interesa, te hago cumplir lo otro a rajatabla'. Es casi imposible sentarlos a la mesa, porque el principal problema es que rechazan de plano la concepción de la empresa con fines de lucro; son cosas de identidad. Si se sentaran, sería como si dejaran de lado o traicionaran algo de su legitimidad y de su prestigio ante las bases. En nuestra interna, por si fuera poco, hay gerentes que preferirían que no existieran y más de uno lo hace saber. Con lo que la lectura que hacen ellos no se aleja de la realidad que pinta algún gerente, y así se realimenta el círculo vicioso. Entonces dicen: 'No me vengan con esas ideas brillantes, porque son de escritorio. Si quieren resolver este problema déjennos participar a nosotros. Pero no nos manden mediadores, siéntennos a la mesa'. Entonces, ¿qué podemos hacer? Estamos entre la espada y la pared. Debemos incluirlos, pero ¿cómo? Porque ninguno quiere ponerse en el lugar del otro. Porque, ¿comprenderían? ¿Se darían cuenta de que tendrían que hacer algo? ¿Sienten que pueden hacer poco...? ¿Saben que miraron para el otro lado mucho tiempo...? ¿Tienen miedo, o vergüenza...? Y algo vamos a tener que hacer... ¿Te parece que algún día aprenderemos?"

¿Qué está pasando? ¿Cómo se llega a semejante situación? ¿Se puede salir de ella?

¿Puede surgir una crisis que lleve a que una de las partes desee hacer un acercamiento que conduzca a un manejo distinto del conflicto?

¿Cómo adelantarse listando costos y consecuencias adversas que puedan sensibilizar a una o varias partes sobre el riesgo?

¿Hay antecedentes creíbles en el ámbito cercano que puedan citarse para evitar o minimizar los costos del conflicto?

¿Existen en el medio evidencias que alerten a las partes sobre la conveniencia de actuar de otro modo?

¿Conoce usted experiencias exitosas en las cuales, ante una situación similar, se actuó de modo más eficaz?

Usted, ¿dónde vive?

Una negociación es el proceso que surge cuando dos o más partes tienen intereses encontrados, no están satisfechos con el modo existente para resolverlo, se proponen no destruirse, someterse ni huir, y deciden inventar un proceso para resolver sus diferencias. Analice este caso y, sobre la base de todo lo que ha venido leyendo, pregúntese si el relator llegó a un resultado mejor que el que tenía al comenzar; y si la relación entre las partes se mantiene o se mejora.

En nuestra empresa dos sectores comerciales eran independientes. Cada uno hacía lo suyo. Sin embargo, la tecnología informática mostró resultados que pusieron de manifiesto la mayor productividad de uno y se comprobó que el distanciamiento sería perjudicial por costos escondidos y desaprovechamiento del *cross selling*, con lo que se advirtió que podrían potenciar sus esfuerzos en caso de complementarlos. Pero había resistencias. Porque cada área era evaluada en función de su aporte, no de su contribución a los beneficios de la empresa. Y cada una tenía su historia, pautas y jerga propias.

Por de pronto, las dotaciones eran distintas. En uno de los sectores, el personal se había formado en la calle y actuaba en un mercado masivo, hablaban solo castellano, tenían coches nacionales y vivían en barrios; los otros tenían experiencia internacional, estaban acostumbrados a intervenir en negocios complejos, hablaban inglés, andaban en 4x4 y vivían en lugares elegantes. El posicionamiento valorizaba más a los primeros en tanto facturaban más. Sin embargo, cambió el mercado, creció el negocio de los segundos, y pasaron a ser favorecidos porque la coyuntura modificó el perfil de la organización. En esas circunstancias, se planteó la necesidad de elaborar un acuerdo entre sectores. Uno advirtió claramente el peligro: "Si ellos nos ganan, nosotros perdemos; si ganamos nosotros, pierden ellos. Tenemos que aceptar que si se debilita el otro, pierde uno".

A pesar de que varios directivos reconocían el hecho y discutían las consecuencias, la toma de conciencia fue lenta. Se encararon acciones sin planificación, por lo que se atendía mal a los clientes referidos y cada sector trabajaba aislado; creció la tensión. Cuando se propuso una reunión de análisis, muchos la eludieron y quienes asistieron la boicotearon. Ínterin, algunos usaban la información existente para perpetuarse, primaba lo inmediato, los conflictos se personalizaban, se buscaban chivos expiatorios y predominaba el desprecio. Las cosas se complicaban, el gerente general no tomaba decisiones, quizá porque conocía mejor uno de los dos negocios, y presionaba. Entonces se puso en evidencia que para llevar a cabo una acción efectiva se debía replantear el posicionamiento estratégico y cuestionar la estructura de la empresa. Se advirtió que sería necesario enfrentar el caso con audacia. Quien proponía encarar el conflicto explicaba: "En este juego político nunca nadie trajo información. Así nos vamos al diablo".

El objetivo era tratar de hacer operativo el conflicto, por lo que se convocó a las partes y se definieron dos hipótesis: una de máxima: "Salir de la reunión con el compromiso de elaborar una estrategia y un plan de acción para el conjunto de los sectores involucrados", y otra de mínima: "Destrabar; diseñar reglas de juego y alcanzar un mejor entendimiento entre las personas, con diálogo abierto para reconocer los errores y las diferencias por resolver. En eso estamos, y debemos organizar bien ese encuentro para cumplir dos metas: la primera, aprender a trabajar juntos a pesar de nuestras diferencias, y la segunda, conseguir mejores resultados".

El proceso de ese futuro encuentro, ¿podría llamarse una negociación?

Los intereses de las partes pueden categorizarse, pero, ¿no interferirán los valores de los dos grupos ante el deseo de un acercamiento?

Si una cultura se define por la manera en que se hacen las cosas, ¿en qué debe fijarse el negociador para actuar con calma ante contrapartes de otras culturas?

Para que la negociación se categorice como intercultural, ¿deben interactuar personas de países o regiones diferentes?

Comunicar en el frente interno

En toda negociación hay dos frentes: el externo, que es el que se reconoce de inmediato, y el interno, que normalmente se desestima; la más difícil es la negociación interna.

Esto se debe, entre otros motivos, a que en lo interno preexisten normas que definen relaciones de poder y roles, mientras que en lo externo no existen normas ni atribuciones consagradas de funciones.

Justamente, una negociación procura diseñar, en forma conjunta, las reglas que asegurarán el análisis del caso, el manejo de las diferencias y la implementación de lo acordado.

Para desenvolverse, el negociador aumenta su caudal de información, y en la interna circula de qué trata cada caso, cuáles son sus potenciales beneficios y perjuicios, sus consecuencias y repercusiones, para que los afectados entiendan y aporten.

Porque una negociación produce ansiedad y temor en la interna; se requiere, por lo tanto, instalar comunicaciones efectivas que permitan procesar los cambios y alinear el frente interno.

- Las comunicaciones deben iniciarse con las primeras acciones: los sectores internos afectados deben estar al tanto de que se inicia un proceso de negociación antes de iniciar los contactos con la contraparte.
- Cuanto más delicado sea el caso, más clara y franca ha de ser la comunicación, ya que es difícil asegurar re-

serva, y la ausencia de comunicación provoca especulación y rumores. Así, cada sector contará con información llana con antelación y no hará falta dar explicaciones o justificaciones forzadas.

- Puesto que una negociación es un proceso incierto, la comunicación incluirá los plazos estimados por etapas, a ajustarse a medida que se desarrolle, explicitando en qué fechas se requerirán aportes y se prevé tomar decisiones.
- Ningún afectado, directo o indirecto, debe ser olvidado. Debe tenerse en cuenta, además, que reciban información con frecuencia y atendiendo a aquellas cuestiones que les conciernen. De otro modo, es previsible que descrean del mensaje, de los mensajeros y, compensatoriamente, creen circuitos informales.
- Es conveniente que las comunicaciones utilicen una variedad de recursos, como por ejemplo, presentaciones grupales, sesiones de debate, discusiones técnicas sobre temas específicos en grupos pequeños, memorandos, correo electrónico, conferencias electrónicas, etc. Cuanto más eficaz sea este proceso, más probable es que, de haber inconvenientes, se puedan subsanar con rapidez.
- No prometer: negociar significa que uno no tiene control sobre los resultados, ya que además de la contraparte, sus propios mandantes influirán en las decisiones, por lo que solo corresponde que la persona a cargo brinde información sobre los avances, y no preanuncie resultados.
- Consideración: toda negociación provoca ansiedad y los sectores indirectamente ligados querrán comunicar sus necesidades y preocupaciones. Quienes negocian deben comprender tales necesidades.

Establecer mecanismos de cooperación

En todo proyecto de colaboración, a pesar de que las partes lleguen a un entendimiento razonable para operar juntas, aparecen brechas a superar que comprometen el desarrollo de la cooperación. Se advierten en cada ocasión en que las partes se acercan y esta conflictiva no se detiene ni siquiera cuando impera la cordialidad.[35]

Brecha de encuadres

Para consolidar el vínculo, las partes deben dedicar tiempo a entender en función de cuáles condiciones y condicionamientos actúa su contraparte y a conversar con sosiego para construir sentido en común. En la vida cotidiana suele ser difícil crear las condiciones de tiempo, espacio y desarrollo de la confianza que garanticen tal cosa. En ese sentido, la herramienta *Manejar las diferencias* puede ser de especial ayuda.

Esa brecha es importante	*Probables orígenes*	*Sugerencias operativas*
Porque brinda la perspectiva y el marco desde los cuales entender la relación y las reglas de brechas heurísticas y así poder desempeñarse en los intercambios cotidianos.	• Encuadres inadecuados para el caso específico. • Los socios están acostumbrados a actuar con encuadres inconciliables. • Mismo nombre del proceso, pero encuadres distintos. • Encuadres diferentes en el mismo ámbito. • Encuadres obsoletos por cambios en el entorno.	• Diseñar el encuadre ajustado al propósito de la relación. • Asegurar la compatibilidad de los encuadres acordando significados y analizando los sobrentendidos. • Replantear la comunicación interna. • Abandonar los encuadres inadecuados. • "Des-aprender" el encuadre perimido.

35. Doz, Yves, y Hamel, Gary: *Alliance Advantage: The art of creating value through partnering*. Harvard Business School Press, Boston, MA, 1998.

Brecha de expectativas

Con la intención de lograr el aval de ciertos sectores o niveles, es usual que, para establecer la relación, ambas partes exageren los beneficios a derivar de una relación de colaboración, o nieguen las dificultades previsibles. Por añadidura, paradojalmente, cuando las partes se entienden, crece desmesuradamente la esperanza de lograr beneficios.

Esa brecha es importante	*Probables orígenes*	*Sugerencias operativas*
Para contar con hitos destinados a medir la efectividad de los intercambios y advertir crisis con anticipación a través de indicios.	• Como consecuencia del proceso de negociación, se pueden crear expectativas desmesuradas, por las exageraciones de una u otra parte.	• Evitar la escalada temprana; evitar y descreer de las promesas. • Preparar a los colegas para reducir sus expectativas. • Incorporar a quienes harán la implementación en el equipo de negociación.

Brecha de organización

Al entablar relaciones de colaboración, e independientemente de que los negociadores establezcan un vínculo transparente, es imprescindible tener en cuenta las particularidades que distinguen a cada organización porque ninguna es igual a otra, a pesar de que estén en el mismo rubro, región, industria, etc.

Esa brecha es importante	*Probables orígenes*	*Sugerencias operativas*
Porque varios factores internos de las organizaciones en las que se desempeñan las partes pueden ser compatibles, o no; a saber: las estructuras organizacionales, sus políticas y procedimientos, sus procesos de toma de decisiones y de aprendizaje producen roces y dificultades en la relación.	• Discrepancias en los tamaños de las organizaciones, además de notorias diferencias de estilo. • Diferencias en el manejo de la información. Los tiempos y los estilos usados para la toma de decisiones obstaculizan la toma de decisiones conjunta. • Creencia en que la misma propia rutina organizacional también regula las operaciones del otro.	• Valorar el peso de la compatibilidad de las organizaciones y de las culturas de las partes. • Evitar hacer juicios sobre el entorno del otro desde el propio entorno. • Informarse sobre la organización, contexto y orígenes de la contraparte. • Hacer ajustes mutuos, usando mecanismos de ingreso y amortiguación.

Brecha de aplomo

Es previsible que, más allá de sus beneficios, un proceso de asociación o alianza tenga implícitas ciertas prevenciones en quienes deben llevarlo a cabo, en tanto despierta resistencias y presenta amenazas a su propia continuidad.

Esa brecha es importante	*Probables orígenes*	*Sugerencias operativas*
Porque la confianza en sí mismo facilita el establecimiento de compromisos y la asunción de riesgos para crear el vínculo, mientras que su ausencia complica el surgimiento del proceso de avenimiento.	• Temor a perder imagen por la creación del vínculo y en la relación en sí. • Temor a perder la influencia y el lugar. • Amenaza de cocapacitación desfavorable y de "tener que ceder" a la otra parte: rechazo a aceptar la dependencia mutua.	• Abstenerse de resolver los temas más complicados en los primeros tiempos. • Incrementar el sentido de compromiso con la otra parte, en función del tipo de colaboración requerida. • Comprender y aceptar los sentimientos. • Brindar espacio y tiempo para desprenderse del pasado.

Brecha de comprensión de destrezas

Es previsible que no bien se inicie un proceso de cooperación, las personas de uno y otro lado, y en especial quienes más lejos han estado de las tratativas, expresen marcado desánimo e insatisfacción por el nivel profesional de sus contrapartes.

Esa brecha es importante	*Probables orígenes*	*Sugerencias operativas*
Porque, especialmente cuando hace falta integrar procesos, es imprescindible aprender a articular y complementar los aportes y las destrezas de las partes.	• Es difícil establecer conexiones entre fundamentos de destrezas distantes y diferentes. • Los fundamentos de destrezas se reflejan en modos organizacionales diferentes y dificultan el buen entendimiento.	• Familiarizarse con las destrezas de la otra parte. • Comprender la esencia de las destrezas de la otra parte. • Evaluar cuán distante están las unas de las otras.

Brecha de definición de funciones

Cada vez que se lanza un proyecto en el cual la cooperación juega un papel importante, será improbable expresar claramente qué se espera de cada uno. Más aún: ninguna de las partes alcanza a concebir lo que podría llegar a hacer junto con la otra y este hecho, unido a la tendencia a medir progresos y logros en términos cuantitativos y objetivos, no da cuenta de procesos sociales profundos.

Esa brecha es importante	*Probables orígenes*	*Sugerencias operativas*
Porque para pasar a la acción instalando la cooperación es necesario definir tareas concretas.	• Ausencia de definición clara de acciones a emprender; necesidad de definir y pasar revista a las tareas a encarar.	• Darse cuenta de que la definición se hace por aproximaciones sucesivas. • Secuenciar tareas y monitorear.

Brecha de información

A pesar de que las partes decidan cooperar, vienen de posiciones encontradas y de marcados enfrentamientos, es probable que no hayan compartido información, que parte de ella comprometa su imagen, y que no estén dadas las condiciones para partir de información consensuada.

Esa brecha es importante	*Probables orígenes*	*Sugerencias operativas*
Porque podrán avanzar solo si comparten información.	• Asimetrías de información y conocimiento que surgen de la negociación. • Las rivalidades conspiran e incrementan la información.	• Comprometerse y aportar unilateralmente. • Insistir en el potencial que surge de la alianza y la conveniencia de compartir información.

Brecha de tiempo

Es probable que las valoraciones de los plazos para cada una de las partes sean distintas, y que surjan conflictos en cuanto a cumplimientos que se refieren a sus propias costumbres acendradas de cómo y cuánto puede resolverse en cuánto tiempo y con qué recursos.

Esa brecha es importante	*Probables orígenes*	*Sugerencias operativas*
Porque es necesario equilibrar costos y beneficios a lo largo del tiempo, pensando en cada parte y en la unión entre ellas.	• Planificaciones diferentes o contratiempos referidos a cuándo se incurre en costos y beneficios a lo largo del tiempo.	• Manejar los tiempos; crear una estructura de compromisos y usarla como referencia. • Hacer seguimiento obsesivo.

Construir sentido

En la comunicación llamamos *sentido* al conocimiento al que se apela a diario porque es necesario y conveniente. Lo convenido sirve para encarar las situaciones acostumbradas. No puede obviarse, porque es parte de la cultura y conduce a las partes a actuar de un modo que se acepta como razonable. En los intercambios entre negociadores, llegar a un acuerdo exige definir un sentido común, pero este surgirá en la medida en que ellos creen las condiciones, y estará sustentado en presupuestos acerca de la situación, por más que cada parte lo interprete a su manera.

En el enmarañado proceso de la comprensión del propio proceso de construcción de sentido y el correspondiente al entendimiento de cómo las contrapartes realizan algo semejante, interesan las ideas de Weick, que desarrolla la noción de *sense-making* fundada en los criterios que se consideran a continuación.[36] Puesto que es vital acercarse al complejo fenómeno que permite entender lo que hacen las partes en una negociación, lea el texto, analice su aplicabilidad y sus limitaciones, y señale ejemplos en los que, a su juicio, sería útil aplicar estas ideas para comprender el proceso que realiza el negociador. Y para simplificar la tarea, deténgase en cada párrafo y converse con colegas antes de pasar al siguiente.

La construcción de sentido se funda y sostiene en la elaboración de identidad. El proceso comienza con la tarea principal del constructor de sentido que es la de fijar y mantener una identidad. Sin embargo, este es un enigma en ciernes, puesto que sobrelleva redefiniciones continuas, en las que coinciden la presentación de sí mismo ante los otros mientras decide cuál *self* / sí mismo es más apropiado. Y se dice que el proceso que permite desarrollar y mantener el sentido

36. Weick, Karl: *Psicología social del proceso de organización*. Fondo Educativo, México, 1982.

cambiante del *self* en una persona se desprende de la necesidad de fortalecerse, la sensación de eficacia personal, y el requisito de actuar de manera consistente.

El proceso de construcción de sentido es retrospectivo. Sólo después de actuar logra una persona saber qué está haciendo. Esto da lugar a una serie de temáticas. Ante todo, la creación de significados es un proceso atencional pero sobre atención ocurrida. En segundo lugar, la atención se dirige desde el presente hacia el pasado. Lo que ocurra en cierto momento se verá influido cuando se considere lo que haya ocurrido. Ya ha ocurrido aquello que exige una respuesta, y aunque haya pasado solo un segundo es, de hecho, una memoria.

La construcción de sentido produce contextos sensitivos. Las personas producen algo del contexto en el que se desenvuelven y del que son parte. Dan forma y se forman por el contexto en el que ocurre la construcción de sentido. Se puede afirmar que las personas dedican esfuerzo a una "puesta entre paréntesis cognitiva" de sus flujos de introspección y de conducta.

La construcción de sentido es un proceso social. Cualquier organización de individuos es una red de significados compartidos intersubjetivamente, sostenidos a través del desarrollo y utilización de un idioma común y de la interacción social cotidiana. Lo que alude a que los pensamientos, sentimientos y conductas de los individuos se ven afectados por la presencia real, imaginada o implícita de los otros.

La construcción de sentido es un proceso continuo. No se detiene: comprender el proceso requiere mantener la sensibilidad a las maneras en las que la gente toma instancias del flujo continuo de las acciones y extrae indicios de esos momentos. La gente siempre vive en medio de procesos. Es un proceso dinámico. Según Dilthey[37]: "En el círculo de

---

37. Dilthey, W.: *Selected Works*. Eds. R. Makkreel y R. Rodi. Princeton University Press, Princeton, NJ, 2006.

los fenómenos sociales no existen puntos de inicio francos, ni certidumbres autoevidentes ni autocontenidas de las cuales partir, porque nos encontramos siempre en medio de situaciones complejas que intentamos destrabar haciendo y pasando revista a supuestos provisionales".

La construcción de sentido se ciñe a indicios. Las personas otorgan sentido a todo lo que les ocurre y este proceso se manifiesta universalmente. Tiende a producirse de inmediato, de forma tal que lo que vemos es producto, no proceso. Por lo que solo puede estudiarse la memoria del hecho; para estudiar el proceso debemos aprovechar acertijos extendidos que complejizan la construcción de sentido, tales como paradojas, dilemas, hechos inconcebibles, y prestar atención a los modos en que las personas se percatan, extraen indicios y hermosean lo que capturan.

La construcción de sentido pide explicaciones plausibles, no necesariamente rigurosas. Las personas valoran más la plausibilidad que el rigor y esto se debe a numerosas razones. A los efectos de no ser abrumadas por la información entrante, las personas distorsionan y filtran, separan señal de ruido. La construcción de sentido trata de la forma en que se adorna y elabora en torno a un punto singular de mejora o se hermosea un indicio. En cualquier situación, las personas se ven expuestas a varias indicaciones, con pluralidad de significados, abiertas a la interpretación de una audiencia genérica. Deben otorgarles sentido y lo hacen desde su marco de conocimientos. La construcción de sentido es, por lo tanto, una actividad individual y la interpretación no exige ser precisa, ni fiel, sino aceptable, meramente plausible.

Partiendo de las ideas sobre la construcción de sentido, ¿qué recaudos plantearía para el mejor desempeño (a) cuando el negociador actúa por primera vez ante un interlocutor desconocido, de su misma organización y de su mismo origen profesional, social y cultural; (b) cuando el negociador actúa por primera vez ante un interlocutor desconocido, de otra organización, y de características profesionales, sociales y culturales explícitamente diferentes?

Instalar nuevas reglas

Ante una dificultad grande en la negociación, uno se pregunta si lo que debe hacer no es ya mejorar su habilidad técnica, ni analizar su conducta, sino analizar cómo modificar las reglas con las que se juega este juego. En ese caso, quizás esta lista pueda servir.

- ¿Qué cosas indeseables quiere evitar?
- ¿A quiénes puede convocar?
- ¿Cómo señalar el atropello?
- ¿Cómo armar una coalición?
- ¿Qué cosas indeseables entiende que desea evitar la otra parte?
- ¿Qué tiene, o puede hacer, para que el otro evite lo indeseable?
- ¿Qué entiende que tiene, o puede hacer, la otra parte, para que se evite aquello que cree sería indeseable?
- ¿Se podría instalar algo distinto o con suficiente potencial, que, si se hace de común acuerdo o no, pueda contribuir a modificar la situación actual?
- Entonces, ¿para qué desea aproximarse a la otra parte?
- Y, ¿qué razón podría explicar que la otra parte quisiera aproximarse a usted?

Priorizar intereses

El dueño de una carnicería llega a la conclusión de que su negocio depende de la calidad de su carne y de sus precios. Además, él quisiera conseguir publicidad gratis.[38]

Con carne más barata sacrifica calidad y, si invierte más, la calidad mejorará sus ventas. Pero, ¿dónde poner límites? Está dispuesto a pagar por la calidad hasta cierta suma, y para aumentar sus ventas, no accederá a comprar carne mala. Su duda es: ¿cómo equilibra el precio que estaría dispuesto a pagar con la calidad que se propone obtener?

La relación entre la calidad y el precio se resolvería si aceptara priorizar solo uno de esos intereses. Además, la publicidad gratis podría afectar positivamente la relación calidad y precio, cualquiera fuese el interés superior.

Como negociadores definiríamos cinco opciones, a saber:

1. ¿Qué argumentaría si partiera del precio como el interés principal?
2. ¿Qué argumentaría si partiera de la calidad como el interés principal?
3. ¿Qué consecuencias tendría admitir precio y calidad como intereses principales?
4. ¿Qué consecuencias tendría incluir, como interés secundario, la publicidad gratis?
5. ¿Qué ocurriría si la publicidad gratis tuviera algún efecto sobre la calidad o el precio?

Si usted estuviera aconsejándolo, ¿cómo debería negociar en cada uno de los cinco casos?

¿Qué negocio de carnicería se consolidaría con la estrategia derivada de cada opción?

El nivel de utilidades, la naturaleza del mercado o las estrategias de corto o de largo plazo, ¿cómo ayudan a definir la opción a priorizar?

38. Schoenfield, Mark K., y Schoenfield, Rick M.: *The McGraw Hill 36-hour Negotiating course*. McGraw-Hill, New York, 1991.

El procedimiento del texto único

El *procedimiento del texto único* conforma un abordaje sistemático, a cargo de un tercero, que evita las concesiones, indaga en los intereses subyacentes, y simplifica el proceso de invención de opciones y de decisiones conjuntas sobre alguna de ellas.

¿Cómo surge la preocupación? Las negociaciones complejas, o de consecuencias significativas, que involucran varios asuntos clave, tanto a nivel bilateral como multilateral, son muy difíciles de llevar y, en general, el resultado es muy pobre. Por otra parte, el costo de las encerronas puede ser muy alto por las siguientes razones.

1. Se mide el progreso sobre la base de las concesiones ganadas. Es usual que la negociación sea posicional, de modo que casi nunca se llega a entender qué quiere el otro, y se pierden oportunidades de beneficio mutuo.

2. Las preguntas se centran en las posiciones. Es normal dar una respuesta negativa a "¿Aceptaría esto hoy?", porque no tiene sentido comprometerse antes de lograr el compromiso de otros, y mientras se puede esperar. Además, negarse hoy tal vez permita acceder a una mejor oferta al día siguiente. Esto hace que las personas se atrincheren en sus posiciones y no revelen sus intereses ni las preocupaciones que subyacen a dichos intereses.

3. Falta de inventiva. Se limita el proceso de creación conjunto al estar cegados por los temores de parecer flexibles en exceso, de ser engañados o de parecer comprometidos cuando no lo están. Por eso es previsible que las partes mantengan la misma deriva, no porque sea la mejor, sino porque se temen los costos de sugerir una mejora.

4. El problema de las muchas partes. Es imposible que muchas partes debatan de modo constructivo tal cantidad de propuestas diferentes, o que acepten hacer concesiones contingentes de concesiones mutuas de todos los otros.

Abordaje general del caso

1. Avanzar sin hacer concesiones. Aplicar un procedimiento que ayuda a llegar a acuerdos sin exigir concesiones evita ingresar en la dinámica del regateo posicional que posterga el logro de resultados superadores.

2. Indagar en torno a los intereses y preocupaciones subyacentes. Puesto que a las personas les gusta criticar, en vez de pedir que el otro acepte un borrador de propuesta, se le pide que la critique, por lo que uno aprende a conocer las percepciones que tiene del problema y cómo abordarlo para resolverlo.

3. Reducir los riesgos de la creación de alternativas. Al asignar la tarea creativa a un facilitador, que por ser ajeno puede elevar sugerencias que los directamente involucrados temerían aportar, se añaden ideas a bajo costo.

4. Nombrar un responsable. En las negociaciones multilaterales, nombrar a un responsable por el diseño y el formato de un acuerdo potencial evita el caos de las propuestas múltiples.

Pasos para la implementación

Fischer, Patton y Ury[39] sugieren los siguientes pasos.

1. Explorar los intereses subyacentes. Reunirse con las partes para explorar los intereses y las preocupaciones que subyacen sus posiciones.

2. Redactar un primer borrador. Escribir una primera versión de un acuerdo posible sobre la base de la primera noción de lo que desean las partes, en torno a los asuntos clave a tratar, y sugerir cómo abordarlos. Para evitar compromisos prematuros, conviene mostrar que se trata de un borrador indicándolo en cada página, usando interlineado

39. Fischer, Roger; Ury, William, y Patton, Bruce: *Op. cit.*

doble, y dejando grandes espacios en blanco en el texto. Más aún, cuanto más delicado sea el conflicto, mayor debe ser el nivel percibido de incompletitud.

3. Reunirse a debatir con cada una de las partes. (a) Para explicar los lineamientos, como por ejemplo: "A nadie se le pedirá que se comprometa con ningún aspecto parte del borrador, ni con el borrador entero, hasta que termine todo el proceso. Durante este, las partes no pueden aceptar ni rechazar fragmento alguno del borrador en tanto no se trata de una propuesta. Cuando haya terminado mi trabajo, tendrá usted la oportunidad de aceptarlo o rechazarlo". (b) Además, se pedirán críticas para escuchar intereses subyacentes e inquietudes: "¿Qué está mal en esta versión? ¿Cuáles intereses legítimos suyos no están siendo atendidos en este borrador? ¿Cuáles están siendo bien atendidos?". (c) Evite pedir soluciones específicas a sus problemas, porque se corre el riesgo de que se encierren en esa alternativa. (d) No asuma compromiso alguno con nadie sobre cómo se ha de redactar el texto. Mantenga su flexibilidad.

4. Haga un solo ejemplar del texto único. Evite entregar copias del texto a las partes. Si se lo hace, tratarán de redactarlo para satisfacer sus necesidades, se atrincherarán en su posición y surgirán innumerables versiones.

5. Redacte la segunda versión del borrador. Pase revista a su primer borrador, sobre la base de la nueva información, para responder mejor a los intereses de las partes y desarrollar beneficios compartidos potenciales.

6. Vuelva a pedir las críticas de las partes. Recuérdeles que no se permite aceptación alguna de ningún término.

7. Repita este procedimiento varias veces. La redacción, pedidos de crítica y redacción nueva se repiten hasta que se termine el plazo, o las partes crean que se cuenta con un borrador que ya no admite mayores mejoras. Cuando el presidente Carter utilizó el *procedimiento del texto único* en Camp David, se hicieron 23 redacciones.

8. Cuando lo presente, modifique la pregunta. Al presentar a las partes el texto final, no pida críticas, sino su aceptación: "Habiendo escuchado vuestras críticas y habiendo realizado nuevas versiones que las incorporaran, he preparado esta propuesta que constituye el texto final para usted. No se admitirán modificaciones. Le pido que responda 'Sí' o 'No'. ¿Lo acepta en su redacción actual?".

Aprendizaje posnegociación

Esta hoja de trabajo le ayudará a analizar una negociación y a aplicar su aprendizaje a futuras situaciones.

1. Elija un proyecto en el que superó una situación difícil porque operó con terceros, algunos de los cuales lo ayudaron y otros que debió alistar a pesar de sus intereses encontrados.
2. Identifique lo que hizo bien, por lo cual en caso de tener que encarar una situación similar volvería a utilizar el abordaje que aplicó en este caso.
3. Identifique lo que hizo mal, por lo cual en caso de tener que encarar una situación similar, dejaría de utilizar el abordaje que aplicó en este caso.
4. Identifique lo que no hizo, por lo cual en caso de tener que encarar una situación similar, empezaría a utilizar otros abordajes.
5. Identifique los sectores y/o personas con los que deberá establecer relaciones de trabajo para este nuevo proyecto.
6. Identifique los intereses principales y secundarios de cada sector y/o de cada persona con los que deberá establecer relaciones de trabajo para este nuevo proyecto.
7. Identifique las divisas de los sectores y/o de las personas con los que deberá establecer relaciones de trabajo para este nuevo proyecto.
8. Identifique lo primero que se propone hacer a efectos de tener en cuenta los intereses y las divisas de los sectores y/o personas con los que deberá establecer relaciones de trabajo para este nuevo proyecto.

Negociar en un proceso interno

El siguiente esquema surgió de un trabajo de complementación de esfuerzos entre especialistas en ingeniería de procesos y equipos de fábrica. Se hubiera podido pensar que la autoridad jerárquica atendería potenciales dificultades, o que lo lograría el trabajo en equipo, pero se sabía que la innovación despertaría viejas disputas internas, y el hecho de que la planta principal estaba en otro país de cultura muy distinta llevó a desarrollar una secuencia de negociaciones que se extendieron a lo largo de dos años.

El caso se centraba en que para mejorar el rendimiento, predictibilidad y sostenibilidad de un proceso industrial, se necesitaba garantizar que todas las plantas usaran los mismos criterios y sistemas. El primer proyecto se cumplió en una operación nueva, en la que el personal había sido contratado y entrenado con la técnica más actualizada, pero al intentar hacer lo mismo en una planta en el extranjero, independientemente de que los especialistas tenían más experiencia y apoyo corporativo, surgieron resistencias significativas. Los especialistas apelaban a su experiencia exitosa, mientras los locales hacían hincapié en las diferencias y mostraban cuidado desprecio hacia los ingenieros latinoamericanos. Tras superar innumerables dificultades, se llegó al siguiente esquema de trabajo, basado en negociaciones de igual a igual.

Etapas del proceso de incorporación de la innovación

	Asociarse: identificar oportunidades de mejora de procesos.	*Reunir datos:* recoger y procesar información para sugerir cambios.	*Implementar:* diseñar y alinear voluntades para instalar las mejoras requeridas.	*Monitorear:* determinar la efectividad de las iniciativas en curso.
Fortalecer el frente interno	Acercarse, estudiar, preparar con calma, cambio viable.	Informar con antelación, escuchar, asumir roles, acordar.	Entender éxitos y fracasos anteriores.	Determinar forma y frecuencia de seguimiento.
Pensar estratégicamente	Relevar, fijar intereses propios y ajenos, divisas, plan de contingencia.	Incorporar a terceros,saber que afectarán lo acordado. Consensuar.	Evaluar cómo los intereses de los otros afectan el propio plan y compatibilizar.	Documentar en detalle para ganar tiempo la próxima vez.
Crear el ámbito propicio	Entender cómo operar mejor ahí en ese momento.	Apoyar a los otros a medida que asumen sus roles y se complementan.	Fijar encuentros según convenga con aquellas contrapartes.	Diseñar mecanismos formales de evaluación de producto y proceso.
Administrar las diferencias	Valorar la diversidad. Postergar la espontaneidad.	Operar evitando crear o fortalecer rivalidades.	Asegurar que cada paso contribuya a mejorar el proceso y a afianzar los vínculos.	Extraer lecciones y reconocer el aporte de la colaboración y la competencia.
Resolver problemas específicos y asegurar la implementación	Críticamente analizar éxitos y fracasos.	Equilibrar elementos *hard* y *soft.*	Desarrollar estándares y métricas.	Agradecer, celebrar, extender el proyecto piloto.

CAPÍTULO 6

APRENDER / ENSEÑAR NEGOCIACIÓN

Manejar conflictos de otro modo

Este capítulo brinda conceptos, herramientas y sugerencias operativas para el desarrollo de talleres de capacitación destinados a consolidar la solución de conflictos por medios pacíficos.

Prepararse para negociar

1. Construir la propia matriz de pagos. Saber cuán importante es cada tema permite sopesar cada contraprestación por separado, antes de sentarse a la mesa para comparar cuán atractivo sería el entendimiento en torno a cada tema e imaginar concesiones posibles.

2. Saber si uno tiene otra opción para levantarse de la mesa. Cuantas más opciones tenga uno, más probable es que se pueda sentar a la mesa con aplomo y retirarse sin perjudicar el mediano plazo.

3. Fortalecer el frente interno. Concentrarse en las argumentaciones que sustentan cada decisión y asegurar que reciban apoyo de los otros afectados en la propia organización.

4. Saber si la negociación es por única vez, o si hay aspectos repetitivos. Cuando es por única vez, algunos desisten de construir reputación y adquiere relevancia el contencioso. Cuando habrá continuidad, puede esperarse que surjan más elementos constructivos. Sin embargo, si las partes quieren construir imágenes de firmeza, elegirán actuar agresivamente.

5. Decidir quién hace la primera oferta. Para que los primeros intercambios se transformen en semillas del acuerdo, y mantener vivo el diálogo, estos deben atender cuestiones centrales, sin ser tan conservadoras que el otro se libere de toda preocupación.

6. Considerar en qué casos son dos partes, y cuándo afectan los terceros. Tener en cuenta la posible formación de coaliciones, a favor y en contra.

7. Saber si el otro puede levantarse e irse. Esto permite definir el equilibrio entre los elementos extorsivos, distributivos y constructivos a esperar, e imaginar cómo alentar al otro a seguir negociando.

8. Imaginar la matriz de pagos del otro. Conocer la importancia que cada aspecto tiene para el otro permite sopesar cada prestación por separado, comparar cuán atractivo es el entendimiento en torno a cada tema e imaginar el orden que establece el otro.

9. Imaginar los intereses del otro. Tener conciencia de que al hacer esto uno puede dejarse llevar por sus propias percepciones y cegarse a datos más importantes.

10. Desempeñarse sabiendo quién es el otro. Tratar de asegurar que todos los contactos formales e informales, antes, durante y después de cada intercambio, contribuyan a mantener o fortalecer la relación, evitando los preconceptos.

11. Conocer la manera en que actúan. Reconocer que en circunstancias de tensión, las partes se comportan distinto de cuando están tranquilas.

12. Imaginar los acuerdos posibles. Averiguar todo lo necesario y hacer los cálculos con antelación.

13. Prestar atención a los detalles. Acordar las reglas a aplicar, definir las pautas que a uno lo hacen sentir más cómodo, incluso a nivel de desarrollo de agendas, formas de presentación y de ubicación, etc.

14. Saber que las partes no son monolíticas. Considerar que existen diferencias de criterios y de intereses en ambas internas. Por eso, actuar con un andarivel amplio, en el cual haya grados de libertad en el marco de las instrucciones recibidas.

15. Tener en cuenta el vínculo con otros acuerdos. Cuando la negociación viene ligada a otras tratativas, los cálculos de costos y beneficios de cada acuerdo se verán afectados por las repercusiones sobre otros temas pendientes. Cuando un acuerdo crea un antecedente, puede llevar a que se empantanen las tratativas.

16. Tener en cuenta la necesidad de cerrar. Que una o todas las partes deban cerrar indefectiblemente es un elemento central del caso.

17. Manejarse dentro de los plazos. No mostrarse apurado por los plazos, pero recordar los vencimientos.

18. Saber que llevará mucho tiempo. La negociación avanza por aproximaciones sucesivas. Por eso se reserva tiempo para reflexionar en la interna, y repasar cada propuesta en la intimidad. Los cuartos intermedios ayudan a hacer el pasaje entre etapas, como por ejemplo, de la exploración de opciones a la administración de las diferencias.

19. Saber a qué obliga cada cláusula. La estrategia a seguir y las argumentaciones a utilizar para definir los términos del acuerdo dependerán de cómo se implementará. Las partes deben definir el marco normativo más adecuado a las necesidades de la época y explicitar con rigor el nivel de flexibilidad del acuerdo.

Aprender / enseñar negociación

Negociar es un proceso social que se observa, analiza y entiende. Se aprende con las vivencias y la reflexión, aprendizaje que se facilita cuando se complementan formación intelectual y desarrollo de destrezas interpersonales. Esto implica escrutar, dejar de lado ideología y emociones, y operar en cada situación por separado, sabiendo que cada caso se vincula con otros.

A diario las personas aprenden a fijarse objetivos, a darles coherencia con las pautas que rigen su conducta, a defender sus intereses, y a crear condiciones para la colaboración y la competencia.

Quizá por eso se considera ingenuo aprestarse a negociar en aquellos espacios en los que se han eternizado los enfrentamientos sin sentido. Se descuenta que el diálogo no prosperará, y están condenados de antemano los esfuerzos por incorporar las prácticas distributivas ("dividamos con criterios que pueda convalidar un tercero independiente"), y las constructivas ("juntos haremos crecer el tamaño del pastel"). Al mismo tiempo, se constata que la negociación es una herramienta eficaz para dirimir conflictos sin recurrir a terceros.

En esos casos, el aprendizaje sigue cuatro pasos: experimentar una situación conflictiva en carne propia; detenerse a cavilar; apelar a conceptos y generalizaciones ordenadoras; y poner a prueba esas ideas y sus implicancias.

Esta sección se ofrece para quienes, teniendo lo anterior en cuenta, deseen capacitar a terceros. Cada diseño contempla los cuatro pasos mencionados y el instructor los aplicará en cada circunstancia con su mejor voluntad y perspicacia. Además, el Cuaderno de Bitácora de *Dinámica de la negociación estratégica* (Granica, Buenos Aires, 2006) contiene 50 herramientas que pueden ser utilizadas para complementar las que se agregan en este capítulo.

Para potenciar la participación y el aprovechamiento de cada diseño, el instructor coordinará un grupo de hasta 20 personas, y convendría agregar un instructor más por cada 20 personas adicionales.

Se incluyen tres diseños, uno de dos días, dos de un día, y ejercitaciones y casos a utilizar en clases o consultorías a criterio del colega. La extensión del primer taller, de dos días, permite igualmente asignar el tiempo de otros modos, en la medida en que se considere que las interrupciones se compensarán con más plazo de dedicación: esto significa que hacer el Taller A en medios días, requerirá cinco jornadas de 4 horas, por ejemplo. Cada diseño lleva un *Detalle de tiempos indicativos*: cuanto más experimentado sea el instructor, mejor responderá a las inquietudes dando ejemplos de la práctica reciente en su medio y más probable es que necesite más tiempo que el previsto, o que la conversación siga una vez terminado el dictado.

El autodidacta podrá compenetrarse y analizar los contenidos e imaginarse frente a la otra parte. Mejor es invitar a amigos a desarrollar cada paso con la mayor espontaneidad posible.

El rol activo del facilitador

En nuestra concepción, el papel del facilitador se concentra en las tareas de diseño y de recuperación, permitiendo así a cada grupo utilizar el proyecto según mejor entienda. Durante el desarrollo de las actividades grupales, el facilitador se semeja a un ausente comprometido que, estando en el lugar, refuerza lo explicitado en la presentación y en las instrucciones, sin participar de manera alguna.

Habiendo elegido y rediseñado cada actividad en función de las necesidades de capacitación relevadas para ese grupo, la incorpora con la secuencia siguiente:

- *Razones para presentar la actividad* explicando por qué la incluye en ese momento y cuáles son, en detalle, las ideas que se trabajarán experiencialmente; esta etapa asegura al participante que es tratado como un adulto al cual nada se le esconde.
- *Desarrollo* para permitir que los participantes actúen libremente y sin interrupciones, acordando tiempos de ejecución y/o poniendo límites cuando correspondan.
- *Acciones del grupo* para adelantarse a cualquier vicisitud; por eso, ha de explicar y responder con claridad a todas las preguntas de los participantes de forma tal que todos accedan a las respuestas dadas a cada uno en particular.
- *Rescate del aprendizaje,* instancia crítica, para la cual debe reservarse suficiente tiempo, donde, en ronda, o con el estímulo de *Hojas de recuperación,* se analicen el proceso y los productos de la actividad.
- *Cierre conceptual* en el que, partiendo de las ideas transmitidas en detalle en la presentación, hace referencia a conceptos y herramientas que permiten derivar aprendizaje de la experiencia vivida.

De esta manera, a partir de poner en práctica acciones de acercamiento y distanciamiento, el participante aprende la importancia de medir los tiempos, valorar la preparación, escuchar, consultar, ver las propias debilidades y fortalezas, observar distintos modos de resolver el mismo caso, sorprenderse ante la versatilidad y la variedad de las conductas humanas, preguntarse por qué uno no aplica todo lo que sabe.

¿Enseñar a negociar?

El facilitador crea las condiciones para que el otro elija libremente si quiere abrirse a escuchar, a mirar a sus congéneres, a poner en práctica globos de ensayo y, eventualmente, a adoptar algún cambio de conducta en su lugar de trabajo. El facilitador no instruye. Habla poco: deja que hablen los participantes sobre la base del diseño.

El ámbito institucional y la subcultura en la que actúan, los asistentes definen los límites del aprendizaje. Y en los límites, parecen a menudo congelados.

Cuando se unen una crisis externa y un disparador interno, el facilitador puede aportar una experiencia. Pero su aporte estará condicionado a las normas prevalecientes en la subcultura en la que se desenvuelve el participante.

Cada taller es una instancia que sirve al participante para experimentar. De ahí la importancia del caldeamiento, de la recolección de expectativas, de la secuencia ordenada de estímulos, del tiempo de la recuperación, de los espacios de intercambios informales.

Cada taller es una oportunidad para recuperar experiencia e intentos frustrados, y hacer mella en los sobrentendidos del participante, habilitarlo a hablar y a ver cómo sus ideas se suman a las de otros.

Cada cultura adopta su chamán, dice Lévy-Strauss: para tener efecto sobre una subcultura es necesario instalarse y, sin embargo, no bien uno se instala, pasa a complementar esa cultura en la que se ha insertado como diverso.

Cada subcultura idealiza conductas repetitivas, sostenedoras del *statu quo*. Identifique ejemplos transgresores, sustentados en prácticas explícitas, que den mejores resultados.

Negocia quien pone en práctica conductas negociadoras: aliéntese a practicar lo que parece servir en la tarea negociadora.

Síntesis para negociaciones distributivas

1. Negociar es consultar con otro para zanjar un conflicto. Conviene cuando las partes tienen posiciones enfrentadas, comparten una meta significativa y están en condiciones de hacer transacciones valoradas por ambas. Cuando tienen metas y objetivos convergentes, se sientan a resolver el problema; si priman las discrepancias y los objetivos encontrados, de poco servirá conversar, aunque en caso de duda, concertar un diálogo determinará si acaso comparten alguna meta. La práctica se utiliza en los ámbitos empresario y gremial, pero a medida que se complejizan las relaciones entre actores públicos, privados y del tercer sector, y que se transparentan los costos económicos, políticos y sociales del conflicto, crece la importancia de la negociación como proceso administrativo.

2. La negociación exitosa se caracteriza por la elaboración de un documento escrito o por un acuerdo verbal que indica que se llegó a una solución beneficiosa para las partes. En la medida en que su vínculo permanezca en el tiempo, lleva a la redacción de un contrato. Sin embargo, cuando la relación es puntual, cada lado pretenderá lograr la mayor porción de lo que estuviera en juego, mientras procura el acuerdo sin preocuparse por la conveniencia del otro.

3. Las destrezas clave son prepararse con rigor, estar alerta y reconocer que no siempre se logra un buen acuerdo. Sin embargo, aun fuera del ámbito estricto de la negociación formal, estas destrezas evitan encerronas, ahorran tiempo y esfuerzo al resolver problemas.

4. Prepararse exige entender la naturaleza del juego; definir las propias metas; entender las del otro; descubrir los puntos de acuerdo; identificar los propios intereses accesorios como monedas de cambio y el valor que tienen para la contraparte; entender esos términos desde el punto de vista del otro; anticiparse y elegir cómo responder a lo que pue-

da ocurrir; definir acciones de contingencia y acordar cuán importante es para usted negociar.

5. Explicite las metas compartidas; vaya registrando con cuidado lo que ocurre, especialmente a medida que se va concordando o discordando; indique sus apetencias; si la contraparte hiciera una oferta desmedida, muestre su disgusto sin hablar; eventualmente haga un cuarto intermedio; si accede a las demandas del otro, hágalo de a poco; pida reciprocidad en función de su matriz de pagos; escuche; procure encontrar opciones innovadoras; jamás insista en llegar a un acuerdo; habiendo hecho su preparación, registre sus incomodidades e incorpore descansos para mantener el control sobre sí mismo.

6. De tanto en tanto, repita los objetivos convergentes; explicite sus propias metas; recapitule y pregunte. Recuerde que si están sentados a la mesa, aun lo que parezca grabado en bronce es conversable.

7. Evite hacer concesiones al comienzo; si las hace, hágalo en función de reciprocidad; evite enojarse y enojar; no acepte plazos para llegar a un acuerdo. Tras cada sesión, analice qué ocurrió y cuáles son sus consecuencias.

Mirarse críticamente

Criterios y prácticas a aplicar en los talleres de negociación estratégica.

1. Se aprende haciendo

Utilizaremos intensivamente el relato de experiencias reales de negociadores exitosos; los análisis de las propias negociaciones –buenas y mediocres–, y las dramatizaciones a cargo de equipos paralelos.

Cada tipo de experiencia será debatido siguiendo ciertas reglas que aseguran el mayor aprovechamiento. Los aportes del participante, sobre la base de su experiencia, serán bien recibidos.

2. Cuaderno de bitácora

Sería conveniente que lleve un *Cuaderno de bitácora* personal en el que el participante registre sus expectativas y progresos. Su propósito es documentar sus avances, desde un punto de arranque a un puerto de arribo.

El facilitador estará a su servicio en caso de que desee conversar sobre el tema que le interese.

3. Preparación

Daremos mucho tiempo a preparar y a analizar el caso. Para todas las dramatizaciones se formarán equipos de personas que tendrán las mismas instrucciones y actuarán en el mismo rol. Estudiarán el caso y se prepararán juntas. La intención es abrirse a ideas y perspectivas distintas no solo a los efectos de enriquecer la propia estrategia, sino para reconocer que cada uno valora sus intereses de manera particular. Luego, cada uno hará su preparación individual.

4. Reserva

La negociación real procura llegar a resultados sustantivos y a mantener o mejorar la relación; pero en el taller, lo vital es intercambiar puntos de vista. Por eso, no muestre sus instrucciones reservadas a su interlocutor salvo cuando se lo indiquen. Y una vez finalizado el taller, no comente los ejercicios con quienes no asistieron a la actividad.

5. Equipos paralelos

Se trabajará con varios equipos en paralelo. Puesto que cada uno llegará a resultados distintos por caminos diversos, las mejores prácticas surgirán de la comparación. La mayor sorpresa en un taller es advertir la variedad de abordajes y soluciones satisfactorias en el grupo de participantes.

6. Reglas de juego

Para llegar a un acuerdo, usted puede actuar y expresarse como desee. Le sugerimos, sin embargo, evitar la agresión. Recuerde que su modalidad de trabajo influirá más allá de esa negociación en particular, ya que es normal que la actuación de una persona en una dramatización se advierta como una expresión de su personalidad.

Para aprovechar al máximo el debate posterior a las dramatizaciones, en el curso de las negociaciones no invente hechos o información que modifiquen la distribución de poder implícita en el ejercicio. Puede desdibujar sus intereses, por ejemplo, en un caso referido a la compra-venta de un automóvil, explicitando a quien le vende un auto que no le interesa tener un equipo de CD cuando en realidad lo quiere, pero está inhabilitado para crear datos, como por ejemplo sostener que un informe reciente de una revista especializada indica que tal modelo de automóvil tiene serias deficiencias mecánicas.

7. Material de apoyo

Las *Hojas de preparación* y *de evaluación* le servirán para planificar y analizar su gestión. Reserve tiempo para completarlas. Han sido diseñadas para mostrar cómo cada uno aplica ciertas formas acostumbradas de trabajo, que pueden ser consolidadas, reforzadas y mejoradas.

Advertirá que la preparación exige cuestionar los propios supuestos, y que el debate que sigue al desarrollo del ejercicio pondrá en evidencia los que informan su conducta. De esta manera el debate a la finalización de cada ejercicio será la parte más útil del taller, porque al compartir e intercambiar ideas, cada uno se enfrentará con su estilo espontáneo de negociación.

El análisis de sus propios fracasos será lo más provechoso para tomar conciencia de este proceso. Advertirá cómo se comportó en momentos de tensión y de calma, y qué conceptos e instrumentos del taller le serán más útiles en el futuro.

Las *Hojas de preparación y de evaluación* mostrarán cómo usted trabaja, y cómo puede potenciar su gestión. Probarán que ningún ejercicio incluye trampas, ni esconde información, y que las que surjan provienen del manejo de las contrapartes, como es esperable de un intercambio o tratativa.

8. Videofilmaciones

En algún caso se utilizarán videofilmaciones para comprender cómo se desempeña en cada circunstancia. Actúe con espontaneidad: las videofilmaciones se borrarán rebobinando y filmando la pared en blanco sobre el material registrado para evitar que sean comentadas fuera de lugar.

9. Realimentación

Se aprende a negociar a medida que uno se consolida en el uso de prácticas efectivas y asume riesgos, por más que con ello cometa errores de juicio, de tiempo, de criterio.

Cuando esta conducta es observada con lógica, el proceso se hace realista y práctico.

10. Trabajo final

Al iniciar el taller usted confeccionará un *Informe* de pocas páginas en el que detallará la preparación, el desarrollo y los resultados obtenidos en una negociación reciente.

Al finalizar se le pedirá que, a ese primer texto, agregue su evaluación autocrítica en función de lo desarrollado en el taller.

En ambos casos, el facilitador leerá con atención cada escrito y le presentará sus preguntas y comentarios.

Diseño del Taller A de Negociación

Detalle de tiempos - Día 1 *1 de 2*

Horario	Proyecto	Descripción de contenidos / acciones
1. Días previos	Asegurar objetivos, asistentes, lugar, equipos, diseño, etc.	Desarrollar listado de control exhaustivo respondiendo a la singularidad del caso.
2. 08:30	Llegada al lugar para enterarse de novedades y constatar que nada falte. Conversar con los primeros asistentes.	Utilizar lista de control y comenzar a conocer y a entender las necesidades de ese grupo de personas en ese momento.
3. 09:00	Objetivos y consignas. Experiencia del instructor. Expectativas y *Cómo aprendí a negociar.*	Iniciar el diálogo y trabajar en ronda para descubrir similitudes, diferencias y sorpresas. Hacer las aclaraciones necesarias.
4. 09:30	Ejercicio: *Intereses.*	Trabajo en ronda y en plenario.
5. 10:15	Entrega de *Hojas de expectativas y de evaluación.* Aclaraciones sobre el propósito.	Enfatizar la importancia de la fijación de objetivos para el aprovechamiento de las jornadas.
6. 10:45	Conceptos clave: Motivaciones encontradas. Prácticas extorsivas, distributivas y constructivas. Poder. Diferendos. Comunicación. Concesiones. Intereses. Plan de contingencia.	Presentar las ideas centrales. Recolectar preguntas, por mesas y diálogo respondiendo a inquietudes. Transmitir la experiencia ganada al resolver conflictos negociando.
7. 11:15	Café.	
8. 11:30	Ejercicio: *¿Es esto una negociación? Páginas 1 a 4.*	Trabajo en mesas, lectura, debate abierto y explicación del modelo de la *Negociación estratégica.*
13:00	Almuerzo.	
9. 14:30	Ejercicio: *¿Es esto una negociación? Páginas 5 a 10.*	Trabajo en mesas, lectura, debate abierto y explicación del modelo de la *Negociación estratégica* (cont.).
16:15	Café.	
10. 17:30	Síntesis del aprendizaje derivado de la jornada, y evaluación en hojas de trabajo personales.	Dialogar y aclarar dudas surgidas de los ejercicios.

Diseño del Taller A de Negociación *(continuación)*

Detalle de tiempos - Día 2 *2 de 2*

Horario	Proyecto	Descripción de contenidos / acciones
11. 09:00	Rescate del aprendizaje del Día 1.	Ampliar el diálogo en torno a las preguntas surgidas de los ejercicios.
12. 09:20	Ejercicio: *Está llegando fin de mes.*	De a pares y luego, en plenario, descubrir / comentar la diversidad de respuestas.
13. 09:45	Profundizar ideas de motivaciones encontradas; prácticas extorsivas, distributivas y constructivas; poder; diferendos; comunicación; concesiones; intereses; plan de contingencia.	Trabajar en mesas, dialogar y comentar recuperando elementos de la experiencia del Día 1. Comentar experiencias anteriores de cada asistente. Rescatar las dificultades.
11:15	Café.	
14. 11:30	Agenda; dos tableros, cultura; etapas & pasos; estrategias; tácticas, reciprocidad.	Presentar las ideas centrales. Recolectar preguntas, por mesas y diálogo respondiendo a inquietudes.
13:00	Almuerzo.	
15. 14:30	Ejercicio: *Parque Echegoyen.* Presentación de las estrategias.	Trabajar en 5 equipos de 3 personas con etapas y tiempos acordados. Realizar un trabajo integral de planeamiento, recolección de información, identificación de metas, negociación propiamente dicha, y análisis de los tratos.
16. 16:30	Rescate de *Parque Echegoyen.* Repaso de las herramientas clave de la *Negociación estratégica.* Énfasis en la conveniencia de conocer pasos y estrategias. Prescripciones para evitar tácticas inescrupulosas.	Presentar y hacer un debate abierto sobre hojas de trabajo en plenario. Formular preguntas de aplicación de lo aprendido al trabajo cotidiano.
17. 17:00	Evaluación en hojas de trabajo personales. Síntesis y cierre de las jornadas rescatando el aprendizaje.	
18. Días siguientes	Seguimiento del aprendizaje y envío de material complementario.	

Desarrollo del diseño

Preparación del instructor

El diseño, las instrucciones y las *Hojas de trabajo* adjuntas permitirán facilitar las actividades de Negociación estratégica respetando el estilo y la formación de instructores diferentes.

Cuanto más experiencia tenga usted en negociaciones reales en su medio, más creíble será su desempeño. Considere seriamente hacer la capacitación en equipo con otro colega para actuar con mayor soltura y aliviar la tensión. En esa tarea, lo ayudará estudiar la bibliografía, que incluye una creciente variedad de libros en castellano. En más de un caso se hace referencia a contenidos de este mismo texto, así como a las de *Dinámica de la negociación estratégica* (Granica, Buenos Aires, 2006). Usted ganará en aplomo pasando revista a otros textos para encontrar su propia comodidad con los contenidos. Familiarícese con todos los materiales para estar en condiciones de responder a las preguntas de los asistentes al taller.

Es crítico el manejo de la dinámica grupal. Estos talleres alientan la participación, lo que significa atender a cada participante como si fuera el único, sin perder de vista la construcción de sentido que se va dando en los grupos y en el plenario. Los materiales del libro *Restituir confianza* (en preparación) pueden mostrarle cómo desarrollar la actitud clínica en el entorno grupal y en cada caso usted debe evaluar cuánto detenerse en cada paso del diseño, a medida que identifica las preocupaciones mayores de los participantes.

Para que el participante se sepa en manos de quien lo escoltará en su aprendizaje, es crítica la forma en que el instructor presenta las actividades y explica en detalle los objetivos de cada una. Por eso, los apuntes mencionan explícitamente los elementos a tener en cuenta en cada ejercicio, para que al finalizar el asistente reconozca el proceso completado sin pensar que su torpeza puede haberlo inhabilitado de alguna manera. A ese fin contribuyen las *Hojas de preparación y de evaluación*, elaboradas para advertir, antes de ingresar a la negociación, aquellos elementos que le permitirán actuar con serenidad.

Días previos

En capacitación de adultos la buena predisposición de los asistentes depende de cómo se tuvo en cuenta la constitución del grupo y el entorno en que actúa. Conocidos estos factores, la formación ha de responder a la recolección de necesidades, incorporando los pasos a seguir para que puedan transferir lo aprendido cuanto antes. Y nada más difícil que pasar de un plan a su puesta en marcha.

Las actividades propuestas fueron probadas en muchas ocasiones en gran diversidad de instituciones públicas y privadas de estudio y trabajo en los países de la región. Los casos elegidos tienen buena acogida porque permiten *aprender jugando* con reglas de grandes: son atractivos, dan acceso a las ideas clave y se aplican con facilidad en la vida privada.

Para ajustar el diseño y los tiempos, es vital acordar rigurosamente los objetivos que se pretenden alcanzar con la actividad: el instructor pedirá la mayor cantidad de información posible sobre las razones por las cuales han de participar las personas, de modo de valorizar sus necesidades singulares. Para ello es útil contar con una lista a entregar a quienes organizan el taller y completarla en forma sistemática para mantenerse alerta ante cuestiones que diferencian a ese grupo de otros.

Idealmente, el instructor habrá enviado material previo, de captación rápida, para contribuir a que los asistentes tengan la oportunidad de familiarizarse con los criterios y conceptos del taller antes de asistir. Habrá decidido también cuánta información colocar en pantallas *Power Point*: en general, cuanto más tiempo dedica a proyectar en pantalla, más crece la probabilidad de distracción. Además tendrá copia de todos los ejercicios y las habrá revisado en detalle para asegurarse de que cuenta con todo lo que necesita. Y se recomienda enviar más material a los asistentes dos semanas después de finalizado el taller.

Usted, como instructor, estará preocupado por la participación activa de los asistentes, y en segundo lugar por su rol como coordinador. Privilegiará las preguntas del plenario por encima de la presentación de conceptos e ideas, sabiendo que cada asistente aportará y se llevará otro aprendizaje, pero que todos podrán vincular la experiencia con alguna preocupación individual.

Llegada al lugar

Es responsabilidad del instructor llegar con antelación al lugar donde se desarrollará la formación, para decidir cómo distribuir mejor mesas y sillas, y advertir aspectos quizá menos evidentes que pueden favorecer o inhibir la participación activa.

Para alentar la participación, pueden desarrollarse actividades individuales y en pequeños grupos; conviene distribuir a los asistentes en mesas de 4/5 personas. En general se prefiere colocar el frente de modo tal que los asistentes reciban el sol en sus espaldas, y las mesas en media luna.

Por último, los organizadores pueden olvidar aportar lo que prometieron, por lo que, a último momento, es posible que no haya rotafolio, marcadores, tomacorrientes múltiple, o la resma de papel que creyó haber escuchado que proveería la institución. Por eso llegue temprano –si es otra ciudad, conviene que sea la noche anterior–, para pasar revista a todos los elementos necesarios para desarrollar la actividad sin tropiezos antes de iniciar el dictado, y, preventivamente, lleve consigo un pen-drive o similar, marcadores, originales de los materiales a usar, adaptadores para la computadora, pilas, y todo aquello que necesita para su propia tranquilidad.

Objetivos y consignas

Sobre la base de los diseños adjuntos podrá desarrollar talleres de Negociación estratégica para alcanzar algunos de los siguientes objetivos. Sería improbable alcanzar todos, y es responsabilidad suya decidir cuáles privilegiará en cada taller en función del grupo específico a capacitar.

- Fortalecer el papel reflexivo y proactivo del participante en situaciones de conflicto potencial.
- Ampliar su capacidad de negociación a través de herramientas acordes con los requerimientos de su desempeño, y de criterios de desarrollo y de apoyo sistemático a los efectos de ampliar su espectro de conductas.
- Incorporar a la actividad cotidiana prácticas contemporáneas de preparación de la negociación efectiva, especialmente con su mandante.
- Mejorar los resultados del participante, aprovechando oportunidades, en el marco de valores, políticas y sistemas operativos.
- Fortalecer la relación entre las partes, para facilitar el desarrollo de futuros encuentros.
- Comprender prácticas de negociación extorsivas, distributivas y constructivas, y cómo coexisten en cada encuentro.
- Analizar los beneficios y consecuencias de la aplicación de cada una de esas prácticas en el ámbito de su desempeño.

- Desarrollar prescripciones para la actividad profesional cotidiana en su medio.
- Aplicar las herramientas más adecuadas para planificar, establecer objetivos, y seleccionar estrategias y tácticas para resolver situaciones de callejón sin salida.
- Asegurar que los responsables de negociaciones apliquen coherentemente los criterios y las prioridades acordados.
- Saber defender los propios principios e intereses en situaciones de alta conflictividad.

Además, asegurar que lo presente el responsable del proyecto –no siempre ocurre–, que sepa quién es usted –conviene llevar sus antecedentes en pocos renglones, que casi nunca se leen–, y explicar que el taller se desarrollará en tales días, de tal a tal hora, con tales y tales intervalos; que la participación será voluntaria; que cada ejercicio tiene sus *Hojas de expectativas y evaluación* de uso exclusivamente personal.

Manejo de los tiempos

Los diseños incluidos en este texto otorgan tiempos aproximados a cada actividad. Son guías y cada facilitador, ante cada grupo, decidirá cuánto dedicar a cada una. Puesto que, además, la lectura y la formación permitirán escuchar preguntas y esbozar respuestas, sería extraño que se completaran todas las actividades incluidas. La calidad de la capacitación depende de la escucha al servicio de las inquietudes de los participantes, y no del cumplimiento de un cronograma.

Actividad "Cómo aprendí a negociar"

Para relevar las expectativas y comprometer a los participantes, se incorpora *Cómo aprendí a negociar*, que se reparte, se reservan 10 minutos para que se complete a nivel personal, y una vez completado se pide que cada uno elija un hecho a aportar.

Con los datos que se van reuniendo, se pondrá énfasis en cómo las personas se forman en la medida en que aprenden a fijar metas, a diferenciarlas, a elaborar acercamientos y reglas, consigo mismas y con otras. Se indica que este es un proceso en el que participan cuestiones racionales y emocionales, consideraciones de corto y largo plazo, temores y autoestima, elementos que se reconocen y sopesan en el desarrollo del taller y sobre los cuales el facilitador invita a hacer interrupciones y formular preguntas.

Cómo aprendí a negociar
Hoja de trabajo

Edad	***Hechos importantes cercanos de mi vida personal***	***Situaciones de trabajo, viajes, formación***
Hasta los 10 años		
Hasta los 20 años		
Hasta los 30 años		
Hasta los 40 años		
Desde entonces		

Actividad "Intereses"

Este ejercicio transmite la noción de *intereses* de modo inmediato. Como toda actividad en capacitación de adultos, el facilitador debe tener en cuenta cuatro pasos, a saber: (a) el motivo por el cual incorpora esa actividad en ese momento; (b) la forma en que se ha de desarrollar; (c) las acciones que deben seguir los participantes; y (d) el rescate del aprendizaje.

Razones para incorporar esta actividad

Los intereses son un elemento crítico de la negociación, porque conocer los propios permite ir percibiendo lo que valora la otra parte. En este ejercicio se discriminarán intereses *esenciales* (aquellos por los que se intenta negociar); intereses *importantes* (aquellos que, de cumplirse además de los esenciales, provocan satisfacción); intereses *accesorios* (aquellos que, una vez identificados los anteriores, pasan a segundo plano); e intereses *irrelevantes* (aquellos que, visto lo anterior, carecen de importancia alguna pero que podrían haber pesado de no haber hecho esta categorización).

Desarrollo

Dibuje dos ejes verticales, separados y paralelos en el rotafolio, y explique que pedirá a quienes deseen participar qué, a su juicio, define que *una pareja que se quiere desee casarse o ir a vivir juntos*. Pedirá que los varones mencionen los intereses valorados por ellos, y pedirá a las mujeres que mencionen los intereses valorados por ellas, sin que se atribuya valor estadístico a estos juicios. (El facilitador puede utilizar otra consigna con la intención de mostrar y comentar el ordenamiento que diferentes partes hacen de sus intereses.)

Intereses

Cuando dos personas piensan casarse aparecen sentimientos, proyectos y afinidades, pero normalmente no se tienen en cuenta, sino hasta después, sus intereses diferentes y las prioridades distintas.
Para comprender el concepto de intereses y la conveniencia de priorizarlos, coloque en uno de los dos ejes verticales:

- los intereses que puede tener una joven enamorada cuando piensa en casarse, y en el otro:
- los intereses que puede tener un joven enamorado cuando piensa en casarse.

Haga el esfuerzo de distinguir los intereses vitales (++), de los importantes (+), los accesorios, que sería bueno alcanzar (-), y los que, ahora que se meditan con calma, parecen irrelevantes (- -), poniéndose en el lugar de uno y otro. O, mejor aún, realice este ejercicio con una amiga o amigo.

Pensando en la joven enamorada	*Pensando en el joven enamorado*
Esenciales (++)	Esenciales (++)
Importantes (+)	Importantes (+)
Accesorios (-)	Accesorios (-)
Irrelevantes (- -)	Irrelevantes (- -)

Comparen sus análisis. ¿A qué conclusiones se llega? ¿Qué ocurre cuando no se priorizan claramente los intereses? ¿Qué ocurre con las necesidades y con los deseos?

Nota

En algún momento, los participantes piden recetas. Si conviene hacer la primera oferta, cuándo conviene cerrar, si en nuestra cultura es necesario mostrarse duro, si acaso los repetidos fracasos señalan cierta imposibilidad de desarrollar instituciones en esta parte del mundo, etc.

Su formación y su sensibilidad habrán enseñado al instructor a responder. Generalmente, lo más acertado es pedir a la persona que cuente una situación real en la que surgió esa pregunta, reunir más información, circularla entre los asistentes, ir al rotafolio, evaluar pros y contras, pedir síntesis al plenario y cerrar enfatizando prescripciones que la persona pueda convalidar para atender a su caso concreto.

Acciones a seguir

Tras dar un par de minutos para que reflexionen, inicie la ronda colocando los aportes de los asistentes en el rotafolio, según sean *esenciales, importantes, accesorios* o *irrelevantes,* y según correspondan a mujeres o varones.

Rescate del aprendizaje

Desde el comienzo, se ponen en evidencia similitudes, diferencias y sorpresas, se advierte el peso de los criterios individuales, y se toma conciencia de lo difícil que es llegar a conocer los intereses del otro. Esto muestra que desarrollar una negociación exitosa no requiere necesariamente conocerlos, pero sí definir los propios, ir ajustándolos a medida que se avanza en la construcción de una relación, y prestar atención para entender qué valora / necesita / desea el otro. También surge que, en diferentes etapas de una relación, las partes colocan sus intereses en diferentes niveles de prelación.

Actividad "Hojas de instrucciones, de expectativas y de evaluación"

A menudo, los asistentes a un taller dicen que fue excelente pero olvidaron sus contenidos. Las *Hojas de instrucciones, de expectativas y de evaluación* se diseñan para remediar, en lo que corresponde al instructor, tal falencia. Para dar ejemplos de su despliegue se reproducen ejemplos en las páginas siguientes.

La primera hoja aclara el compromiso del instructor destacando los conceptos que cubre el taller: acerca las ideas y la práctica mostrará cómo incorporarlas; la segunda hoja es el registro personal de las expectativas y no se mostrará a ninguna otra persona; la tercera se completará al finalizar el taller para documentar lo que el asistente entiende que aprendió. Este proceso de registro es vital y al completar el primer día del taller, el instructor hace referencia a la posibilidad de cada uno de aprovechar la enseñanza en su ámbito personal, y no solo en el laboral o profesional.

Taller de Negociación

Presentación de los conceptos clave a desarrollar en el Taller A *1 de 3*

1. **Negociar consigo mismo**
   La mayoría de quienes asisten a talleres explican que su mayor dificultad es controlarse; muchos agregan que la rivalidad entre sectores en su organización conspira contra los buenos resultados.

2. **Pensar estratégicamente**
   Distinguiremos intereses; daremos importancia a las divisas / monedas de cambio, y sostendremos que es esencial poder replegarse a un Plan de contingencia, lo que uno haría si el otro no quisiera negociar. Llevar apuntes es esencial.

3. **Reunir información**
   La buena preparación distingue al buen negociador del mediocre: conjeturar cuáles serían los objetivos de la otra parte, cuáles sus prioridades y beneficios en función de cómo se piensan la economía y el mercado en cada lugar.

4. **Crear el ámbito propicio**
   Aprender a preguntar y a escuchar; a procurar datos y procesarlos, para interpretar cuál es la naturaleza del juego y cómo jugarlo; a partir de ahí, administrar el tiempo. Y recapitular para llevar el control de su gestión.

5. **Estrategias y tácticas**
   Habiendo priorizado los propios intereses, uno explora con qué reglas se podrá desarrollar el intercambio que lleve a un trato; cuáles serán las estrategias y las tácticas a desplegar y cómo defenderse de contratácticas.

6. **Administrar las diferencias**
   La preparación le permite a uno ir decidiendo cómo abrir, cómo posicionarse; en qué momento hacer la primera oferta (si conviniera); de qué modo interpretar las decisiones del otro para manejar el intercambio, construyendo o evitando una relación.

7. **Construir y conservar la reputación**
   Al haberse preparado, el negociador transmite aplomo y credibilidad; esto permite actuar aun cuando el otro da sorpresas, utiliza el regateo en forma sistemática o muestra conductas pendencieras.

8. **Resolver problemas concretos y asegurar la implementación**
   La pregunta es cuándo y cómo cerrar: en esa instancia se evalúan las consecuencias, se documenta el trato y se toman todos los recaudos para asegurar la implementación de lo acordado. Y dedicar un rato largo para autoevaluarse y pensar en los siguientes pasos.

Taller de Negociación

Documentación de sus expectativas para el Taller A *2 de 3*

Hoy y mañana desarrollaremos los temas centrales de la Negociación estratégica.

¿Desea mejorar su desempeño? A las 17:45 evaluará su aprovechamiento de la jornada en la hoja..., que nadie verá salvo usted. Anote aquí su plan de trabajo para hoy.

1. *Negociar consigo mismo.* ¿Piensa controlarse? ¿Cómo?
2. *Pensar estratégicamente.* ¿Usará los conceptos de intereses / divisas / plan de contingencia?
3. *Reunir información.* ¿Piensa darse tiempo para buscar datos y procesar la información?
4. *Crear el ámbito propicio.* ¿Sabe preguntar y escuchar? ¿Cómo llevará el diálogo?
5. *Estrategias y tácticas previas.* ¿Qué estrategias, tácticas y contratácticas usará?
6. *Manejar las diferencias.* ¿Qué haría para posicionarse, administrar el intercambio, dialogar?
7. *Reputación.* ¿Demostrará aplomo? ¿Cuál es su actitud habitual ante el regateo?
8. *Resolver problemas concretos y asegurar la implementación.* ¿Sabe cerrar, documentar y asegurar la implementación? ¿Qué hace normalmente cuando se encuentra ante conductas agresivas?

Taller de Negociación

Evaluación de las jornadas del Taller A *3 de 3*

Estamos por cerrar el Taller de Negociación estratégica. ¿En qué mejoró? Por favor, evalúe su aprovechamiento del día en esta hoja que es suya.

1. *Negociar consigo mismo.* ¿Mostró autocontrol? ¿Fortaleció el frente interno?
2. *Pensar estratégicamente.* ¿Usó los conceptos de intereses / divisas / plan de contingencia?
3. *Reunir información.* ¿Hizo una buena búsqueda de datos y procesó la información?
4. *Crear el ámbito propicio.* ¿Preguntó mucho? ¿Escuchó? ¿Llevó bien el diálogo?
5. *Estrategias y tácticas previas.* ¿Qué estrategias, tácticas y contratácticas usó?
6. *Manejar las diferencias.* ¿Pudo posicionarse, administrar el intercambio, dialogar?
7. *Reputación.* ¿Demostró aplomo y consideración? ¿Cuál fue su actitud ante el regateo?
8. *Resolver problemas concretos y asegurar la implementación.* ¿Pudo cerrar, documentar y asegurar la implementación? ¿Qué piensa hacer la próxima vez que se encuentre ante conductas agresivas?

Conceptos clave

El diálogo en torno a las nociones críticas de la negociación se abre a partir del gráfico que articula las preguntas "¿Qué queremos?", "¿Qué considerar?", y "¿Cómo alcanzarlo?". Para profundizar el sentido de estas palabras y otras ideas vinculadas, ver *El idioma de la negociación*, Capítulo 2.

Motivaciones encontradas contempla la tensión generada por la necesidad de alternar estrategias divergentes y convergentes. Por extensión, explica las estrategias de la negociación a partir de la complementación entre *la preocupación por los propios resultados*, que alienta el despliegue de prácticas ofensivas aprovechando cada oportunidad con miras a mejorar la propia situación, y *la preocupación por los re-*

sultados del otro, que alienta el desarrollo de prácticas defensivas, acercando posiciones, manteniendo y ampliando el propio margen de libertad y la capacidad de actuar.

Poder en la negociación no es un valor absoluto sino el resultado del equilibrio entre las fortalezas y vulnerabilidades de cada parte en comparación con la otra. La capacidad de dominación del negociador deriva de varias fuentes: (1) algunas conectadas con el caso, por lo cual intervienen factores objetivos como amplitud de elección, capacidad de sancionar, la importancia relativa del otro en comparación con las necesidades del negociador, el manejo cómodo del factor tiempo, así como (2) destrezas, credibilidad, reputación, capacidad de influir e información del negociador.

Prácticas de negociación extorsiva son aquellas unilaterales, en las cuales una parte se afirma, amenaza y advierte, mientras ejerce presión de maneras varias para influir sobre el otro y lograr, sin medir costos ni consecuencias, que este acepte su voluntad o su última oferta; priman las conductas coercitivas, especulativas y oportunistas, y el beneficio de una parte se logra a expensas de la otra. También se la conoce como negociación contenciosa, polémica, perder-perder, a pérdida.

Prácticas de negociación distributiva son las propias de situaciones en las que la ganancia de una parte significa pérdida equivalente para la otra. En ellas priman los intereses encontrados, o así parece, hasta que alguno adopta posiciones distributivas o constructivas. También se la conoce como negociación convencional, táctica, competitiva, o perder-ganar.

Prácticas de negociación constructiva son aquellas mediante las cuales las partes acceden a beneficios y objetivos imposibles de alcanzar sin diálogo, y se minimizan las prácticas irracionales, se potencian las componentes racionales, y se incorporan componentes que las partes consideran trascendentes para su relación en esas circunstancias. También se la conoce como negociación integradora, superadora, por principios, estratégica, o ganar-ganar.

Diferendo es cualquier aseveración, o campo en torno al cual desacuerdan las partes; son los asuntos significativos sobre los que existen disputas. También, aquellos temas en los que se procura un acuerdo explícito. Cada uno alude a un rango de opciones, una de las cuales debe ser finalmente acordada por los negociadores para llegar a un entendimiento. El diferendo surge cuando una o más de las partes involucradas cuestionan los términos que regulan su interdependencia, en la medida en que la parte más débil logra atraer la atención de la más poderosa. Se llama *campo de diferendos* a la constelación reconocida de preocupaciones que afecta tanto la interdependencia entre las partes, como entre los temas.

Interés es lo que conviene a un propósito: señala cuestiones de utilidad, de provecho, de beneficio, es lo que cada parte desea, independientemente de lo expresado en público. *Intereses compartidos* son aquellos que ambas partes aceptan como válidos en función de sus objetivos. Es improbable que una negociación sea exitosa si las partes no ordenan sus intereses tanto antes, como en el curso de los intercambios. *Divisas* son elementos que pueden mejorar, satisfacer o potenciar los intereses del otro. Los economistas las llaman bienes transables, o monedas de cambio.

La *comunicación* abarca un proceso de transacciones durante el cual las personas eligen palabras y acciones con el objeto de transmitir imágenes, conceptos, ideas y percepciones. Su éxito depende del intercambio de sentimientos, significados, ideas y respuestas, y es un elemento crítico en el proceso de la negociación: su nivel de éxito depende de la capacidad de los individuos para conocerse, desarrollar credibilidad y confianza, comprenderse y descubrir propósitos compartidos.

Concesiones son las modificaciones a sus posiciones iniciales que las partes aceptan. Son cambios en las ofertas que atienden el supuesto rumbo de los intereses del otro, aunque reduzcan el nivel de beneficio buscado. Se entienden como señales de buena voluntad, prendas de paz que procuran instalar reciprocidad, o como una señal de debilidad que conduce al abandono de una posición anterior de mayor firmeza. Normalmente el negociador decide cuánto pedir o conceder sobre la base de las concesiones esperadas del otro.

Plan de contingencia, o plan B alude a la necesidad de contar siempre con una opción distinta de la que se persigue, para cuando no se pueda avanzar con la preferida a través de la negociación. Equivale a la *mejor alternativa posible ante la ausencia de un acuerdo negociado*, y se refiere a las diversas opciones que el negociador debe tener en cuenta antes de dirigirse a negociar.

Espectro de la negociación es el espacio delimitado entre la posición más favorable y la menos favorable de un negociador: es previsible que abra con la primera, esté dispuesto a retirarse en la segunda, e incluye un punto realista intermedio de cierre. La negociación es el proceso a desarrollar mientras el espectro de uno se solape con el espectro del otro, y se ocupa de las decisiones en el espacio de ese solapamiento hasta llegar a una posición de acuerdo.

Café y almuerzo

A menudo, tras un ejercicio, los participantes siguen charlando sobre el caso y es positivo que siga el debate café en mano, pero queda a la discreción del instructor decidir cuándo retomar el desarrollo del taller. Lo mismo vale cuando se trabaja con almuerzo por medio.

Actividad "¿Es esto una negociación?"

Un porcentaje significativo de participantes pide aprender *la* metodología, recibir los tips, las recomendaciones. Los cinco casos elegidos permiten extraerlos de la vida diaria. Porque aprendemos a negociar informalmente, en la familia, en la escuela, en el trabajo. Nos es incómodo y nos preguntamos si se puede aprender a negociar, si existiría alguna serie de pasos que uno debería dar para llegar con más aplomo a un mejor acuerdo. La discusión sacará a la luz prescripciones para una buena gestión, y determinará qué conductas evitar.

Razones para incorporar esta actividad

Muchos elementos del proceso de negociación pueden considerarse universales, pero puesto que quienes negocian son personas y no organismos o instituciones, conviene analizar los aspectos fundamentales de este proceso con casos de la realidad inmediata. Todos los casos incluidos se recogieron en talleres y se aportaron porque los participantes pudieron lograr sus cometidos a pesar de encarar grandes dificultades o conflictos.

Desarrollo

Se presenta el Modelo de Negociación Estratégica y se indica que surge de la práctica cotidiana, como se verá oportunamente.

Se reparten las Hojas 1 a 4 y se repite que se trata de casos de la realidad reciente en nuestra región. Se asignan las Hojas 1 y 2 a un par de mesas y las Hojas 3 y 4 a otro par de mesas.

Acciones a seguir

Se pide que lean su caso, lo discutan entre ellos y respondan a las preguntas de las páginas 2 y 4. Tras 10 minutos, se pide a quienes estudiaron la Hoja 1 que la lean en voz alta y presenten sus conclusiones al plenario para debatir el caso y las opiniones. Tras eso se hace lo mismo con quienes estudiaron la Hoja 3. Se pone énfasis en completar la *Hoja de evaluación.*

Rescate del aprendizaje

En *Mis chicos querían un cachorro* se ve el peso de las emociones. El relator consiguió su objetivo, y por eso aportó el caso como de negociación exitosa; pero al dejar malherida la relación, la mayoría se sorprenderá de que alguien pudiera considerarla enteramente satisfactoria. Una pequeña parte del caso tiene en cuenta al otro y propone un intercambio equitativo, pero la persona pierde los estribos y lo hace a sabiendas. Esto se rescata señalando la necesidad de *negociar consigo mismo,* como parte de toda relación de negociación en la que es probable que las partes vuelvan a encontrarse. La reputación se construye paso a paso y se pierde en un instante.

En *Cuando se defiende lo propio* se advierte el manejo más equilibrado de una situación compleja, en la que las partes controlan sus emociones (*Negociar consigo mismo*), analizan en forma refinada las consecuencias para el corto y el mediano plazo (*Pensar estratégicamente*), se acercan al otro (*Crear el ámbito propicio*), parten de la situación existente para evaluar otras opiniones (*Manejar las diferencias*), y proponen una opción superadora (*Resolver problemas específicos* y *Asegurar la implementación*).

¿Es esto una negociación?

Mis chicos querían un cachorro 1 de 10

Si una negociación es el proceso que puede surgir cuando dos o más partes tienen intereses parcialmente compartidos / parcialmente encontrados, no están satisfechos con el modo existente para resolverlo, por lo menos temporalmente, se proponen no destruirse, someterse ni huir y deciden inventar una manera para resolver sus diferencias, analice este caso y, sobre la base de todo lo que hemos venido conversando, pregúntese:

a. si el relator llegó a un resultado mejor que el que tenía al comenzar su gestión;
b. si la relación entre las partes se mantiene o se mejora en comparación con la que existía.

Lea este testimonio y responda las preguntas de la página que sigue.

Hacía dos años que mis tres chicos querían un perrito. Vivíamos en una casa abierta, en construcción, sin verjas, y yo sabía que si traíamos un cachorro se escaparía en cualquier momento. Sin embargo, una de las tías, que tenía un dálmata, les prometió y regaló uno.

Le tomaron cariño, le pusieron nombre, lo llevaban a su cama a dormir, le daban la leche. Eran inseparables. Hasta que se escapó. Yo ya lo sabía y me negaba a hacer la verja porque la iba a hacer al final de la obra. Fue terrible: había que aguantarlos.

A los cuatro días ellos averiguaron que el cachorro estaba en la casa de un vecino, cerca de la nuestra. Ahí fui con los chicos. Los dejé en el auto, y cuando la mujer salió a la calle, le espeté que el perro que tenían era nuestro.

Me aclaró que había estado abandonado en la calle, que lo llevaron al veterinario, que lo vacunaron y en esos pocos días sus tres chicos se habían encariñado mucho. Al perro no lo vimos, era una casa cerrada y lo tenían atado con una soga, pero lo oíamos. Yo le decía que mis hijos lo querían mucho y ella sostenía que los suyos también. Mientras tanto, yo escuchaba llorar a los míos. En eso bajó el marido, con cara de pocos amigos. Dije que el perro que habían encontrado era mío y que si habían gastado plata en el veterinario se la devolvía, pero no me escuchaba. Y levantó la voz para decir: "Mire, ¡será como dice, pero de acá el perro no se va!". No soy de quedarme atrás y respondí: "Si es mío, me lo está robando". Y agregué que era como si alguno dejara estacionado el auto frente a su casa y él se lo quedara. Respondió: "¡No va a comparar!", y me planté: "¿Se da cuenta de la educación que les está dando a sus hijos? ¡Es un ladrón!". Él no quería transar, y me fui.

Me fui mal: lo suyo era irreversible. Pensé que a la policía no podía ir, pero que algo tenía que hacer, así que me senté a la computadora y escribí un cartel: Señor vecino. En la calle Chuquisaca 4444 vive un ladrón. Cuide bien sus pertenencias. *Hice diez copias, preparé engrudo y las pegué cerca de las dos escuelas del barrio. Sabía que esto no estaba del todo bien, pero no me podía contener. A la tarde del día siguiente tocó el timbre en mi casa. Sin abrir la puerta, le expliqué: "Hasta que no me traiga el perro, con usted no hablo". Pensé también que podía patearme el auto. Pero subí y desde la ventana vi que tenía el cachorro en los brazos. Bajé y le abrí. Me dijo: "¿Qué me ha hecho, hermano? ¿Sabe las cosas que les dicen a mis chicos? Acá tiene al cachorro, pero vaya a quitar los carteles...".*

¿Es esto una negociación?

Mis chicos querían un cachorro 2 de 10

Usted acaba de leer el caso *Mis chicos querían un cachorro.*

A través del análisis de las conductas, en las diferentes etapas del relato, ¿en qué porcentaje la negociación fue extorsiva? ¿En qué porcentaje fue distributiva? ¿En qué porcentaje fue constructiva?

¿Puede hablarse de un buen manejo de las emociones? ¿De un buen ejercicio del pensamiento estratégico? ¿De la creación de un buen clima para relevar e intercambiar información?

¿Cómo se manejaron las diferencias? ¿Cómo se resolvieron los problemas concretos?

¿Se pudo llegar a un trato que pudiera ser implementado?

Analicemos los aspectos inusuales del caso.

- El hecho de que este caso se presentó como una buena negociación.
- La categorización de intereses.
- El lugar de la violencia en la negociación.
- La relación entre medios y fines.

¿Es esto una negociación?

Cuando se defiende lo propio 3 de 10

Si una negociación es el proceso que puede surgir cuando dos o más partes tienen intereses parcialmente compartidos / parcialmente encontrados, no están satisfechos con el modo existente para resolverlo, por lo menos temporalmente, se proponen no destruirse, someterse ni huir y deciden inventar una manera para resolver sus diferencias, analice este caso y, sobre la base de todo lo que hemos venido conversando, pregúntese:

a. si el relator llegó a un resultado mejor que el que tenía al comenzar su gestión;
b. si la relación entre las partes se mantiene, o se mejora en comparación con la que existía.

Lea este testimonio y responda las preguntas de la página que sigue.

En nuestra compañía veníamos trabajando en equipo, pero no todos los sectores avanzaban al mismo ritmo. Y por atrasos en otro sector, que hacía un trabajo igual al nuestro, nos pidieron al mejor integrante de nuestro plantel.

Queríamos mantener la continuidad del trabajo en equipo. Mi equipo en Planta A estaba organizado con una persona que atendía Calidad y Programación de productos especiales; otro se ocupaba de las necesidades de los equipos de Producción; otro más, de la mejora de máquinas y programación de la producción, y el último de hacer las tareas secundarias de mejora. A esto se agregaban un supervisor por cada turno para las necesidades diarias de las líneas de producción, mientras los operarios cumplían las diferentes tareas de Calidad y de Producción. Trabajábamos bien, bastante programados, sin sorpresas ni reclamos de la planta.

En Planta B tenían muchas quejas. Estaban organizados igual que nosotros y para salir de su problema nos propusieron hacer un cambio de personas entre plantas. Pretendían que nuestro hombre de Calidad pasara a la Planta B durante dos meses para analizar sus problemas, mientras mandaban el de ellos a la nuestra para que aprendiera a trabajar en equipo. En principio, el movimiento estaba acordado y todos lo sabían.

Pero, por cuatro motivos, no nos convenía. Primero, estábamos convencidos de que tratarían de retener a nuestro hombre: se quedaría allá. Segundo, el que venía no iba a aprender solo mirando, porque presenciaría cómo trabajamos nosotros, pero cuando volviera iba a encontrarse con el mismo método existente y él solo no podría modificarlo. Tercero: al salir uno de los inspiradores principales del trabajo en equipo, iban a caer nuestros indicadores. Y, finalmente, nuestra gente, que había hecho un esfuerzo sobrehumano para mostrar lo que se podía lograr cuando se confiaba en ella, iba a sentir una pérdida de participación y de protagonismo.

Por eso propusimos que fuera el nuestro a enseñar, pero que el de ellos se quedara en su lugar. Mientras durase la capacitación, nuestro hombre sería reemplazado temporalmente por un supervisor que se iría formando, que, a su vez, sería reemplazado por un operario capacitado. Y, haciendo el seguimiento con nuestro gerente de cómo llevar a la práctica lo del trabajo en equipo, les ayudaríamos a ellos y nos luciríamos nosotros. Por suerte, lo pudimos hacer de esta manera. Además, nos beneficiamos: en Planta B hacían algunas cosas mejor que nosotros, y las adoptamos.

¿Es esto una negociación?

Cuando se defiende lo propio 4 de 10

Usted acaba de leer el caso *Cuando se defiende lo propio.*

A través del análisis de las conductas, en las diferentes etapas del relato, ¿en qué porcentaje la negociación fue extorsiva? ¿En qué porcentaje fue distributiva? ¿En qué porcentaje fue constructiva?

¿Puede hablarse de un buen manejo de las emociones? ¿De un buen ejercicio del pensamiento estratégico? ¿De la creación de un buen clima para relevar e intercambiar información?

¿Cómo se manejaron las diferencias? ¿Cómo se resolvieron los problemas concretos?

¿Se pudo llegar a un trato, que fuera fácil de implementar?

Analice los aspectos inusuales del caso.

- El proceso de decisión tomada, revocada y enmendada.
- El objetivo superior, o sea trabajar en equipo.
- El beneficio comparativo de cada planta.
- Que Planta A liderara el proyecto y pudiera aprovechar algo inesperado.

¿Es esto una negociación?

Cuando se quiebran los acuerdos 5 de 10

Si una negociación es el proceso que puede surgir cuando dos o más partes tienen intereses parcialmente compartidos / parcialmente encontrados, no están satisfechos con el modo existente para resolverlo, por lo menos temporalmente, se proponen no destruirse, someterse ni huir y deciden inventar una manera para resolver sus diferencias, analice este caso y, sobre la base de todo lo que hemos venido conversando, pregúntese:

a. si el relator llegó a un resultado mejor que el que tenía al comenzar su gestión;
b. si la relación entre las partes se mantiene, o se mejora en comparación con la que existía.

Lea este testimonio y responda las preguntas de la página que sigue.

Nuestra empresa provee equipos de alta tecnología a ciertas multinacionales de avanzada. Son pocas y cada proyecto es muy codiciado. La competencia es dura, pero cada contrato es de larga duración y da beneficios suculentos. En la actualidad, la recesión mundial y la de nuestra propia economía ponen obstáculos al desarrollo del negocio.

Teníamos un contrato significativo con una de estas empresas. Veníamos con un plan de trabajo enorme, a marcha forzada, agregando cuadrillas, porque deseaban finalizar uno de los proyectos antes de que terminara su ejercicio en septiembre de cada año. Sin embargo, el mercado se había caído dos meses atrás. Perdieron clientes, creció su cartera de morosos, se incrementó el costo del dinero, y el bono patriótico pedido por el gobierno los impulsó a comunicarnos que no tenían los fondos para honrar sus contratos. Describían un problema mayor de caja. Entendimos que daban por cesado nuestro contrato y que tenían necesidad de que interrumpiéramos nuestras labores. Lo tradujimos en términos de "No te pago más, o te pago lo que pueda, y lo acumulado, ya veremos".

No podíamos llevarlos a juicio, porque eran un cliente vital. Teníamos un contrato firmado, pero si ejercíamos el derecho de exigir cumplimiento, las consecuencias adversas sobrepasarían las ventajas. Y había mucho dinero parado. De julio nos debían 1 millón, pero lo trabajado en agosto ya sumaba 10 millones. Lo primero que pensamos fue: "¿Qué van a hacer con nosotros...?". Nos tenían atrapados.

Era una impasse. Y quisimos entender. Pedimos una entrevista y preguntamos cómo definían la situación. Queríamos ver si llegábamos a un diagnóstico compartido. Avisaron que no podían parar todo de golpe. Que sin duda deberían pasar algunas de las obras al año siguiente, hecho que nos recordó que nosotros cerramos el ejercicio en diciembre y que podríamos acordar sin perjuicios mayores.

Hicimos una larga lista de lo que habíamos hecho, de lo que estaba en curso, de los próximos pasos. Fuimos desagregando. Así, enseguida conseguimos pequeños triunfos destrabando lo administrativo. Para fines de agosto, en chequecitos, nos habían pagado 6 millones de los 11 adeudados.

¿Es esto una negociación?

Cuando se quiebran los acuerdos 6 de 10

Usted acaba de leer el caso *Cuando se quiebran los acuerdos.*

A través del análisis de las conductas, en las diferentes etapas del relato, ¿en qué porcentaje la negociación fue extorsiva? ¿En qué porcentaje fue distributiva? ¿En qué porcentaje fue constructiva?

¿Puede hablarse de un buen manejo de las emociones? ¿De un buen ejercicio del pensamiento estratégico? ¿De la creación de un buen clima para relevar e intercambiar información?

¿Cómo se manejaron las diferencias? ¿Cómo se resolvieron los problemas concretos? ¿Se pudo llegar a un trato, que fuera fácil de implementar?

Analice los aspectos inusuales del caso.

- La forma en que se establecieron las comunicaciones.
- Los descubrimientos que destrabaron las dificultades.
- La acción a partir de lo posible, versus lo ideal.
- El manejo de las emociones.
- Los avances por pasos sucesivos.

Razones para incorporar esta actividad

Los dos casos de la mañana se restringen a una realidad simple, la de una familia, la de una fábrica. Los tres casos de la tarde incorporan mayor complejidad y mayor presencia de ánimo que explica la creatividad. También estos casos se recogieron en talleres.

Desarrollo

Se presenta el Modelo de Negociación Estratégica y se indica que surge de la práctica cotidiana. Se reparten las Hojas 5 a 10 y se repite que se trata de casos de la realidad reciente en nuestra región. Se asignan las Hojas 5 y 6 a un par de mesas, las Hojas 7 y 8 a otro par de mesas, y las Hojas 9 y 10 a otro par. Se pone énfasis en completar las hojas pares de evaluación.

Acciones a seguir

Se pide que lean su caso, lo discutan entre ellos y respondan a las preguntas de las páginas 6, 8 y 10.

Tras 15 minutos, se pide a quienes estudiaron la Hoja 5 que la lean en voz alta y presenten sus conclusiones al plenario para ser discutidas; se repite el proceso con quienes estudiaron las Hojas 7 y 9.

¿Es esto una negociación?

Armarse de coraje e ir a negociar 7 de 10

Si una negociación es el proceso que puede surgir cuando dos o más partes tienen intereses parcialmente compartidos / parcialmente encontrados, no están satisfechos con el modo existente para resolverlo, por lo menos temporalmente, se proponen no destruirse, someterse ni huir y deciden inventar una manera para resolver sus diferencias, analice este caso y, sobre la base de todo lo que hemos venido conversando, pregúntese:

a. si el relator llegó a un resultado mejor que el que tenía al comenzar su gestión;
b. si la relación entre las partes se mantiene o se mejora en comparación con la que existía.

Lea este testimonio y responda las preguntas de la página que sigue.

Tengo un amigo que venía haciendo mejoras en su casa y había comprado una membrana para el techo pero no le sirvió, la devolvió, se la aceptaron, le dieron la nota de crédito, y se le había traspapelado. Desde entonces habían pasado cinco años. La nota de crédito había caducado. Cuando se acordó y llamó al negocio le dijeron que ya se le había vencido, pero él no quería entregarse, aunque no se sentía con fuerzas para hacer la gestión y me pidió ayuda.

Me puse a indagar qué tal eran ellos, el comercio, el encargado. Hice averiguaciones sobre el contador, y me pareció que se podía. Los llamé, toda la gestión la hice por teléfono, nunca les vi la cara. Les di el número de la nota de crédito para que la rastrearan y me confirmaron que tenían el registro pero que ya había caducado.

No soy contador, pero conozco el trabajo y les dije que seguramente la habían mandado al cierre del balance a Ganancias y que ahora en este balance lo tendrían que mandar a Pérdidas. Se hizo un silencio en el teléfono y me di cuenta de que estaban pensando. Me pidieron un par de días para consultarlo con el dueño del local, les dije que no había problema, es más, que yo los llamaba. Los esperaba. En ese momento me armé de paciencia, no fue fácil la espera, ya que él no lo tenía presente. Que sí, que no, me aceptaron que el reclamo era justo pero me explicaban que, en las circunstancias actuales, de pagarlo, no sería en dinero, sino en materiales. Lo consulté con mi amigo, acepté y me dijeron que fuera al negocio a ver qué me servía. Ese fue el único contacto personal. Cuando llegué, el encargado me dijo que me reconocía el crédito pero que, lamentablemente, lo único que tenía era aceite para vehículos en bidones de 200 litros o envases más chicos, de buenas marcas. Lo consulté con mi amigo y me dijo que lo aceptara.

Al principio me preguntaba: "¿Cómo convierto en dinero estos bidones? ¿Tengo que salir a revenderlos? ¿Qué sé yo de aceite?". Averigüé precios en otros lados, cuál era el valor al costo. Pensé: "Me lo van a tirar abajo". Pero ellos me hicieron una propuesta: que me compraban el aceite, ya que veían una pequeña ganancia en su pérdida. Así que me evitaron un gasto de tiempo y dinero. Se dieron cuenta de que el 21% del IVA que les quedaba era ganancia en negro para ellos. Ahora mi amigo me pidió otra cosa: estoy negociando cheques rechazados por caballos.

¿Es esto una negociación?

Armarse de coraje e ir a negociar 8 de 10

Usted acaba de leer el caso *Armarse de coraje e ir a negociar.*

A través del análisis de las conductas, en las diferentes etapas del relato, ¿en qué porcentaje la negociación fue extorsiva? ¿En qué porcentaje fue distributiva? ¿En qué porcentaje fue constructiva?

¿Puede hablarse de un buen manejo de las emociones? ¿De un buen ejercicio del pensamiento estratégico? ¿De la creación de un buen clima para relevar e intercambiar información?

¿Cómo se manejaron las diferencias? ¿Cómo se resolvieron los problemas concretos?

¿Se pudo llegar a un trato, que fuera fácil de implementar?

Analice los aspectos inusuales del caso.

- La presencia de un mandante y un negociador.
- El desarrollo de la mayor parte del proceso por teléfono.
- La vocación negociadora que transmite el relato.
- La aceptación del reclamo del cliente después de cinco años.
- La ganancia en negro.

¿Es esto una negociación?

Las ventas del domingo 9 de 10

Si una negociación es el proceso que puede surgir cuando dos o más partes tienen intereses parcialmente compartidos / parcialmente encontrados, no están satisfechos con el modo existente para resolverlo, por lo menos temporalmente, se proponen no destruirse, someterse ni huir y deciden inventar una manera para resolver sus diferencias, analice este caso y, sobre la base de todo lo que hemos venido conversando, pregúntese:

a. si el relator llegó a un resultado mejor que el que tenía al comenzar su gestión;
b. si la relación entre las partes se mantiene, o se mejora en comparación con la que existía.

Lea este testimonio y responda las preguntas de la página que sigue.

Somos productores de grandes fiestas y nos conocen en la región. Una vez organizamos una fiesta de campo, de tres noches, y salimos a vender un abono, pero, por ser anticipada y cara, la venta salió mal y no cubrimos los costos. Hicimos una investigación que nos mostró cómo seguir adelante, esperamos a que se acercara la fecha, invertimos en publicidad y nos jugamos.

Así, luego de mucho trabajo, el primer día hizo frío, asistió poca gente; quedó conforme porque el espectáculo era fantástico, pero los gastos no los cubrimos, incluso gastamos parte de nuestra reserva. El sábado tampoco llegamos, tuvimos que negociar con la mayoría; aunque nuestras pobres reservas ya no alcanzaban para todos, se hizo una entrega parcial y se dejó para el día siguiente, pero se complicó porque los encargados de la jineteada querían cobrar y no había dinero. El domingo, las pérdidas eran enormes, se habían agotado las reservas, estábamos desesperados, y los tropilleros nos amenazaron con suspender su parte, que era la frutilla del postre. Estábamos complicados, corrían peligro nuestra reputación y nuestra integridad física.

Debíamos hacer algo urgente y negociar, porque los tropilleros querían cobrar, no teníamos para pagarles y necesitábamos el espectáculo. Hablábamos entre nosotros y decíamos que en esa situación lo único que se podría hacer era huir, que era la peor opción, aunque la pensé porque estos gauchos daban miedo. Nos calmamos y diagramamos: el problema era temporal, ya que el dinero entraría más tarde y pagaríamos, si bien con las entradas de esa noche no alcanzaría. Debíamos negociar el plazo. A ellos les convenía que se hiciera para ganar más, aun sin cobrar enseguida, pero no era gente de dialogar. Entonces, ¿qué nos interesaba más? Hacer la fiesta, pero sin ellos no podríamos. Podíamos pagarles más tarde, pero ¿cuándo? ¿Qué decirles para convencerlos? ¿Cómo manejar los tiempos? No podíamos decirles que no les podríamos pagar esa noche, y mucho menos, regatear. Decidimos esperar y vinieron cinco con cara de malos y con los facones adelante para intimidar: lo habíamos previsto y esperamos donde pasa mucha gente para que no se animaran a armar revuelo.

La conversación se dio tal cual lo habíamos planeado: llegaron pidiendo cobrar ahí nomás y les fuimos mostrando el fracaso de la fiesta. Lo aceptaron, pero querían dinero; dijimos que no lo teníamos y les mostramos que para ellos era lo mismo si lo hacían o no, ya que sus costos estaban cubiertos, solo les faltaba el dinero para volver a sus casas, que no teníamos. Dijimos que con nuestra actividad nos comprometíamos a pagarles a la brevedad y, como el dinero que se recaudaría esa noche a nosotros ya no nos resolvía ningún problema, les propusimos que ellos manejaran la venta de entradas y se quedaran con la recaudación para achicar la deuda y volverse. Nuestra actitud los impresionó, porque lo importante era que el espectáculo se hiciera. Realmente fue exitoso y prometimos volver a hacerlo, evitando el fracaso, asumiendo los riesgos.

¿Es esto una negociación?

Las ventas del domingo 10 de 10

Usted acaba de leer el caso *Las ventas del domingo.*

A través del análisis de las conductas, en las diferentes etapas del relato, ¿en qué porcentaje la negociación fue contenciosa? ¿En qué porcentaje fue distributiva? ¿En qué porcentaje fue constructiva?

¿Puede hablarse de un buen manejo de las emociones? ¿De un buen ejercicio del pensamiento estratégico? ¿De la creación de un buen clima para relevar e intercambiar información?

¿Cómo se manejaron las diferencias? ¿Cómo se resolvieron los problemas concretos?

¿Se pudo llegar a un trato, que fuera fácil de implementar?

Analice los aspectos inusuales del caso.

- La presencia de varios interesados en los resultados.
- El manejo de las tensiones en el equipo negociador.
- La creatividad que revela la propuesta final.
- La creciente tensión que caracteriza al caso.
- El manejo de las consecuencias.

Rescate del aprendizaje

En *Cuando se quiebran los acuerdos* se ve el peso del *sentido común* en el aprendizaje. El análisis obliga a un mayor nivel de rigor en la consideración de los factores que contribuyen a resolverlo, se presenta con claridad la noción de *satisfacer*, propia de la negociación, opuesta a la de *optimizar* esperada en otras actividades, y se pone en evidencia el valor de la indagación en torno a la realidad de la contraparte para acceder a la *disolución de partes* del conflicto.

Varios factores provocan sorpresa en *Armarse de coraje e ir a negociar*: la presencia de un negociador y de un mandante; el hecho que el campo de la negociación parecía cerrado; el de que la mayor parte del caso se atendió por teléfono; la actitud comercial del dueño del corralón de materiales; la paciencia y el ingenio del intermediario en la gestión por su mandante, la posibilidad de derivar placer de una situación que se presentaba cuesta arriba.

La solvencia demostrada en una situación dramática caracteriza *Las ventas del domingo*, un caso real de una ciudad de provincia. Aquí el dramatismo es mucho mayor. Se habla de perder para ganar y se advierte la importancia de darse tiempo para analizar y elaborar una solución, aun ante adversarios peligrosos.

Síntesis de la jornada

En función de los objetivos fijados y del aprendizaje realizado en el día, el instructor pasa revista a los gráficos de las páginas 79 y 85 (*Componentes de la negociación* y *Dinámica de la negociación estratégica*), para reforzar los aspectos clave del proceso, y señala los factores críticos que advirtió en ese grupo para coronar la jornada. Cierra preguntando por inquietudes y mencionando los aspectos que aportará la segunda jornada.

Día 2

Rescate del Día 1

En función de los objetivos fijados y del aprendizaje realizado en el primer día, se pasa nuevamente revista a los gráficos mencionados para reforzar los aspectos clave del proceso, y recuperar las preocupaciones del día anterior.

Actividad "Está llegando fin de mes"

Siempre es conveniente partir de situaciones simples para recordar ciertos aspectos críticos de la negociación estratégica. Por eso los participantes pondrán en escena un encuentro que provoca escozor. (Para compenetrarse con los diversos componentes, ver *Dinámica de la negociación estratégica,* pág. 85 y siguientes.)

Razones para incorporar esta actividad

En toda negociación coexisten varios subprocesos: cada situación es singular y pone en evidencia sobrentendidos; los intereses de la partes son interdependientes; el diálogo se hace con tensión; surgen problemas de comunicación y de credibilidad; los actores están condicionados por la historia y por la relación; existen terceros que afectan las decisiones; cada parte valora cosas distintas; deben inventar un camino con compensaciones; y de la conversación inicial puede pasarse al entendimiento.

Desarrollo

Se presenta el ciclo *Componentes de la negociación,* de la página 79, donde se explica la diversidad de factores presentes y se hace hincapié en la dificultad de tener en cuenta todos sus matices.

Acciones a seguir

Se divide el grupo en dos y una mitad de los asistentes recibe las instrucciones para Jorge/Jorgelina, el/la cliente; la otra mitad recibe las instrucciones para Juan/Juana, el/la quiosquero/a. Se indica que en 10 minutos se encontrarán en parejas y se les invita a completar la *Hoja de preparación*. Finalizada la conversación, cada pareja recibirá la *Hoja de evaluación* para quc analicen en conjunto sus logros y errores.

Está llegando fin de mes

El papel de Jorge, el cliente / Jorgelina, la clienta

Usted, Jorge/Jorgelina, está llegando a fin de mes, preocupado porque la plata no alcanza. Aprovechando el domingo de sol, va al quiosco preferido de su barrio para comprar un paquete de cigarrillos para su mejor amigo, que lo está ayudando en su casa.

Llega al quiosco, escucha la charla de la vecina, mete la mano en el bolsillo y de un montón de plata que le quedó del sábado a la noche –que era bastante– y que, para ser franco, no tiene la menor idea de cuánto es, le da un billete grande a Juan / Juana, que saca los cigarrillos y guarda el dinero en la gaveta de abajo en donde hay muchos billetes, mientras atiende a otros clientes y le da el cambio.

Siguen conversando, incluso con otro vecino que se agrega a la charla. De repente, algo le hace sentirse incómodo, por lo que hace un alto en la conversación y, sacando el dinero de su bolsillo, lo cuenta, porque no lo había hecho cuando se lo dio Juan/Juana. Medio sorprendido le dice: " ...Pero Juan/Juana, usted me está dando cambio de 10 pesos y yo le di un billete de 20".

De muy buena manera, Juan/Juana le asegura que usted le dio un billete de 10. Y ante su asombro, Juan/Juana lo invita a pasar y le abre la gaveta para mostrarle el billete que dice que usted le dio, pero que ya está mezclado con billetes de 10, de 20 y de 50 de otros clientes, y usted no tiene forma de saber si el billete que él/ella le muestra es el suyo.

Usted confía en Juan/Juana, pero más confía en sí mismo y no quiere quedarse sin el vuelto de los 20 pesos que considera suyo, por quedar bien con una persona que tiene su plata totalmente desordenada en la gaveta. Además, de repente se da cuenta de que no tiene manera de averiguar cuánto dinero tenía en su casa al salir, ni si con las preocupaciones de estos días usted habrá dejado aquel vuelto grande en los pantalones que pidió que le llevaran sin falta a la tintorería el viernes a la noche...

Está llegando fin de mes

El papel de Juan, el quiosquero / Juana, la quiosquera

Usted, Juan/Juana, está llegando a fin de mes, preocupado porque la plata no alcanza. Es un domingo de sol y está conversando con sus dos hermanos, que leen los diarios y comentan.

En eso llega Jorge/Jorgelina, un vecino simpático / una vecina simpática que, sin embargo, lo único que le compra es un paquete de cigarrillos los domingos, escucha la charla con otra vecina que compra golosinas, le pide "lo de siempre", mete la mano en el bolsillo y de un montón de billetes hechos un bollo, muy desordenados, le paga mientras se pasa la mano por los ojos.

Usted guarda el billete en la gaveta de abajo donde hay unos cuantos de 10, de 20 y de 50 –que no ha podido ordenar desde el miércoles–, y le devuelve el cambio, mientras atiende a otros clientes.

Está preocupado por un par de deudas, y siguen conversando, incluso con otros vecinos que se agregan a la charla. De repente, usted advierte que Jorge/Jorgelina se detiene, saca el dinero que usted le dio hace unos minutos, cuenta su vuelto y le dice: "... Pero Juan/Juana, usted me está dando cambio de 10 pesos y yo le di un billete de 20".

De buena manera, usted le asegura que él/ella le dio un billete de 10, y para demostrárselo, lo hace pasar y abre la gaveta para que vea el billete que usted recibió, que sin embargo ya se mezcló con muchos otros. Ahora bien, con total franqueza, usted no puede saber si el billete que le muestra es realmente el que le dio Jorge/Jorgelina, porque usted es bastante desordenado/a.

Usted confía en Jorge/Jorgelina, pero más confía en sí mismo/misma y no quiere perder dinero que considera suyo, por quedar bien con una persona que es muy desordenada.

Además, de repente se da cuenta de que no tiene manera de averiguar cuánta planta tenía en la gaveta, ni si uno de sus hermanos no se habrá quedado con algún billete cuando usted fue a comprar los bizcochos para el té hace 20 minutos...

Nociones a desarrollar al proponer dramatizar este caso

Una negociación se propone mejoras sustanciales en algún aspecto que uno valora por encima de otros.

Es por eso que la preparación se propone definir

- el interés esencial en llevar a cabo la negociación, vale decir, el motivo por el cual se invierten tiempo, recursos y esfuerzos en acercarse a la otra parte;
- los intereses importantes, vale decir, los aspectos que de cumplirse, además del interés esencial, agregarán satisfacción al negociador;
- los intereses accesorios, vale decir, aquellos que pasan a segundo plano una vez identificados el esencial y los importantes, y
- los irrelevantes, vale decir, todos los restantes que, hecho el trabajo anterior, son reconocidos como sin valor alguno.

Ahora bien, en el curso de la negociación, cada parte valora cosas distintas, crece la tensión, surgen problemas de comunicación y de credibilidad. El diálogo se hace difícil, las personas se reconocen condicionados por la historia y la relación, pueden estar presentes terceros que afectan las decisiones, cada situación es singular y pone en evidencia las diferencias entre los sobrentendidos, y se hace cuesta arriba inventar un camino con compensaciones, para progresar de la conversación al entendimiento.

Está llegando fin de mes

Hoja de preparación

Usted se encuentra en una disyuntiva, porque está frente a un conocido con quien intercambia comentarios de buen vecino, pero a su vez es plenamente consciente de que su presupuesto no tiene mucha flexibilidad y este dinero es muy importante para usted.

El encuentro que ustedes dramaticen debe reflejar lo más acabadamente posible lo que usted sentiría en una circunstancia como la descrita en las instrucciones que recibió.

Actúe como quien se encuentra en esta situación y equilibra muchas cosas en su mente, algunas concretas, otras afectivas o emotivas.

Para analizar más tarde cuán efectivo ha sido su desempeño es conveniente que antes de participar en la simulación usted:

- fije ciertos lineamientos, como por ejemplo, ¿sobre la base de qué criterios desea usted llevar a cabo este encuentro?;
- establezca ciertas metas, como por ejemplo, ¿a qué resultado desea llegar?;
- analice qué puede hacer para aprender algo más sobre usted mismo como negociador.

Está llegando fin de mes

Nociones a reforzar al finalizar la dramatización de este caso

El rescate es la parte esencial después de una actividad experiencial de capacitación. Por eso, pase revista con el grupo a cada uno de los elementos que usted señaló al presentar el caso y que normalmente habrán olvidado los participantes al comenzar su actividad lúdica.

Hay quien señala que una negociación exitosa se caracteriza como un proceso de acercamientos sucesivos que finaliza cuando ambas partes entienden que no podrán mejorar su posición aun si siguieran conversando.

¿Puede afirmarse que cada situación es singular?
¿Con qué nivel de tensión se desarrolló el diálogo?
¿Surgieron problemas de comunicación y de credibilidad?
¿En qué medida pesaron la historia y la relación?
¿La existencia de terceros afectó el diálogo?
¿Alcanzó a ponerse en evidencia que cada parte valoraba cosas distintas?
¿Pudieron inventar un camino con compensaciones?
¿Advirtieron si los intereses de las partes eran interdependientes?
¿Se alcanzó a inventar un camino con compensaciones?

Está llegando fin de mes

Hoja de evaluación

1. *Aspectos sustanciales de la experiencia*
   ¿Llegaron a un resultado? ¿Cuál?
   ¿Hubo voluntad de negociar? Si no la hubo, ¿por qué?; si la hubo, ¿cómo surgió?

2. *Pensar estratégicamente*
   ¿Pudo identificar los intereses de su interlocutor / interlocutora?
   ¿Pudieron controlar los puntos potenciales de conflicto?

3. *Crear el ámbito propicio*
   ¿Hubo instancias conflictivas?
   ¿Sobre la base de qué criterios, y en qué momentos, surgieron colaboración y conflicto?
   ¿Cómo calificaría los intercambios verbales?

4. *Negociar consigo mismo*
   ¿Aprendió algo que le sirva para mejorar su capacidad negociadora?

Rescate del aprendizaje

Se vuelve al ciclo de *Componentes de la negociación,* de la página 79 y se invita al plenario a hacer su autocrítica y comentarios.

Profundizar ideas

Este espacio se reserva para ampliar los contenidos de las palabras clave escuchando ejemplos de los asistentes y respondiendo a sus inquietudes.

Conceptos clave

Se desarrollan los siguientes conceptos:

La *agenda / temario* organiza la discusión: se concentra en identificar prioridades, relevar intereses individuales y sugerir abordajes creativos para la solución de los problemas. Puesto que sintetiza las diferencias entre los negociadores, y sobre ellas deberán operar, es importante programar encuentros fuera del recinto formal, y que el clima en ese encuentro sea tan distinto como fuera posible de la atmósfera cargada de tensiones de la negociación en sí.

Los *dos tableros* recuerdan que en toda negociación se opera simultáneamente con partes fuera de la organización y otros de la propia interna. Esto significa que existen restricciones debidas a lo que estarán dispuestos a aceptar los unos y los otros, y para finalizarla con éxito deben contemplarse ambos escenarios.

Los aspectos *culturales* son la dimensión oculta de todo proceso social, porque no se advierten en forma directa pero influyen sobre el comportamiento. Afectan la negociación condicionando las percepciones de la realidad; dejando de lado la información poco familiar o contraria a los supuestos aceptados; atribuyendo significados a las palabras y acciones del otro; y tendiendo a arribar a conclusiones impropias sobre sus motivaciones. Tres factores han de ser tenidos en cuenta: (1) los que aluden a cuestiones sociales, y no individuales; (2) los que se adquieren en el proceso de socialización, y (3) la conciencia de que cada cultura es singular, sea nacional, regional, etaria, organizacional, profesional, etc.

Etapas de la negociación son (a) la preparación, llamada prenegociación, (b) la negociación en sí misma, que incorpora la esencia del tome y traiga, y (c) la posnegociación. Se encarrila articulando cinco pasos: (1) negociar consigo mismo (fortalecer el frente interno), (2) pensar estratégicamente, (3) crear el ámbito propicio, (4) manejar las diferencias, y (5) resolver problemas concretos y asegurar la implementación. Cada una de las etapas se liga en un sistema con las otras, y el ciclo no es unidireccional, ni se empieza por el principio.

Estrategias: incluye 5 opciones. (1) Corresponde *Prevenir: explorar / evitar* cuando no se sabe cuál es el nivel de compatibilidad, se inicia el acercamiento y establece un vínculo; sirve para investigar y ganar tiempo sin comprometerse y se refiere al establecimiento de reglas de juego. (2) Corresponde *disentir: contender / afirmar* cuando se considera que ciertos elementos constituyen una prerrogativa propia, o no serían negociables: en el curso de la negociación se pueden modificar e incluir más o menos intereses. (3) Corresponde *consentir: limitar / conceder* cuando el tema tiene bajo nivel de interés, pero se desea hacer un gesto. Sobreentiende que se analizó la situación, y reconoce qué corresponde al otro. (4) Corresponde *convenir: contemporizar / conciliar* cuando el tema tiene una importancia relativa y se puede colaborar hasta cierto punto con la otra parte. Sobreentiende que se evaluó la situación, los datos y argumentos, que se alcanzó cierto nivel de consenso, y que satisface dividir costos y beneficios. (5) Corresponde *avenirse: desarrollar / ampliar* cuando se desea contribuir para operar en forma sostenida y conjunta en temas de mucha importancia. Se intenta cuando el tema es de especial interés, y se advierte que sin la otra parte no podría alcanzarse el beneficio deseado. Alude a la construcción de un vínculo, a cimentar en el tiempo, que permitirá sobrellevar dificultades.

Tácticas son los medios elegidos para lograr un fin; en negociación aluden a los trucos y las triquiñuelas a las que se apela para sacar ventaja. A menudo incluyen el engaño y la manipulación, con lo cual llevan a prácticas contenciosas y son más previsibles en las etapas de *Prevenir* y *Convenir* que cuando se ingresa al campo del *avenirse.*

Reciprocidad se basa en el principio por el cual las personas actuarían de la misma manera en que se los trata, por lo que el negociador y sus contrapartes esperan que actúe el otro; cuando se comprueba esta expectativa, el proceso se extiende; de no hacerse, puede apelarse a conductas de sanción. Actuar a la recíproca es entender que las concesiones serán correspondidas, y es un elemento central de la etapa de prenegociación en la cual, de manera explícita e implícita, se coordinan las expectativas que regularán el intercambio, para lo cual se fijan ciertas reglas.

Actividad "Parque Echegoyen"

Parque Echegoyen es la última actividad de este taller. Los asistentes tendrán ocasión de aplicar lo que fueron incorporando. Puesto que es un ejercicio exigente, deberán prestar especial atención al control de las emociones y a la identificación de intereses, y decidir cómo aplicar las estrategias de la negociación estratégica.

Razones para incorporar esta actividad

La negociación entre dos personas en torno a un solo asunto es desde ya complicada. Pretender negociar entre varios exige un mayor nivel de preparación, y manejo de la tensión y de las diferencias.

Desarrollo

Se repasan y refuerzan las ideas del esquema de intereses y del diagrama de las cinco estrategias.

Acciones a seguir

Se divide al grupo en 5 equipos de 3 o 4 personas cada uno, y se dan a elegir, boca abajo, las instrucciones de cada equipo, para que se sepa que el azar juega un papel en la asignación de roles. Se leen en voz alta las Hojas 1 y 2, de modo tal de cumplir la secuencia de tiempos en forma rigurosa. Se dibuja el *Registro de la propiedad* (de cuatro columnas: Lote, Comprador, Vendedor, Condiciones) para ir llenándolo en la etapa de la negociación. Los equipos se desempeñan con autonomía del instructor, que solo recuerda los tiempos, y en la etapa de negociación anota las transacciones en el *Tablero del registro de la propiedad.*

Rescate del aprendizaje

Parque Echegoyen permite observar con buen humor gran parte de los procesos destacados en los dos días de taller, y el instructor deberá decidir sobre cuáles hacer hincapié de modo de atender los objetivos acordados para la capacitación. Se aclara que las instrucciones para cada empresa se sortearon boca abajo porque quienes reciben las de Inmobiliaria Justo se encuentran ante una disyuntiva delicada, que implica el uso de información reservada.

Es usual que algunos grupos no cierren ninguna operación en el plazo asignado, que muchos reclamen minutos extras para cerrar alguna operación y no irse frustrados. El instructor distinguirá entre operaciones de trueque, el desarrollo de transacciones entre tres o más grupos haciendo jugar intereses y divisas, y las dificultades de la constitución de un *Comité de vecinos.*

El instructor rescatará las ideas que, a su juicio, más puede aprovechar ese grupo de la experiencia, coordinará la ronda de evaluación e invitará a los asistentes a completar la Hoja 3 de su evaluación personal.

Parque Echegoyen

Instrucciones generales

A 35 km de la capital de la provincia, en terrenos altos, se encuentra el loteo de Parque Echegoyen –que hace años fuera el caserío Villa Carozo–, en una zona agreste en la que la firma ***Cerámicos Industriales SA*** hizo una primera inversión importante hace tres años y en la que tiene una operación exitosa que ocupa a 400 personas, con una producción en dos turnos de la cual el 40% es exportado. En la zona hay pocas construcciones y el personal es traído a fábrica y llevado a sus hogares al terminar su turno, en autobús.

La planta está montada sobre cimientos en construcciones modulares, lo que permitiría un amplio nivel de flexibilidad en caso de relocaciones, y la Dirección piensa consolidar su operación, ya que existen ventajas competitivas significativas en la zona.

Hay provisión de agua, pero el abastecimiento de energía y el de gas son limitados, por lo que se invirtió en grupos electrógenos para dar autosuficiencia a la planta y generar superávit para proveer de electricidad a la futura comunidad. Además, la ruta de doble mano que une a Parque Echegoyen con la capital –una ciudad de 250.000 habitantes–, situada al norte, y que continúa al sur hacia Tronco Muerto, sigue el curso del río, es afirmada, aunque tiene muchos baches, y está entre las columnas de lotes 5 y 6, mientras que el ramal de carga del tren, que va de este a oeste, está ubicado a 100 metros de la fábrica, hacia el norte.

En Parque Echegoyen la tierra tiene pocas ondulaciones, una barranca junto a un río navegable con playa y buena pesca. Es un lindo lugar de esparcimiento. Los campos vecinos son de gente de la zona y tienen rindes adecuados, aunque no han sido explotados con técnicas modernas.

Otros cuatro grupos han mostrado interés en la zona: compró lotes la ***Inmobiliaria Justo*** de Tronco Muerto; ***Arquitectos Asociados*** realizó un primer análisis sobre las posibilidades de crecimiento del pueblo, a raíz de la amistad de uno de sus socios con el superintendente de Producción; la escuela bilingüe ***San Jorge Day School*** de la capital tiene tierras que usa solo para realizar campamentos; y ***Fiumicino e Hijos***, un grupo propietario de una cadena de supermercados, consciente del potencial de desarrollo en caso de poder lotearse con buen criterio, adquirió una extensión de varias hectáreas. Es importante saber que las parcelas son de 4 hectáreas cada una y tienen una base imponible similar.

La intención es desarrollar negociaciones que contemplen metas de corto, mediano y largo plazos, distinguiendo los proyectos específicos de cada grupo, de otros que tomen la forma de asociaciones, y quizás exista lugar para la creación de una sociedad vecinal que asuma el desarrollo conjunto de la zona en el marco de un Plan Municipal.

Los datos que recibirán por empresa son indicativos, y en caso de agregar información no incluida en estas instrucciones, asegúrense de que todos los otros equipos las tengan. De la misma manera, los objetivos que se les sugieren son solo indicativos y convendría que fijen los suyos en función de la información que vayan recogiendo.

Por favor limítense, en sus tratativas, a usar la información incluida en estas páginas.

Parque Echegoyen

Instrucciones para los directivos de CERÁMICOS INDUSTRIALES SA

Ustedes son los directivos de ***Cerámicos Industriales SA***. Los lotes que poseen se valorizaron últimamente: hace unos años los compraron a bajo precio y para su planta solo necesitan tres lotes linderos. Esto les permitiría ampliar las facilidades en el próximo semestre, porque la exportación exige volcar utilidades en una inversión significativa. Este es su interés principal, y si lo pudieran realizar a menores costos, tanto mejor.

Además de la parcela M6, en la que se ubica la planta fabril, las parcelas N6, P7 y P8 son propiedad del accionista principal, que está comprometido con la ampliación.

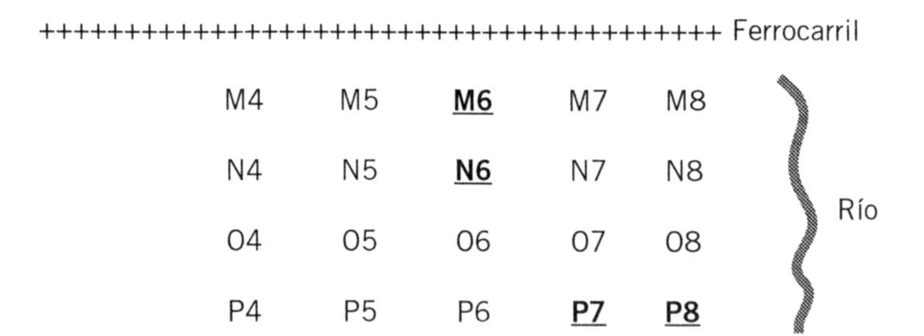

Han hecho un plan de inversiones razonable, y la calidad de sus productos garantiza las ventas del próximo año en el país y en el exterior, lo que les brinda mucha tranquilidad. Querrían ampliar la planta, porque prevén necesidades de reordenamiento físico que mejore la distribución interna, manteniendo la cercanía de la fábrica con vías rápidas de acceso a la capital, ya que, en la actualidad como en el futuro mediato, el abastecimiento se realiza por ferrocarril y ruta. Como el superintendente de planta es amigo de uno de los arquitectos, seguramente será positivo consultarlos sobre la urbanización que proyectan ellos.

Ustedes poseen reservas a asignar al proyecto, y los terrenos cercanos se valorizarán en la medida en que la zona atraiga nuevos emprendimientos. Hoy cada parcela está evaluada en U$S 200.000, su precio histórico promedio.

Ínterin, les preocupa seriamente el problema de la contaminación: el polvillo cerámico ya provocó más de un disgusto en quienes pasan por la zona y esto se agravará en caso de que deseen aprovechar sus atractivos turísticos. Calculan que los filtros electrostáticos para evitar la polución requerirán una inversión de alrededor de U$S 150.000, ya contemplada en su presupuesto.

Se descuenta que algunos propietarios de parcelas querrán desarrollar una sociedad para darle realce a la zona. Esto plantea ventajas y desventajas, ya que se valorizarían las tierras, cambiarían los códigos de planeamiento urbano, se debería atacar el asunto de la polución, aumentarían los impuestos, etc.

Al planear sus acciones, valoren cada opción que se les abra para su consolidación y crecimiento, *pero no olviden establecer qué hacer en caso de que alguno de los otros grupos empresarios con quienes a ustedes les convendría llegar a un entendimiento, no desease negociar con ustedes.*

Parque Echegoyen

Instrucciones para los directivos de INMOBILIARIA JUSTO

Ustedes representan a los directivos de ***Inmobiliaria Justo***, cuyo campo central de operaciones está en Tronco Muerto, población que decae, a pesar de poseer razonables servicios, y cuya capacidad inmobiliaria está casi saturada. Gracias a distintas operaciones, se quedaron con cuatro terrenos en Parque Echegoyen, que se están valorizando, y hoy cada parcela está valuada en U$S 200.000. En Tronco Muerto, sin embargo, no son propietarios de ninguna parcela.

Ustedes son poseedores de las parcelas que están marcadas con negrita:

++ Ferrocarril

M4	M5	M6	M7	M8	
N4	N5	N6	N7	N8	Río
O4	O5	**O6**	**O7**	O8	
P4	P5	P6	P7	P8	

Por ser antiguos residentes de la zona –esencialmente ustedes siempre fueron comisionistas de compra-venta–, tienen excelentes contactos políticos y han recibido la total seguridad de que en un futuro muy cercano se construirá la nueva ruta nacional de doble mano con criterios modernos, que pasará por el centro de los lotes M7, N7, O7 y P7: ocupará aproximadamente 60 metros, dejando 70 metros libres a cada lado. Este desplazamiento del eje hacia el este sigue la traza de la ruta que une a la capital con la vieja población de Tronco Muerto.

Por lo tanto, la franja central de los cuatro terrenos –de aproximadamente 60 metros de ancho– será declarada de interés público y expropiada, y se indemnizará a sus dueños a valores de mercado, lo que prevé un aumento del 20% con respecto al valor actual. Se puede predecir que en el futuro, si se urbanizara aunque fuera parcialmente la zona, el valor de los lotes subiría aún más. La noticia de la nueva carretera aún no se ha divulgado y cuando se conozca se hará difícil comprar esas parcelas a precio razonable. Adquirirlas es su interés principal. Por si les preguntan, sepan que el trazado de la ruta no cambiará en el trayecto que pasa por Tronco Muerto.

Su actividad tradicional es participar de las transacciones limitándose al negocio financiero. Sin embargo, se abren otras opciones, porque la planta fabril está en M6, y la preocupación de todos se concentra en problemas derivados de la contaminación ambiental, por el polvo que produce y que puede desalentar a futuros inversores; y, además, ¿qué sentido tiene que la fábrica esté tan cerca del río? Por otra parte, cabe la posibilidad de crear un pequeño centro urbano en O6 y O7, parcelas que ya poseen.

Por diversos motivos ustedes no tienen capacidad de financiar operaciones.

Al planear sus acciones, valoren cada opción que se les abre para su consolidación y crecimiento, *pero no olviden establecer qué hacer en caso de que alguno de los otros grupos empresarios con quienes a ustedes les convendría llegar a un entendimiento, no desease negociar con ustedes.*

Parque Echegoyen

Instrucciones para los directivos de ***Arquitectos Asociados***

Ustedes son hermanos, se llevan bien y dirigen ***Arquitectos Asociados.*** En herencia recibieron terrenos en lo que era Villa Carozo, pero nunca se preocuparon por ellos, un poco porque el nombre les provocaba rechazo. Tenían trabajo en dirección de obras y hasta hace poco lo normal era cobrar un honorario del 15% del total del valor de la obra. Sin embargo, desean investigar si es posible hacer un pueblo modelo que atraiga más gente al lugar, ya que además ustedes son propietarios de seis terrenos en el mismo partido, 6 kilómetros río abajo, en Tronco Muerto, población tradicional que decae, a pesar de contar con una red razonable de servicios y donde viven 16.000 personas. Sus terrenos en Tronco Muerto se encuentran en una zona donde el acceso al río está obstaculizado y desmalezarlo requeriría una pequeña inversión, pero ¿acaso no podría convencerse a los dueños de la fábrica de trasladarse a esa zona?

Hay muchas opciones: desearían urbanizar y transformar todo el conjunto en un parque –es su interés principal–, o bien construir un complejo habitacional que favoreciera a la fábrica, para lo cual la buena relación con el superintendente de la planta es un factor positivo. Para que la rentabilidad fuera adecuada necesitarían desarrollarlo en terrenos de entre 4 y 6 parcelas, bien ubicadas y contiguas. Si pudieran conseguir los fondos para financiar 6 casas modelo, calculan que el 20% de los obreros comprarían lotes. El diagrama esbozado muestra que ustedes lograrían ubicar entre 40 y 50 viviendas por manzana.

Ustedes son poseedores de las parcelas que están marcadas en negrita:

++ Ferrocarril

M4	M5	M6	M7	M8	
N4	N5	N6	**N7**	**N8**	
O4	O5	O6	O7	O8	Río
P4	**P5**	**P6**	P7	P8	

Su estudio de arquitectura cuenta con un equipo selecto de profesionales, y saben que en la región el viento sopla predominantemente de este a oeste. Por último, los terrenos que poseen en Tronco Muerto tienen un valor que representa la mitad del de los de Parque Echegoyen y su crecimiento quizás esté garantizado por los rumores de que allí se instalará una central de logística de distribución. Además, alguna vez mejorarán la ruta, que está llena de pozos. Cada parcela en Parque Echegoyen está valuada en U$S 200.000 y la planta fabril ocupa la parcela M6.

Al planear sus acciones, valoren cada opción que se les abre para su consolidación y crecimiento, *pero no olviden establecer qué hacer en caso de que alguno de los otros grupos empresarios con quienes a ustedes les convendría llegar a un entendimiento, no desease negociar con ustedes.*

Parque Echegoyen

Instrucciones para los directivos de SAN JORGE DAY SCHOOL

Ustedes son los directivos del ***San Jorge Day School***, prestigiosa escuela de la capital cuyos dueños compraron los terrenos hace años para hacerle un favor a un amigo que estaba en apuros y hoy se vanaglorian de su visión empresaria. Poseen las parcelas marcadas en negrita, en ninguna de las cuales hay construcción alguna: dos veces al año ustedes utilizan las parcelas N5 y O5 para hacer campamentos y como campo de deportes, y con muy poca inversión las han podido mantener en buen estado. En esas ocasiones ponen grandes carpas, ya que no tienen instalaciones en el lugar.

++ Ferrocarril

M4	M5	M6	**M7**	**M8**	
N4	**N5**	N6	N7	N8	Río
04	**05**	06	07	08	
P4	P5	P6	P7	P8	

Descuentan que los terrenos se seguirán valorizando porque se habla de una nueva ruta que va a pasar por el pueblo. Esto los alegra, porque podría incentivar inversiones, ya que seguirán subiendo los precios de las tierras, y ustedes podrían armar un club de campo donde convocar a torneos deportivos intercolegiales, y además ofrecer oportunidades de descanso a las familias de los alumnos y ex alumnos que permanecen fieles a su querido colegio: este es su interés principal.

De poder elaborarse un proyecto atractivo, cerca del río, quizás en la zona norte, ustedes calculan que unas 60 familias podrían tener interés, y ya uno de sus profesores hizo un estudio del tejido urbano típico de una villa inglesa, con casas estilo Tudor, divididas por cercos bajos. Destacaba que para ello sería imprescindible separar la zona residencial de la industrial.

Los impuestos han ido aumentando, sin embargo, y ustedes tomarán la decisión de vender terrenos y construir unas aulas más en la escuela, lo que no es realmente necesario; o bien reunir cuatro a seis parcelas, como mínimo; y hacer un loteo con la idea del club de campo. Como la escuela tiene buenas utilidades y reservas financieras, podrían hacer la inversión inmobiliaria sin exponerse innecesariamente. Para ello sin embargo, deberían elegir muy cuidadosamente las parcelas capaces de atraer a sus clientes.

Cada parcela está valuada en U$S 200.000 y la planta fabril ocupa la parcela M6.

Al planear sus acciones, valoren cada opción que se les abre para su consolidación y crecimiento, *pero no olviden establecer qué hacer en caso de que alguno de los otros grupos empresarios con quienes a ustedes les convendría llegar a un entendimiento, no deseasen negociar con ustedes.*

Parque Echegoyen

Instrucciones para los directivos de FIUMICINO E HIJOS

Ustedes representan a los directivos de ***Fiumicino e Hijos.*** Su actividad comercial y su filosofía de austeridad les han dado beneficios superiores a los esperados, nunca han gastado en lujos, y por el contrario, han sabido invertir en tierras. Su solidez económico-financiera les da acceso a importantes líneas de crédito bancario para inversiones.

En Parque Echegoyen, ustedes poseen las parcelas marcadas en negrita:

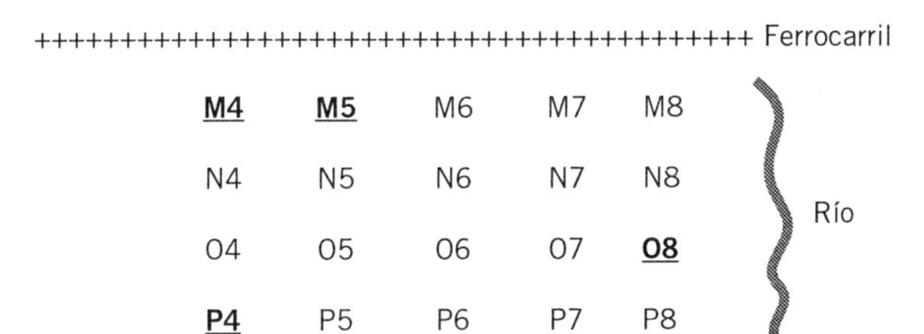

Obtuvieron estos lotes como pago de deudas de un cliente y, puesto que pasan la mayor parte del día en sus supermercados en la capital, y ese negocio marcha solo, están evaluando con mucho interés la posibilidad de un nuevo proyecto ambicioso en una zona con excelentes posibilidades turísticas. Aplican el *planeamiento estratégico*, lo que les permite fijarse metas a mediano plazo y saber que las inversiones de corto plazo deben estar alineadas con su visión de futuro. Por otra parte, nada obsta para que inviertan en otras localidades.

Luego de un cuidadoso estudio, han decidido que el crecimiento de la región pasa indefectiblemente por Parque Echegoyen y comenzarán su desembarco en esta zona abriendo un pequeño supermercado para proveer al comedor de la fábrica, y a medida que mejore la situación del pueblo, porque se dice que van a construir una nueva carretera, están convencidos de que convendrá edificar un centro comercial moderno, del tipo que aún no hay en la provincia, ya que las familias ricas de la capital tienen sus chalets de fin de semana a menos de 15 minutos en coche del futuro "Parque", como se está empezando a llamar la zona. Otra opción sería utilizar la región para inaugurar su nuevo Centro de Logística y Distribución en lo que ya emerge como su interés principal.

En ese caso, querrían elegir muy bien el emplazamiento, con cuatro parcelas como mínimo, para garantizar amplio espacio para estacionamiento, y eventualmente, más adelante, agregar un par de cines. Cada parcela está valuada en U$S 200.000 y la planta fabril está en M6.

Al planear sus acciones, valoren cada opción que se les abre para su consolidación y crecimiento, *pero no olviden establecer qué hacer en caso de que alguno de los otros grupos empresarios con quienes a ustedes les convendría llegar a un entendimiento, no desease negociar con ustedes.*

Parque Echegoyen

Hoja de preparación

Acuérdense de que para justificar el esfuerzo intelectual y de paciencia de la negociación, al final deberá haber mejorado su posición inicial. Por ello cumplan los siguientes pasos.

1. Pensar estratégicamente

Tienen 20 minutos para leer sus instrucciones y ubicarse: para hacerlo mejor, mientras van leyendo sus instrucciones anoten qué saben y, sobre todo, *qué preguntas necesitan hacer a los otros, para complementar una visión del caso*, en especial cuáles intuyen ustedes que son los intereses, divisas y restricciones de los otros negociadores. Y *posterguen todo proyecto y toda inferencia* que no esté basado en información certera.

2. Crear el ámbito propicio

Su objetivo para los próximos 30 minutos es relevar información. Puesto que ninguno de ustedes tiene más que el 20% de la información existente, salgan a preguntar y a escuchar. Cuídense de entusiasmarse con recolecciones incompletas de datos y nombren a un secretario que concentre toda la información necesaria para tomar decisiones en su equipo.

3. Pensar estratégicamente ahora que tienen información

Ustedes ahora *ya saben lo que les dijeron*: no saben lo que *no* les dijeron. Aun así, tienen 15 minutos para completar su *Hoja de preparación*. Será vital que en ella establezcan un ordenamiento de intereses

para la negociación. Las preguntas clave son: "¿Cuál es nuestro interés principal? ¿Cuál es nuestro negocio?". Como la etapa de negociación tendrá una duración de 30 minutos, fíjense metas ambiciosas pero alcanzables: cuídense mucho de fijar objetivos imposibles de lograr en ese lapso.
Sean firmes, no intransigentes: tendrán poco tiempo, por lo que sugerimos que elijan con quiénes parece factible negociar y posterguen situaciones que pueden entorpecer el alcance de sus metas.
plan de contingencia.

4. Manejar las diferencias, resolver problemas concretos y asegurar la implementación
Tienen 30 minutos para negociar acuerdos: *sean conscientes de que cada acuerdo modifica el esquema con el cual venía uno operando hasta ese momento.* Por otra parte, cada operación debe ser consignada en el Registro de la Propiedad, que cerrará indefectiblemente en 30 minutos.

5. Análisis del ejercicio
Tendrán 30 minutos para analizar críticamente su gestión, en función de pautas establecidas. Cada tanto pregúntense si tienen claros cuáles son sus intereses y cómo se corresponden con sus fortalezas.

Parque Echegoyen

Hoja de preparación

1. Aspectos sustanciales de la negociación
Enumeren sus intereses y colóquenlos en orden, para concentrarse en los esenciales e importantes.
Identifiquen sus divisas, así como las de cada uno de los otros que los podrían favorecer.
Hagan listas de campos de acción en los que puede aparecer información que los sorprenda.

2. Aspectos interpersonales de la negociación
Definan el tipo de reputación que desean crear.
Anoten la información que necesitan para llegar a cumplir sus propósitos.

3. Sugerencia operativa
Nombren a una persona de su equipo para registrar todas las operaciones acordadas con otros, incluyendo transacciones, contratos, acuerdos, etcétera.

Parque Echegoyen

Hoja de evaluación

1. Aspectos sustanciales de la negociación

¿Pudieron enumerar sus propios intereses y llegar a colocarlos en orden, para concentrarse en aquellos que para ustedes eran los esenciales e importantes?
¿Pudieron identificar sus propias divisas y utilizarlas, así como descubrir qué divisas de cada uno de los otros equipos los podrían favorecer a ustedes?
Si así fue, ¿cuán equilibrado fue el establecimiento de objetivos de negociación al inicio?
A medida que se desarrolló la negociación, ¿apareció información que los sorprendió y que los obligó / estimuló a modificar sus aspiraciones?
¿Tomaron en cuenta que un objetivo suyo podía no ser correspondido por otros equipos?
¿Llegaron a un buen resultado? ¿Habían establecido objetivos de mínima y el ideal?

2. Aspectos interpersonales de la negociación

¿Cómo calificarían el nivel de credibilidad y de confianza que alcanzaron con cada uno de los otros equipos?
¿Pudieron recoger información para llegar a mejores acuerdos?
La creatividad, ¿se sumaba a un pensamiento estratégico, o era errática e impulsiva?

3. Negociar consigo mismo

¿Qué debería tener en cuenta *usted* si se propusiera mejorar su capacidad negociadora?

Diseño del Taller B de Negociación

Detalle de tiempos – Taller sobre estilo personal en la negociación

Horario	Proyecto	Descripción de contenidos / acciones
1. 09:00	Objetivos y consignas. Expectativas y *Test de evaluación del propio estilo de negociación.*	Ronda de expectativas. A medida que las personas se van presentando, incluir conceptos de estilos de negociación.
2. 09:45	Selección de ideas clave de la *Negociación estratégica.* Hincapié en estilo personal.	Trabajo en plenario.
3. 10:00	Caso: *El viaje del Patagonia*	Lectura y debate en torno a la definición rescatando las conductas del negociador, como persona que parte de una situación de conflicto, la atiende e incluso amplía el panorama para fortalecer las relaciones.
11:00	Café.	
4. 11:15	Ejercicio: *¿Cómo negocian los de acá?*	Trabajo individual que se se vuelca en mesas al plenario para el debate. Peso de la estructura social y de la historia sobre las conductas.
5. 12:15	Síntesis sobre factores culturales y su influencia en el proceso de la negociación.	Hoja de trabajo: recolección individual con equipos analizando componentes de negociaciones en las que se reducen los componentes extorsivos, se maximizan los distributivos, se incluyen los constructivos.
13:00	Almuerzo.	
6. 14:30	Ejercicio: *Mi territorio, tu territorio.*	Trabajo dramático en equipo, por rondas. Nociones de mandante, negociador y apostadores / adherentes.
7. 15:15	Recuperación de las ideas centrales de la jornada.	Ejemplos de diversos tipos de situaciones y análisis de situaciones engorrosas de los participantes.

15:30	Café.	
8. 15:45	Competencias del negociador.	Desarrollo de una *Hoja de trabajo* para definir las competencias de negociación requeridas en un cargo determinado por el asistente.
9. 17:30	Rescate del aprendizaje derivado de la jornada, y evaluación en *Hojas de trabajo* personales.	Diálogo y aclaraciones en torno a las preguntas surgidas de los ejercicios.

Por favor, lea las consideraciones sobre preparación. En el caso de este taller, el facilitador debe asegurarse de contar con espacio amplio y sin muebles para desarrollar el ejercicio *Mi territorio, tu territorio*, así como con la cinta de pintor para llevarlo a cabo. Al comenzar, se siguen las prácticas sugeridas y se presentan los *objetivos* y *consignas*.

Sobre la base del diseño adjunto usted podrá desarrollar un Taller de Negociación estratégica en el que se haga hincapié en temas de comunicación. Este diseño es viable en la medida en que los asistentes hayan participado del Taller A, o de otra actividad en la que se hayan presentado las ideas centrales de la Negociación estratégica. En estas condiciones la intención es seleccionar entre:

- fortalecer el papel reflexivo y proactivo del participante en situaciones de conflicto potencial;
- ampliar su capacidad de negociación a través de herramientas acordes con los requerimientos de su desempeño, y de criterios de desarrollo y de apoyo sistemático a los efectos de ampliar su espectro de conductas;
- mejorar los resultados del participante, aprovechando oportunidades, en el marco de sus propios valores, políticas y sistemas operativos;
- fortalecer la relación entre las partes, para facilitar el desarrollo de futuros encuentros;
- desarrollar prescripciones para la actividad profesional cotidiana en su medio;
- que el participante aprenda a defender los propios principios e intereses en situaciones de alta conflictividad.

Actividad "Test de evaluación del propio estilo"

Para relevar las expectativas e involucrar a los participantes, se incorpora el *Test de evaluación del propio estilo de negociación,* que se reparte, se reservan 10 minutos para que se complete a nivel personal, y una vez terminado, se pide que cada uno mencione qué espera recibir en esta actividad.

Con los datos que se van reuniendo, se pondrá énfasis en cómo las personas se forman en la medida en que aprenden a fijar metas, a diferenciarlas, a elaborar acercamientos y reglas consigo mismas y con otras, para actuar en consecuencia. Se indica que este es un proceso en el que participan cuestiones racionales y emocionales, consideraciones de corto y largo plazo, temores y autoestima, etc., elementos que se podrán reconocer y sopesar en el transcurso del taller y sobre los cuales se invita a interrumpir no bien surja una pregunta.

Fischer, Ury y Patton distinguen negociadores duros, débiles y equilibrados. Por ejemplo:

	Los duros	*Los débiles*	*Los equilibrados*
Los participantes	Son antagonistas	Son amigos	Deben solucionar un problema
El objetivo	Es la victoria	Es lograr un acuerdo	Es lograr un resultado sensato en forma eficiente
Las concesiones	Hay que exigirlas	Hay que darlas	Separe a las personas del problema
Las posiciones	Manténgalas	Cámbielas	Concéntrese en los intereses

Definir las competencias requeridas del negociador

El siguiente cuestionario sirve de base para definir las competencias requeridas de negociación para el ejercicio de su puesto. El participante puede analizar su nivel actual de conocimientos en los aspectos críticos de su gestión.

Razones para incorporar esta actividad

Cada función se desempeña mejor en la medida en que el ocupante tenga destrezas de negociación. Sin embargo, estas son diferentes en cada caso y es conveniente explicitarlas para evaluar el nivel actual, el nivel requerido y las acciones a través de las cuales se irán adquiriendo.

Por otra parte, si desea diseñar la herramienta según un caso específico, reescriba este cuestionario para adecuarlo a su necesidad, redactando de forma ajustada cada ítem, eliminando alguno, agregado otros, y poniendo un ejemplo de lo que constituiría un nivel excepcional de desempeño.

Desarrollo

Se entregan los cuestionarios y, según la ocasión, se invita a responder en forma anónima, o bien se comparten los perfiles por mesas, una vez completados.

Acciones a seguir

Al contrastar diversos perfiles, se alienta a los participantes a que aporten ejemplos de prácticas duras, blandas y equilibradas, así como los resultados de corto y mediano plazo ligados a esas conductas.

Rescate del aprendizaje

Al contrastar las opiniones de los participantes, se conversará en torno al esquema de negociadores duros, blandos y equlilibrados, con referencia al ámbito donde se desarrolla la actividad.

Es conveniente partir de casos difíciles para señalar las ventajas de operar en forma equilibrada.

Definir las competencias requeridas del negociador

Desarrollo

1. Me considero una persona que actúa correctamente.
   a. ¿Se observa este comportamiento? Poco Mucho
   b. Dé un ejemplo que corresponda a un nivel 5 de evaluación

De aquí en adelante, repetir la modalidad de respuesta del ítem 1 en todos los otros.

2. Pienso que la reputación es un tema crítico para el negociador.
3. Me aseguro de que mis colegas y contrapartes actúen con honestidad.
4. Me comunico en forma clara y concisa.
5. Me considero un negociador efectivo y persuasivo.
6. Mis escritos tienen nivel profesional.
7. Creo ser un buen líder de equipo.
8. Los equipos que dirijo exceden los desempeños pedidos.
9. Sé cómo diferir cuando es necesario para resolver un problema.
10. En una negociación encaro el conflicto, no la persona.
11. Conozco el valor de las estrategias y de las tácticas y las sé usar.
12. Normalmente alcanzo los resultados financieros esperados en mis negociaciones.
13. Conozco técnicas de estimación de costos y precios, y sé aplicarlas.
14. Manejo criterios y herramientas contables y las sé utilizar.
15. Sé cómo preparar, desarrollar y cerrar una negociación.
16. Tengo experienca en la aplicación de la informática a la compra y venta de productos y servicios.
17. Sé analizar un problema y tomar una buena decisión.
18. Domino los aspectos legales de una transacción negociada.
19. Soy experto en los productos y servicios de nuestra compañía.
20. Se me considera un experto técnico en varios campos.
21. Pienso que mi criterio de negocio es el que se espera de mí.
22. Tengo una actitud excelente en Servicio al Cliente.

Selección de las ideas clave de la Negociación estratégica

A partir de las necesidades de formación de los asistentes, el facilitador elige dos conceptos clave que desea enfatizar en el curso de la jornada. Es conveniente mencionar cuestiones tales como: (a) si es posible desarrollar habilidades de negociación o si solo algunos estarían capacitados; (b) si en ámbitos como los de nuestra región no sería ingenuo intentarlo; (c) si es posible negociar en condiciones de marcada asimetría, etc. Estas preguntas surgen comúnmente y el facilitador se habrá preparado para brindar ejemplos que lo afirmen y prescripciones para hacerlo, o retirarse con aplomo.

Actividad "El viaje del *Patagonia*"

El caso refiere una situación real y pone en evidencia la actividad paciente y firme en defensa de los propios intereses en una situación compleja. Como toda actividad en capacitación de adultos, el facilitador debe tener en cuenta cuatro pasos, a saber: (a) el motivo por el cual incorpora esa actividad en ese momento; (b) la forma en que se ha de desarrollar; (c) las acciones que deben seguir los participantes; y (d) el rescate del aprendizaje.

Razones para incorporar esta actividad

Sin duda, la mejor forma de aprender a negociar es negociando. Sin embargo, uno aprende también escuchando a personas que lo hacen y están dispuestas a relatar experiencias en forma sucinta y veraz, y a analizar críticamente su gestión: el caso del *Patagonia* muestra una situación en la que parecía improbable que las personas alcanzaran sus cometidos, y lo hicieron de manera simple y correcta. Esto se debe a que (a) abordaron una situación de conflicto potencial, como si fuera un problema; y que (b) una persona asumió la responsabilidad de lograr un objetivo cuando otros de su misma cultura lo hubieran considerado inadecuado o imposible. Al efecto de este ejercicio, definimos un *problema* como una situación en la que se produce un desvío que no permite acceder a un resultado, y un *conflicto,* como una situación en la que los objetivos encontrados superan a los objetivos compartidos por los antagonistas.

Desarrollo

Entregar copias de *El viaje del* Patagonia, con su Hoja de trabajo a cada asistente y pedir que lo lean, discutan en su mesa y respondan a las preguntas del caso rescatando las acciones emprendidas.

Contenidos sugeridos para la Hoja de trabajo. De la lectura del caso del *Patagonia* puede debatirse en torno a: ¿en qué medida refleja una negociación? ¿Cómo redefiniría usted un proceso de negociación en sus propias palabras? ¿Qué elementos incluye que se aproximan a lo que se conoce como problema? ¿Qué elementos incluye que se aproximan a lo que se conoce como conflicto? ¿Cómo muestra este caso las conductas que atribuimos a un buen negociador?

Acciones a seguir

Tras la discusión en las mesas, se reúnen las ideas, se las somete al escrutinio del grupo y se recogen las preguntas a responder.

Rescate del aprendizaje

El viaje del Patagonia muestra el desarrollo de una negociación de una parte, en torno a un objetivo. Es una negociación simple, aunque incluye elementos de cierta complejidad: cambian los interlocutores, existe una interna.

Actividad "¿Cómo negocian los de acá?"

El proceso de negociación tiene elementos universales, ya que ante una situación conflictiva, las partes tienen la opción de adoptar conductas (a) belicosas, (b) colusivas, (c) de acomodación, (d) de aceptación a regañadientes, (e) negociadoras, o alguna combinación de ellas. Sin embargo, existen elementos estructurales e históricos que, en cada cultura, predisponen a los actores a inclinarse por unas u otras.

Razones para incorporar esta actividad

Esta hoja de trabajo invita a reflexionar con calma en torno a los elementos personales / sociales que favorecen u obstaculizan el desarrollo de procesos colaborativos de resolución de problemas y conflictos.[40]

La negociación descuenta que las partes, al inventar un desenlace, aplicarán alguna complementación de prácticas competitivas y cooperativas para llegar a una mejor satisfacción de sus intereses.

Desarrollo

Se entrega *la* Hoja de trabajo *¿Cuál es la forma habitual de negociar en este lugar?* a la mitad de los participantes, y la Hoja de trabajo *¿Cómo sugiere usted negociar en este lugar?* a la otra mitad.

40. Pfeiffer, J. William, y Jones, John E.: *A handbook of structured experiences for human relations training.* Pfeiffer & Co, San Diego, CA. 1981.

Acciones a seguir

Los asistentes trabajan en sus mesas, a nivel individual al comienzo, sin conocer que la otra mitad recibió el mismo cuestionario con otras consignas, debiendo más tarde reunir las mesas para contrastar las preguntas clave en plenario.

Rescate del aprendizaje

Se ordena la recuperación de las ideas reunidas, avanzando con cuidado pregunta por pregunta. No es inusual que en Latinoamérica primen las aseveraciones negativas o melancólicas en torno a la posibilidad de trabajar con los criterios de la Negociación estratégica.

La mitad de su grupo respondió bajo la consigna "¿Cuál es la forma habitual de negociar en este lugar?; mientras que la otra mitad contestó a la consigna "¿Cómo sugiere usted negociar en este lugar?". Conversen sobre cada ítem del cuestionario analizando en qué casos siente uno que su forma de negociar es igual, o no, a lo que uno recomendaría hacer.

En una negociación, ¿es mejor sobrentender que la gente es buena o mala?

El propósito de la negociación, ¿es un acuerdo o la victoria?

¿Es correcto hacer concesiones para mejorar la relación o pedirlas para crear la relación?

Ante la gente y el problema, ¿es mejor ser conciliador o ser inflexible?

¿Es conveniente confiar o desconfiar?

¿Es bueno cambiar fácilmente la posición o es mejor fijarla y no modificarla?

¿Prefiere hacer ofrecimientos o lanzar amenazas?

¿En qué condiciones sugeriría revelar o engañar, sobre su límite máximo?

¿Es mejor aceptar, o exigir pérdidas de una de las partes para llegar a un acuerdo?

¿La negociación busca la respuesta que aceptarán ellos, o procura la que uno desea?

¿Es mejor insistir en el acuerdo, o mantener la posición?

¿Recomienda evitar, o tratar de ganar la lucha de voluntades?

¿Sugiere ceder a la presión cuando la aplica el otro, o aplicar presión antes que el otro?

¿Afectan las diferencias culturales el desarrollo de una conversación?

¿Cuál es la forma habitual de negociar en este lugar?

Estilo conciliador	*¿Cuál es su forma habitual?*						*Estilo inflexible*
Los participantes son buena gente.	1	2	3	4	5	6	7 Los participantes son mala gente.
El propósito es un acuerdo.	1	2	3	4	5	6	7 El propósito es la victoria.
Se deben hacer concesiones para mejorar la relación.	1	2	3	4	5	6	7 Se deben exigir concesiones para crear la relación.
Ser conciliador con la gente y el problema.	1	2	3	4	5	6	7 Ser inflexible con la gente y el problema.
Es conveniente confiar en los otros.	1	2	3	4	5	6	7 Es conveniente desconfiar de los otros
Cambiar fácilmente su posición.	1	2	3	4	5	6	7 Fijar la posición y mantenerla.
Hacer ofrecimientos.	1	2	3	4	5	6	7 Lanzar amenazas.
Develar el límite máximo.	1	2	3	4	5	6	7 Esconder el límite máximo.
Aceptar pérdidas de un solo lado para llegar a un acuerdo.	1	2	3	4	5	6	7 Exigir pérdidas de un solo lado como precio del acuerdo.
La única respuesta: la que ellos acepten.	1	2	3	4	5	6	7 La única respuesta: la que acepta uno.
Insistir en el acuerdo.	1	2	3	4	5	6	7 Insistir en la posición.
Tratar de evitar una lucha de voluntades.	1	2	3	4	5	6	7 Tratar de ganar una lucha de voluntades.
Ceder a la presión del otro.	1	2	3	4	5	6	7 Aplicar presión antes que el otro.

¿Cómo sugiere usted negociar en este lugar?

Estilo conciliador	*¿Cuál es su forma habitual?*	*Estilo inflexible*
Los participantes son buena gente.	1 2 3 4 5 6 7	Los participantes son mala gente.
El propósito es un acuerdo.	1 2 3 4 5 6 7	El propósito es la victoria.
Se deben hacer concesiones para mejorar la relación.	1 2 3 4 5 6 7	Se deben exigir concesiones para crear la relación.
Ser conciliador con la gente y el problema.	1 2 3 4 5 6 7	Ser inflexible con la gente y el problema.
Es conveniente confiar en los otros.	1 2 3 4 5 6 7	Es conveniente desconfiar de los otros.
Cambiar fácilmente su posición.	1 2 3 4 5 6 7	Fijar la posición y mantenerla.
Hacer ofrecimientos.	1 2 3 4 5 6 7	Lanzar amenazas.
Develar el límite máximo.	1 2 3 4 5 6 7	Esconder el límite máximo
Aceptar pérdidas de un solo lado para llegar a un acuerdo.	1 2 3 4 5 6 7	Exigir pérdidas de un solo lado como precio del acuerdo.
La única respuesta es la que ellos acepten.	1 2 3 4 5 6 7	La única respuesta es la que acepta uno.
Insistir en el acuerdo.	1 2 3 4 5 6 7	Insistir en la posición.
Tratar de evitar una lucha de voluntades.	1 2 3 4 5 6 7	Tratar de ganar una lucha de voluntades.
Ceder a la presión del otro	1 2 3 4 5 6 7	Aplicar presión antes que el otro.

Síntesis de ideas en torno a factores culturales

Hall dice que "cultura es un término usado por los antropólogos para aludir a un sistema, desarrollado por seres humanos, que permite crear, enviar, almacenar y procesar información, y que los distingue de otros seres vivos". Hofstede sugiere que "lo que la personalidad es para los individuos, la cultura es al colectivo humano". Según Deal y Kennedy, "es la forma en que hacemos las cosas aquí". Cohen agrega que: "Es probable que las diferencias aludan a supuestos incompatibles, anclados en cada cultura, sobre la naturaleza del universo, la comunicación verbal y no-verbal, y aspectos críticos de la conducta".

La cultura la componen el idioma, las ideas, las creencias, las costumbres, las interdicciones, los códigos, las instituciones, las herramientas, las técnicas, las obras de arte, los rituales, las ceremonias y otros componentes ligados, si bien no todas las personas de un mismo grupo social o institución necesariamente llevan la misma carga de cultura.

Estos factores influyen sobre la negociación porque (a) las diferencias culturales pueden poner "distancia social" y ello puede reducir la empatía; (b) las diferentes costumbres lo hacen, por ejemplo, cuando un silencio, o una respuesta difusa, crea un malentendido; y (c) las diferencias instalan percepciones y atribuciones equivocadas de motivaciones, de comportamientos potenciales y de errores.

Actividad "Mi territorio, tu territorio"

El proceso de negociación avanza en la medida en que, al decir de Fischer, Ury y Patton, (a) se separan las emociones del problema, (b) se concentra la atención en los intereses, no en las posiciones, (c) se inventan opciones de beneficio mutuo, y (d) se insiste en utilizar criterios objetivos.[41]

En esa tarea se perfilan los roles distintivos del mandante, de los concernidos y del negociador.

Razones para incorporar esta actividad

Quien desea negociar debe entender las dificultades de encaminar un proceso de intercambio y echar luz sobre los propios puntos ciegos y los impedimentos precisos para llegar a consensos con terceros.

Desarrollo

Se arman cinco equipos, con la misma cantidad de personas. Cada equipo recibirá una copia del dibujo del espacio asignado por el facilitador para el ejercicio sobre el que trabajarán.

Rescate del aprendizaje

Una coalición se instala cuando se advierte que un estado de naturaleza atenta contra el bienestar del propio grupo y lo mejor que se puede lograr es cierto acuerdo sobre cómo desenvolverse en territorios / temas sobre los cuales muchas partes ejercen derechos y tienen pretensiones.

Posibles señalamientos. ¿Qué pone en evidencia esta dramatización? ¿Se pueden articular los beneficios sectoriales y los superiores? ¿Cuáles son las reglas de juego que deben instalarse a efectos de alcanzar los mejores resultados para el propio grupo?

41. Cuestionario basado en una versión anterior del Instituto Coverdale.

Mi territorio, tu territorio

Instrucciones generales

Paso 1. Cada equipo es propietario de la quinta parte del espacio, pero se siente con derecho a reclamar más territorio: su equipo delineará en una hoja de papel la parte del territorio que reclama. Tienen 15 minutos para definir el terreno reclamado (en rojo) y entregar la hoja al facilitador, con esa información, antes de comenzar la primera ronda.

Paso 2. Cada equipo nombrará a un representante que marcará el territorio reclamado en el piso con cinta de pintor, mientras los demás miembros de su equipo se mantendrán fuera del salón. Todos los representantes actuarán simultáneamente, en silencio y sin molestarse. Luego retornarán a sus equipos para informar sobre lo ocurrido. Por separado, cada equipo evaluará la información del representante y elaborará su estrategia para la próxima vuelta. Para esa tarea cuentan con 15 minutos.

Paso 3. Los representantes volverán al territorio para implementar sus instrucciones. Si lo desearan, podrán dialogar y negociar. Cualquier agregado al mapa deberá hacerse en verde. Tendrán 15 minutos para esa tarea.

Paso 4. Cada representante volverá a su sector para informar sobre lo ocurrido, sugerir qué hacer y recibir instrucciones adicionales. Tendrán 15 minutos para esa tarea.

Paso 5. Todos los participantes podrán ingresar al territorio pero solo para observar qué hacen los representantes. Los representantes incorporarán en el mapa los cambios que deseen, en azul. Tendrán 15 minutos para esa tarea.

Paso 6. Los equipos volverán a sus lugares de reunión para definir su decisión final, tras lo cual los representantes retornarán al territorio para documentar, en el piso, los territorios deseados. Tendrán 5 minutos para esta tarea.

Paso 7. Por consenso, elegirán entre todos al equipo ganador. Tendrán 15 minutos para hacerlo.

Proponerse mejorar

En función de los objetivos fijados y del aprendizaje realizado en el día, el instructor pasa revista a los conceptos centrales para reforzar los aspectos clave del proceso, y señala los factores críticos que advirtió en ese grupo para coronar la jornada.

¿Cómo desarrollar aplomo para negociar mejor? Sin duda, partiendo de lo que usted ya maneja bien.

Anote lo que se acuerda de alguna idea que le haya interesado, o de alguna situación en la que usted pensó, aun cuando no tenga nada que ver con esta lectura, pero se relaciona con la negociación.

A partir de esa idea, anécdota, tipo de persona, o frase, identifique una situación en que se encuentra hoy y en la que se beneficiaría aplicando las ideas que se le ocurrieron leyendo el caso y la definición.

Leyendo no se mejora la habilidad de negociar. Por lo tanto, decídase a poner en práctica sus ideas en una tarea concreta, y anote cuándo y dónde la pondrá en práctica.

De esta manera, se irá fortaleciendo personalmente, y verá qué hizo que antes no hacía, qué hace distinto, qué dejó de hacer, y no las fallas que uno comete cuando se apura.

Evaluación del aprendizaje derivado de la jornada

El instructor rescatará las ideas que, a su juicio, más puede aprovechar ese grupo de la experiencia y cierra preguntando por inquietudes y sugiriendo próximos pasos.

Diseño del Taller C de Negociación

Detalle de tiempos – Taller sobre comunicación en la negociación

Horario	Proyecto	Descripción de contenidos / acciones
1. 09:00	Objetivos y consignas. Experiencia del instructor. Expectativas. *Las comunicaciones y los estilos personales.*	Ronda de expectativas. A medida que las personas se van presentando, incluir conceptos básicos de negociación.
2. 09:45	Repaso de las herramientas clave de la Negociación estratégica con énfasis en la comunicación.	Relevamiento de inquietudes en plenario.
3. 10:15	Lectura y debate: *Sentirse identificado.*	Recolección de preguntas, por mesas y diálogo respondiendo a inquietudes.
11:15	Café.	
4. 11:30	Ejercicio: *¿A quién se designa?* Con Hojas de trabajo: *Saber preguntar. Satisfacer versus optimizar. Saber argumentar.*	Debate en torno a una decisión que afecta a varios interesados.
5. 12:30	Preguntas en la negociación.	Trabajo en 5 equipos de 3 personas con etapas y tiempos acordados.
13:00	Almuerzo.	
6. 14:30	Ejercicio: *Una disputa en Puerto Espera.*	Presentación y debate abierto contra Hojas de trabajo en plenario. Preguntas de aplicación de lo aprendido a la tarea cotidiana.
15:45	Café.	
7. 16:30	*El balde de nueces.*	
8.	Rescate del aprendizaje derivado de la jornada, y evaluación en Hojas de trabajo personales.	

Lea las consideraciones sobre preparación. En el caso de este taller, el facilitador debe asegurarse de contar con espacio amplio y sin muebles para desarrollar el ejercicio *Mi territorio, tu territorio,* así como con la cinta de pintor para llevarlo a cabo. Al comenzar se siguen las prácticas sugeridas y se presentan los objetivos y consignas.

Sobre la base del diseño adjunto usted podrá desarrollar un Taller de Negociación Estratégica en el que se hace hincapié en temas de comunicación. Este diseño es viable en la medida en que los asistentes hayan participado del Taller A, o de otra actividad en la que se presentaron las ideas centrales de la Negociación estratégica. En estas condiciones la intención es seleccionar entre:

- fortalecer el papel reflexivo y proactivo del participante en situaciones de conflicto potencial;
- ampliar su capacidad de negociación a través de herramientas acordes con los requerimientos de su desempeño; y de criterios de desarrollo y de apoyo sistemático a los efectos de ampliar su espectro de conductas;
- mejorar sus resultados, aprovechando oportunidades, en el marco de sus valores, de las políticas y de los sistemas operativos del participante;
- fortalecer la relación entre las partes, para facilitar el desarrollo de futuros encuentros;
- desarrollar prescripciones para la actividad profesional cotidiana en su medio;
- saber defender los propios principios e intereses en situaciones de alta conflictividad.

Para relevar las expectativas e involucrar a los participantes se incorpora la Hoja de trabajo *Saber escuchar* que se reparte, se reserva tiempo para que se complete a nivel personal, y una vez completada la hoja elegida se pide que cada uno mencione qué espera recibir en esta actividad.

¿Qué significa escuchar?

Escuchar requiere tres pasos activos, a saber: (a) *escuchar* para entender qué dice el otro: escucha bien quien puede repetir lo que dijo el otro; (b) *comprender* lo que se escuchó y ante algo que llama la atención detenerse a pensar qué significa; y (c) *juzgar*, o sea que una vez que uno está seguro de haber entendido, pensar si acaso tiene sentido.

Para ser un buen escucha

1. Preste atención a la persona que habla, no se distraiga.
2. Mantenga abierta su mente.
3. Permita que el otro se exprese, no lo interrumpa.
4. Termine de escuchar antes de responder.
5. Concentre su atención en las ideas principales, no en las formas.
6. Prepare posibles preguntas.
7. Plantee muchas preguntas.
7. Ponga distancia emocional ante la situación y su contraparte.
8. Devuelva información.

Actividad "Saber escuchar"

En toda comunicación participan elementos que influyen para bien o para mal. Pueden estar presentes y ser observables, como por ejemplo el lugar físico, o la posición jerárquica o los roles, o bien pueden ser menos evidentes, como por ejemplo las necesidades de los que participan, sus expectativas, valores, prejuicios, personalidad o estilos personales.

Cada uno actúa con una gama de conductas con la cual se comunica. Lo hace de una u otra forma de acuerdo con la situación puntual, o con la persona que tiene enfrente. Sin embargo, siempre hay un estilo que predomina en cada uno: es el estilo con el que se siente más cómodo, que lo caracteriza mejor y con el que los demás suelen identificarlo.

El siguiente gráfico representa esta gama de estilos posibles, teniendo en cuenta que, como todo esquema, simplifica una realidad rica y complicada. Su objetivo es pedagógico y clarificador.

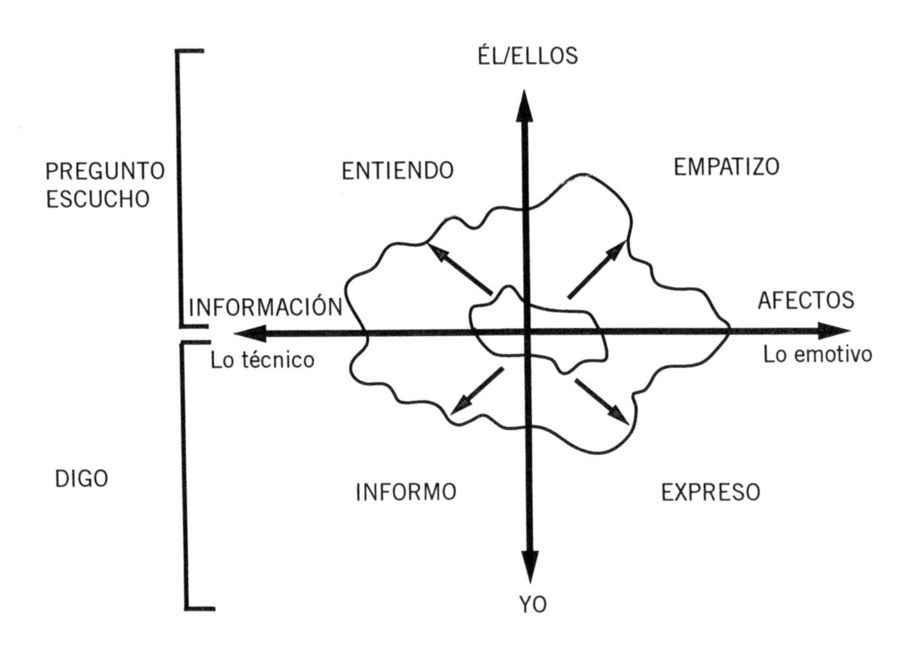

Las cuatro zonas aluden por un lado a un estilo centrado en uno mismo versus un estilo centrado en los otros (eje vertical), y por otro, a un estilo más centrado en lo técnico e informativo versus un estilo más centrado en lo afectivo o emotivo (eje horizontal).

Los dos ejes dibujan los perfiles de cuatro estilos de comunicación.

- **Informar:** *asentado en lo técnico y en uno mismo.* Es el estilo preferido de quienes, sobre todo, basan su comunicación en información específica y en datos concretos, se muestran especialmente preocupados por informar y dejar en claro sus puntos de vista. Su preocupación estriba en ser escuchados, precisos y claros en su exposición.
- **Entender:** *asentado en lo técnico y en el otro.* La preocupación de estas personas está en comprender lo que el otro quiere comunicar pero atendiendo, sobre todo, a la información concreta que se les brinda. Su preocupación resi-

de en comprender el punto de vista del otro, más que en dar a conocer su propia opinión a partir de hechos y datos específicos.

• **Expresar:** *asentado en lo afectivo y en uno mismo.* Es el estilo preferido de las personas que se mueven con gran facilidad en el terreno afectivo. En una conversación pueden demostrar sus sentimientos con espontaneidad, les preocupa aclarar sus opiniones, dejan traslucir lo afectivo-emotivo.

• **Empatizar:** *asentado en lo afectivo y en el otro.* Empatizar significa ponerse en el lugar del otro y comprenderlo, pero no solo a partir de lo que dice, sino también y sobre todo, a partir de lo que siente. Se trata de quienes escuchan al otro despojándose de juicios de valor: comprenden aunque no compartan. Se mueven, sobre todo, en el terreno de los sentimientos, y son abiertos.

Hay muchas combinaciones de los cuatro estilos: influyen el temperamento, la historia personal, la profesión que "entrena" más en una zona que en otra, el tipo de empresa que permite o limita moverse en lo afectivo, la situación puntual, la persona y el vínculo que nos une, etcétera.

Hay quienes se mueven con flexibilidad en este campo de acción de las cuatro zonas, mientras otros encasillan sus conductas en una o dos.

Ser conscientes de esto permite analizar la propia conducta para mejorar y desplazarse hacia otras zonas. Porque ampliando la comunicación se accede a relaciones más enriquecedoras y a un mejor manejo de cada situación.

Saber preguntar

La mejor forma de averiguar algo es preguntando.

La Hoja de trabajo adjunta categoriza diversas formas de preguntar. Se sugiere tenerlas en cuenta para el próximo ejercicio.

Preguntas manejables

Preguntas abiertas: preguntas con "dónde", "cuándo", "quién", "qué", "por qué". No pueden ser contestadas con un "sí", ni con un "no".	¿A usted qué le parece? ¿Qué caminos le parecen mejores para encarar un caso como este?
Preguntas alentadoras: estimulan a pensar.	¿Qué le interesa de nuestra propuesta?
Preguntas dirigidas: centran la atención en un aspecto del tema.	¿Le parece bien si empezamos por lo que más le preocupa?
Preguntas contenidas: tienen baja carga emotiva.	¿Cuánto nos correspondería pagar a nosotros si ustedes se encargaran de los arreglos?
Preguntas reflexivas: parten de una secuencia lógica, prevista de antemano.	Después de terminados los arreglos, ¿cuándo cree que podríamos mudarnos?
Preguntas halagadoras: gratifican al otro.	Dada su experiencia, ¿usted qué nos aconseja?
Preguntas profundas: ayudan a entender al interlocutor.	No sé si entiendo. ¿Me puede explicar cómo llega a esa conclusión?
Preguntas limitadas: se ciñen a un tema específico.	¿A cuánto deberíamos calcular el metro cuadrado?
Preguntas sensibles: establecen cómo se siente el otro.	¿La idea le parece razonable? ¿Me podría ampliar?

Preguntas inmanejables

Preguntas forzadas: obligan al otro a acceder.	¿Usted no se aprovechará, no es cierto?
Preguntas cargadas: hacen sentir mal al otro independientemente de lo que piense.	¿Me quiere decir que la operación solo se haría si aceptáramos todas sus condiciones?
Preguntas emotivas: provocan respuestas igualmente emotivas.	¿No le parece que ya malgastamos suficiente tiempo en esta absurda propuesta suya?

Preguntas impulsivas: llevan a temas sin importancia.	Ya que tratamos el tema, ¿qué le parece que deberíamos decirles a las otras personas que nos han planteado esta misma pregunta?
Preguntas capciosas: requieren una respuesta franca, pero tienen una intención escondida.	¿Qué piensan hacer? ¿Acceder a nuestras demandas, o ir directamente a ver al gerente general?
Preguntas ingenuas: pretenden trampear al otro.	Yo lo veo así. ¿No está de acuerdo?

Actividad "¿A quién se designa?"

El conflicto es negativo si se oculta; si no se atiende y fermenta; o si se lo personaliza. Su explicitación puede ser beneficiosa si ayuda a identificar intereses escondidos, a ampliar las opciones de solución, incluso a beneficiar a terceros afectados. Porque un conflicto incluye potencial de cooperación y de competencia. Lo crítico es prepararse: conocer los propios intereses, valorar los vínculos, entender los de los otros, abrirse a nuevas relaciones de fuerza, haberse preparado por si el otro no desea negociar.

En tales ocasiones es vital aportar y reunir información y opiniones, y para ello es conveniente (a) ubicarse en un esquema de referencia, y (b) aprender a preguntar y a argumentar.

Razones para incorporar esta actividad

Cuando existe la predisposición a indagar, negociar ayuda a encarar con sensatez un conflicto. Ahora bien, en tanto una negociación tiene resultado incierto, el caso singular evocará placer o displacer, hará emerger aplomo o temor. Aparece el estilo de comunicación de cada uno y será interesante ver cuándo surge la firmeza, *sin ser un duro,* procurando defender sus derechos e instalar equidad; o la consideración, *sin ser un blando,* sin ser crédulo: la negociación incluirá concesiones buscando la satisfacción, no ya la optimización.

Desarrollo

Se divide al grupo en equipos de seis personas, se entregan las hojas con la información para cada rol y una copia de la *Hoja de preparación* a cada uno, y se les recuerdan los tiempos asignados a cada paso.

Acciones a seguir

Los participantes tendrán 15 minutos para estudiar sus roles y definir sus intereses, luego de lo cual contarán con 20 minutos para debatir a partir de sus instrucciones. Si en ese lapso no llegaran a un consenso, *Francisco Melchor* designará a la persona que ha de asistir al congreso en representación de la compañía, explicitando recién en ese momento los criterios que utiliza para arribar a su decisión.

Rescate del aprendizaje

Se indaga sobre el proceso seguido y se toma en cuenta cómo cada cual administra el difícil equilibrio entre intereses personales e intereses superiores.

¿A quién se designa?

Instrucciones generales

Ustedes son un equipo de especialistas de Alta Electrónica SA, una firma importante que produce gran variedad de componentes para la industria electrónica a una gran distancia de la capital: diseñan productos innovadores, adelantándose al mercado, por lo que son exportados con buenos márgenes de rentabilidad.

Cada colega trabaja individualmente en proyectos con la ayuda de técnicos y dibujantes. Todos están orgullosos de sus desarrollos técnicos y de la confiabilidad de la firma.

En los últimos años, la empresa pasó por dificultades económicas, lo que hizo restringir los gastos. Aun así, la Dirección no redujo la dotación, aunque hace tiempo que los sueldos están petrificados, al edificio casi no se le hace mantenimiento y se suspendió la asistencia a congresos profesionales.

Cada reducción tiene peso, pero la suspensión de suscripciones a *journals* científicos y la asistencia a congresos los afecta sensiblemente en su nivel de competitividad profesional. Por suerte, parece que lo peor ya pasó y que la empresa ganó varios contratos importantes que le darán tranquilidad en el trienio siguiente.

Su gerente es *Francisco Melchor* y los colegas son *Leonardo Cárdenas,* diseñador senior, con 12 años de antigüedad en la empresa; *Carlos Tessi*, diseñador senior, con 8 años de antigüedad; *Blas Pérez*, diseñador senior, con 6 años de antigüedad; *José Rosales*, ingeniero junior, con 5 años de antigüedad; y *Marcos Solá*, ingeniero junior, con 2 años de antigüedad. Cada uno es responsable por el diseño de su línea hasta que el producto entra en régimen con buen nivel de calidad. En algún caso, esto lleva poco tiempo, mientras que en otros lleva mucho más de lo que uno quisiera.

¿A quién se designa?

Instrucciones para ***Francisco Melchor***

Usted supervisa un equipo de cinco colegas muy competentes y la relación entre ellos es de sana convivencia, aunque cada uno se ocupa de lo suyo y tienen poco intercambio a nivel personal. Cada uno de ellos desarrolla tareas de diseño y de puesta en producción de innovaciones electrónicas. Usted entiende que todos y cada uno de ellos merecen un reconocimiento.

Tradicionalmente, la empresa era consciente de la necesidad de enviar a su gente a congresos y cada uno tenía la oportunidad de mantenerse al día en el campo de su especialidad, pero debido a las dificultades económicas y financieras, la empresa no ha enviado a ninguno a asistir a un congreso profesional desde hace cuatro años. Sin embargo, los dueños le acaban de comunicar que la situación se ha revertido y que deberá seleccionar a uno de sus supervisados para invitarlo a asistir a una de las reuniones profesionales más importantes del continente: el Congreso Internacional de Ingeniería Electrónica que se realizará en la capital el mes próximo y que se lleva a cabo solo una vez cada cinco años en la región. Le indicaron, además, que por razones de incentivo asistirá uno de los especialistas, y no ya personal gerencial como usted.

Usted es consciente de que todos querrán ir y sabe que será vital manejar la situación con mucho cuidado para que nadie se sienta mal. Por lo tanto, los invitará a llegar a un consenso, ya que serán quienes mejor puedan evaluar a quién le corresponde asistir, actuando con la mayor equidad posible. Explicite este deseo suyo, y no participe del debate, salvo al final, fijando los criterios que, a su juicio, serían los más equitativos, en caso de que el equipo no le eleve su recomendación y se vea en la necesidad de tomar usted mismo la decisión.

Mientras se desarrolla la simulación, analice cuánto se limita cada uno a sus posición de máxima, y cuando expresa sus intereses, observe si el diálogo se mantiene fluido o si se cierra, si se trata de reunir información para llegar a una solución de conjunto, si proponen utilizar criterios objetivos para evaluar las opciones, si surgen aportes creativos para integrar al equipo, si crece o disminuye la confianza en el grupo, como indicadores de soluciones constructivas.

¿A quién se designa?

Instrucciones para el ***Ing. Marcos Solá***

Usted se siente el menos reconocido del equipo profesional. La mayor parte de los equipos que usted utiliza están viejos, fueron usados por los otros y a menudo lo dejan de lado. Y no cree que su gerente valore todo lo que usted hace por la empresa.

Por otra parte, desde que terminó sus estudios universitarios, nunca asistió a una reunión profesional, como corresponde a personas que aportan tanto a la empresa y al país. Justamente cuando usted entró a trabajar, la compañía dejó de enviar a los mejores ingenieros a reuniones de especialistas. Y siendo el más joven, usted se considera el que está en mejores condiciones de alternar con gente de los centros internacionales, si acaso (a mediano plazo) le ofrecieran una carrera en la empresa. Porque como consecuencia de haberse alejado de la capital y haberse venido tan lejos, ya perdió sus contactos, y si tuviera que encontrar otro trabajo le sería difícil, ya que incluso más de uno se han ido del país.

Usted desea que se decidieran a enviarlo al próximo Congreso de Ingeniería Electrónica para ver a sus antiguos compañeros y, además, darse una vuelta por la capital para analizar si no debería mudarse de firma, porque en Alta Electrónica difícilmente llegue a mejorar mucho sus ingresos.

¿A quién se designa?

Instrucciones para el ***Ing. José Rosales***

En estos últimos tiempos usted está concentrado en los diseños y pruebas de los equipos que viene desarrollando para la nueva línea de productos que revolucionará al mercado, por lo que deberá quedarse trabajando al lado de su técnico. Además es harto improbable que en las próximas semanas pueda escurrirse para el cumpleaños de los 70 de su madre.

A usted le encantaría ir al Congreso de Ingeniería Electrónica para estudiar los nuevos testeos de prueba que ayudarían a ahorrar tiempo y esfuerzo. Por lo que piensa explicar a Francisco Melchor que es vital que sea usted quien visite la capital en ocasión del próximo Congreso de Ingeniería Electrónica y, puesto que existe una partida de presupuesto ahora que la empresa tiene beneficios, comprar un TY 76 DRX para reemplazar los antiguos que le presta uno de sus colegas.

Para usted es absolutamente vital ir y traer ese equipo. Y además pedirle a Cárdenas que le ceda al técnico para no tener que perder tiempo en cuestiones rutinarias.

¿A quién se designa?

*Instrucciones para **Blas Pérez***

El tipo de investigación y desarrollo que usted está llevando a cabo es muy excitante. Piensa que la empresa deberá poder aprovechar bien sus aportes, ya que se encuentra en la avanzada de lo que se está haciendo hoy en día en su especialidad profesional. Además, cree que si pudiera conversar con los más destacados ingenieros, podría pegar un salto cualitativo en sus aportes, ya que necesita confirmar en largas charlas lo que viene pensando, y contrastarlo con lo que están experimentando los mejores de su disciplina.

Usted está convencido de que es el que podría aportar más a la compañía y desea asistir al próximo Congreso de Ingeniería Electrónica a realizarse en la capital, al que asistirá Urs von Linkenspiel, el genio del Caltech. Pero la capital se halla a más de 1.200 kilómetros y sería absurdo pagarse el pasaje cuando la empresa acaba de cerrar dos suculentos contratos con España y tiene reservas.

Por último, usted está ávido de reconocimiento, porque pudo resolver una serie de complicaciones en el lanzamiento de la nueva serie de productos y cree que, de ir al congreso, puede programarse bien para tomarse unos días y escuchar a todos los expertos extranjeros que participarán.

¿A quién se designa?

*Instrucciones para **Carlos Tessi***

Usted absolutamente necesita asistir a una reunión profesional de alto nivel, ya que hace años que no va a ninguna, porque las últimas veces que la empresa envió a alguien usted estaba trabajando en proyectos de urgencia que hacían imposible su alejamiento de los laboratorios. Y gracias a esos proyectos es que se concretaron los nuevos emprendimientos que van a sacar a la empresa del pozo en que se encontró tanto tiempo. Además, el año pasado lo enviaron a la capital por cuestiones legales, aburridísimas, que lo tuvieron discutiendo tonterías de patentes con abogados.

Por otro lado, el año anterior su hija se casó y tampoco pudo ir al Congreso de Ingeniería Electrónica, y para su línea de desarrollo actual necesita ver qué está pasando en el mundo de la electrónica... por lo cual tiene miedo de estar perdiendo nivel profesional. Francamente, usted siente que tiene que ir este mismo año.

¿A quién se designa?

Instrucciones para ***Leonardo Cárdenas***

Usted escuchó un rumor: por una puerta entreabierta sabe que ahora que la compañía gana mucha plata, van a mandar a alguien al Congreso de Ingeniería Electrónica. Siendo la persona de mayor antigüedad, definitivamente corresponde que lo manden a usted, ya que fue el primero que desarrolló los productos que más rentabilidad produjeron a la empresa, y como siempre ha estado en la avanzada, tiene muchos contactos a ser recuperados en beneficio de todos los colegas de la firma.

Por otra parte, es el único que sistemáticamente redacta *papers* académicos, hecho que los dueños le reprochan porque temen que puedan ser aprovechados por la competencia pero que son vitales a nivel académico. Y para no pasar por encima de Francisco Melchor, piensa avisarle que irá a ver al dueño de la firma esta misma tarde y sugerirle que asistan juntos al Congreso.

¿A quién se designa?

Hoja de preparación

1. ***Aspectos sustanciales de la negociación***
   ¿Cuál es el interés esencial que usted se propone lograr y cómo piensa alcanzarlo?
2. ***Negociar consigo mismo***
   En función del conocimiento que tiene de su estilo espontáneo de comunicación, y de la información que obra en su poder, ¿qué debería tener en cuenta para argumentar convincentemente en esta situación?
3. ***Aspectos interpersonales de la negociación***
   Anote sus pensamientos sobre los siguientes puntos.

De las personas que participaron en el debate, algunos actúan en forma similar a usted, mientras que otros son muy distintos.

¿Piensa que en función de su estilo predominante puede conducirse discriminando sus propósitos de lo que es el manejo interpersonal del debate?

¿Puede anotar ideas que quizá le vengan bien para establecer condiciones de trabajo que lo favorezcan, sin perjudicar al otro?

¿Qué otros elementos debe hacer pesar en una situación que puede llevar a un debate con aristas difíciles?

¿A quién se designa?

Rescate del aprendizaje

Hoja de trabajo a llenar por las personas que tienen el rol de Francisco Melchor.

1. ***Aspectos sustanciales de la negociación***
   ¿Logró su objetivo? ¿Alguien lo logró? ¿A qué lo atribuye?
   Al finalizar el debate, ¿hizo algo usted por
   - contribuir a que cada uno exprese sus intereses,
   - mantener fluido el diálogo,
   - apoyar los intentos para reunir información para llegar a una solución de conjunto,
   - propender a utilizar criterios objetivos para evaluar las opciones,
   - alentar el surgimiento de aportes creativos para integrar al equipo,
   - apoyar el desarrollo de la credibilidad y la confianza en el grupo?

¿A quién se designa?

Hoja de trabajo a llenar por los participantes, a analizar en conjunto

1. ***Aspectos sustanciales de la negociación***
   ¿Logró su objetivo? ¿Alguien lo logró? ¿A qué lo atribuyen?
2. ***Aspectos interpersonales de la negociación***
   ¿Cómo llegaron al resultado? Anoten sus conclusiones sobre los siguientes puntos.
   ¿En algún momento se exageraron los aspectos cooperativos? ¿Cuándo? ¿Para qué?
   ¿En algún momento se exageraron los aspectos competitivos? ¿Cuándo? ¿Para qué?
   ¿En algún momento se exageraron los aspectos personales? ¿Cuándo? ¿Para qué?
   ¿Qué conclusiones extraería un observador independiente sobre la forma en que trabajaron?
3. ***Negociar consigo mismo***
   ¿Qué deberían tener en cuenta si se propusieran mejorar su capacidad de comunicación?

Soluciones de compromiso: ¿buenas, o malas?

La palabra inglesa *compromise* explica el proceso que entablan las personas cuando, a pesar de partir de argumentaciones opuestas, se proponen encontrar puntos de acuerdo a través de la comunicación, lo que implica aceptar ciertas condiciones satisfactorias pero no ideales, y esto a menudo exige modificar un propósito o un deseo anterior.

La palabra va asociada a cuestiones de equilibrio, de punto medio, de tolerancia, y su opuesto es el extremismo. Desde lo negativo, sin embargo, *compromise* se liga a capitular, a dejar de lado objetivos o principios al negociar.

Ahora bien, el significado y las connotaciones de la palabra varían en cada cultura: en Inglaterra y los países desarrollados bajo su influjo se le otorga un sentido positivo (alude al consentimiento requerido para que ambos logren algo); en los Estados Unidos crece la connotación negativa (en tanto ambos pierden algo)... y en la ex Unión Soviética tal palabra no existía.

¿Cómo se encaran los conflictos en su sociedad? El caso *Una disputa en Puerto Espera* permite ver la complejidad de los conflictos sociales.

Actividad "Una disputa en Puerto Espera"

Salvo en situaciones en las que una persona, que se representa a sí misma, negocia en torno a una sola variable, es usual que cada situación presente a dos o más partes responsables ante terceros, mandantes y apostadores / adherentes.

Razones para incorporar esta actividad

El negociador debe distanciarse afectivamente y acercarse con objetividad a la complejidad de cada caso. A veces se identifica con una posición, lo cual le quita efectividad: este caso parte de la conciencia de ese peligro.

En ese sentido es importante registrar las emociones que provoca, para darse cuenta de que ninguna situación deja de impactar al negociador. Porque la complejidad no está solo afuera, sino también en cada uno.

Desarrollo

Por mesas, estudien el caso en primera instancia a nivel individual, luego en equipo, y vayan respondiendo a las preguntas que siguen.

Acciones a seguir

Pasen revista al caso y hagan una lista de los elementos fundamentales a tener en cuenta para contribuir a reencaminar la situación.

Registren su reacción espontánea ante este caso (escriban no más de una palabra, en diez segundos).

Hagan un breve cuadro de situación (escriba no más de dos renglones, en tres minutos).

¿Quiénes son los involucrados directos e indirectos? ¿Cuáles serían sus intereses y sus divisas?

¿Qué acciones sugiere tomar en las próximas dos horas? ¿Qué recomienda hacer en el curso de la semana próxima? ¿Qué piensa que se puede lograr en un año?

Rescate del aprendizaje

Una disputa en Puerto Espera permite señalar varios aspectos críticos de la negociación compleja. Por de pronto, la primera pregunta se dirige a las emociones, que en este caso serán fuertes, pero aun ante circunstancias menos comprometidas, es previsible que el negociador sienta afluir la adrenalina y debe tener conciencia de ello para poder disociarse y operar con aplomo; la segunda muestra la necesidad de incorporar expertos en muchos campos y avanzar como equipo; la tercera señala cómo a medida que se discute, aparecen protagonistas y una multiplicidad de actores, con intereses y divisas que en algún caso serán comunes y permitirían organizar frentes, coaliciones; finalmente, no es inusual que los participantes concentren su atención en temas político-económicos genéricos, motivo por el cual debe señalarse que ciertas decisiones deben tomarse en el corto plazo.

Usted es parte de un equipo de negociadores que ha terminado con éxito una actividad en Santo Tomé, capital de la provincia de Bolívar, donde ayudaron a tres grupos tradicionalmente enfrentados a zanjar sus diferencias. Están en el salón VIP del nuevo aeropuerto esperando decolar: su vuelo, sin embargo, se ha atrasado y saldrán en una hora. Todos sus papeles ya fueron procesados, hicieron sus compras de último momento y aguardan conversando tras una semana de trabajo exitoso.

Sorpresivamente, advierten que en el salón también se encuentra un compatriota respetado que en Naciones Unidas dirige un sector crítico y quien les presenta el siguiente caso, por el cual él es responsable y para el que ha hecho su propia composición de lugar.

Les pide que lo estudien y le den sus recomendaciones: es consciente de que, por estar muy involucrado, puede olvidar algún factor importante y desea evitarlo porque se trata de una situación harto difícil. La situación es la siguiente.

María, lugareña de 26 años, tenía 12 cuando empezó a trabajar en el cruce de carreteras de Puerto Espera, pequeña ciudad ubicada en la zona libre de impuestos, en los andurriales de la triple frontera. Cuenta su historia acompañada por un nutrido grupo de adolescentes que, con el cuerpo semidesnudo, bailan distraídamente con camioneros y contratistas, al compás del ensordecedor ruido de la cueva conocida como la discoteca Manhattan.

María, que nunca tuvo pareja estable, intentó varias veces salir de las trampas del "negocio", pero la educación de sus chicos hizo que tuviera que volver a ejercer su oficio en los bares: "No tengo elección: no conozco a nadie, y no puedo conseguir otro trabajo".

Manhattan es una de las 30 cuevas en Puerto Espera que ofrecen alcohol, sexo y drogas a la interminable legión de locales y transeúntes. María es una de las 200 mujeres estables, pero el número total de prostitutas, agregando a las circunstanciales, llegaría a más de 350. Es bien sabido que, además de la trata y de la prostitución de menores, la violencia, los abortos ilegales, el tráfico y el abandono son prácticas generalizadas.

Para muchos, Puerto Espera simboliza lo más negativo de la región. Es lo que dice el padre Urquijo, sacerdote español que llegó a Puerto Espera y viene predicando allí hace más de veinte años. "La infamia envenena a la comunidad", sostiene Urquijo, fundador de una organización que lucha contra la drogadicción y el abuso infantil, y promueve los derechos de la mujer. Dice que "la dependencia económica y cultural respecto de las empresas es tan grande, que la gente del lugar se encuentra desvalida. Debido a ella, los lugareños han visto invadida su comunidad y su vida familiar decente".

Este tipo de declaraciones provoca el enojo del principal enemigo del padre Urquijo, el intendente Lamas, quien alienta y defiende la presencia industrial para la supervivencia de Puerto Espera, y de los 12.000 habitantes de su amplia zona de influencia. Afirma que "sin las empresas, esto seguiría siendo la tristeza que siempre fuimos". Las empresas emplean a 800 lugareños y han atraído a una nueva generación de técnicos y profesionales, muchos de los cuales se han afincado en hogares que con su influencia van mejorando la oferta educativa del lugar. Con el arribo de cada nuevo proyecto, llegan más personas para aprovechar las oportunidades de empleo.

Las estadísticas del gobierno nacional estiman que las empresas aportan alrededor de 100.000 dólares por mes a la economía local.

Pero la relación entre locales y extraprovinciales siempre ha sido conflictiva, por los hábitos de la cultura feudal. Un ejemplo lo constituye Marga, de 29 años, quien llegó a la zona siete años atrás buscando trabajo de secretaria en una de las empresas. Egresada de la escuela secundaria, asistió a cursos de capacitación técnica, pero no consiguió empleo, por lo que empezó a trabajar en un bar al paso para mantener a su hijito. "Muchas chicas viven pensando que es fácil venir acá y ganar dinero. Sueñan con casarse con un técnico. Por eso siguen viniendo engañadas. Luego las circunstancias las obligan a trabajar en los bares y, siendo tímidas e inexpertas, son inducidas a tomar drogas para superar su angustia". Marga escapó del infierno y trabaja en un centro de rehabilitación para prostitutas en la parroquia del padre Urquijo.

La prolongada batalla entre Urquijo y Lamas es el enfrentamiento más duro en la provincia, y el intendente trató varias veces de hacer deportar al cura. Actualmente, querella a Urquijo por difamación y por haberlo insultado con altoparlantes en la feria provincial del año pasado. Por su lado, Urquijo acusa al intendente de corrupción, de apañar a los propietarios de las covachas en las que se explota a las mujeres y a los niños, y de encubrir el negocio de las drogas y otros vicios que serían la causa de la pésima fama de la ciudad. El caso sonado de un diputado provincial en cuyo auto se encontró el cadáver violado de una muchacha solo atrajo la atención nacional un par de meses y luego desapareció de los titulares.

Mientras Urquijo culpa a los políticos locales por la prosperidad en aumento del negocio del sexo y de cerrar los ojos a la posibilidad de crear fuentes alternativas de trabajo, Lamas acusa al gobierno nacional por la agobiante pobreza de su región, ya que es sabido que los fondos coparticipados se envían con prontitud solo cuando los políticos locales se alinean con las iniciativas oficialistas. Lamas dice que quiere independizar la economía de la ciudad de las empresas, promoviendo PyMEs, y se mofa de los planes propuestos por Urquijo y el gobierno central para adecuar las empresas a las necesidades de largo plazo. El plan del gobierno nacional, sostiene, "es una artimaña para hacer que se piense que las autoridades locales están decididas a provocar la salida de las empresas de la provincia".

Urquijo replica que sus ideas no tienen nada que ver con las tácticas del gobierno respecto del desafío de la presencia de las empresas, y tilda al plan del gobierno nacional de "proyecto capitalino" puesto que requiere de una fuerte inversión de capital y de la presencia de factores que solo aparecerían en el largo plazo. Dice el sacerdote: "El gobierno pelea por la dignidad nacional. Yo hablo de la dignidad personal". Mientras, en tres horas vuelve a puerto un portaaviones del cual saldrán al pueblo mil *marines*.

Actividad "El balde de nueces"

Nada más simple que una breve ejercitación para ver desarrollarse un proceso que ocurre a diario. Aquel en el que varios actores sociales acceden a recursos que creen propios, y al hacerlo dejan de lado el interés que los une como integrantes de una misma comunidad.

Razones para incorporar esta actividad

¿Qué pasa cuando varias partes tienen acceso a una misma fuente de riquezas y están alejadas de otras fuentes? Los participantes dramatizarán la dinámica que puede producirse en tal caso.

Esta problemática se llama *el problema de los ejidos,* ya que pone en escena el dilema de los intereses comunes. Según el modelo medieval, todos podían apacentar su ganado en las pasturas compartidas, pero como resultado del uso indiscriminado del bien común, se empobrecía la tierra. Representa los dilemas de los intereses compartidos en los cuales la conducta racional individual lleva a resultados colectivos subóptimos. El tema de los ejidos presenta dos características, a saber: el acceso permitido a casi cualquiera y el agotamiento de los recursos. La solución socialmente óptima incluye suficiente cantidad del recurso como para reservar parte a fin de regenerarlo adecuadamente. El uso socialmente óptimo del recurso equilibra los deseos acuciantes sociales de uso inmediato y futuro. Hardin sugiere que "todos deberíamos reconocer la necesidad de restringir la libertad del individuo en situaciones como esta y aceptar 'la coacción mutua por mutuo acuerdo'".

En general, en esos casos, la presencia de esa fuente de riquezas hace que las partes se lancen a actuar aprovechando su orientación a la acción, y solo tras vivir la experiencia analizan, llegan a conclusiones y se proponen pensar estratégicamente, entendiendo no solo los objetivos, sino también las repercusiones de sus decisiones y acciones.

Desarrollo

Dividir a los participantes en grupos de cuatro o cinco, para que intervengan todos. Se jugarán ocho vueltas, o hasta que no queden más nueces en el balde. Se les pide que no se comuniquen entre los equipos.

Acciones a seguir

Formados los equipos y elegido en cada uno de ellos un secretario, se coloca el balde sobre una mesa y se invita a ubicarse a su alrededor. Se señala el comienzo de cada ronda de un minuto y tras cada ronda se pone el doble de la cantidad de nueces restantes en el balde. Y se sigue hasta que el balde quede vacío.

Rescate del aprendizaje

Se pregunta el significado del ejercicio y se conversa en torno al impacto de la ausencia de comunicación, de las ventajas y desventajas de la orientación a la acción.

El balde de nueces

Verán que hay muchas nueces en el balde. En cada ronda del juego, y cuando el facilitador los invite a meter la mano en el balde, los equipos actuarán simultáneamente y sin hablar ni comunicarse entre equipos de modo alguno hasta después de terminar el ejercicio.

Todos, usando una sola mano, están autorizados a cosechar la mayor cantidad posible de nueces por vuelta.

Después de cada ronda, el facilitador colocará el doble de la cantidad de nueces que quedó en el balde.

Por favor, asignen a una persona en su grupo para registrar los resultados de cada vuelta, mientras los otros cosechan nueces.

Actividad "Simulaciones filmadas"

Cada vez que sea posible, se filma una negociación, para que los participantes se observen mientras desarrollan un simulacro de negociación en el taller.

Las siguientes Hojas de trabajo ayudan a los participantes a prepararse y a evaluarse, antes y después de una simulación filmada.

El protagonista elige una escena, tras lo cual se reúne con quien será su contraparte para adelantarle, a grandes rasgos, la situación. A partir de ahí, se trata de una improvisación que se filmará. Una vez terminada la primera filmación, las dos personas cambian sus roles: quien actuó de protagonista pasa a ser contraparte, y se repite una segunda improvisación. Como tercer paso se proyecta la filmación y los colegas tienen ocasión de verse críticamente en video: las Hojas de trabajo adjuntas colaboran a demostrar que la tarea se apoyó en elementos de preparación y evaluación.

Simulaciones filmadas

Instrucciones para verse en video

Hoy podrá verse y definir sus fortalezas y debilidades en entrevistas de negociación: de ahí en adelante podrá organizar su programa de automejoramiento.

Cada uno de ustedes asumirá dos papeles, en filmaciones consecutivas:

1. actuará como protagonista en un caso elegido por sí mismo, y además,
2. acompañará a su colega, en un caso elegido por él, para permitirle desarrollar su propio caso.

Se debe ser cuidadoso con el tiempo de filmación. Cada escena tendrá 10 minutos.

Para la situación en la que serán protagonistas:

- el protagonista elige un caso que le es conocido y para el cual siente la necesidad de mejorar como negociador;

- el protagonista describe a su interlocutor de la vida real para que su contraparte en la filmación sepa qué debería hacer para representar a ese personaje;
- comiencen la entrevista por el principio;
- usen las siguientes *Hojas de trabajo* para ayudarse a preparar la entrevista.

Simulaciones filmadas

Instrucciones para la preparación

De a dos, pondrán en escena una situación que les permitirá verse actuar. Llamaremos protagonista al que lleva la voz cantante: indica qué tema negociarán y cuál es el interlocutor que elige.

Por lo tanto conversen de todo lo que necesita el protagonista para actuar.

Indicadores para *el protagonista*	**Indicadores para *la contraparte***
Usted va actuar en una situación que conoce bien.	Usted va a actuar como actor: métase en el papel aunque no sea el suyo.
Muéstrese tal cual es.	Condúzcase como lo haría en un escenario.
Recuerde que quiere analizar el video para verse cómo es: no haga cosas que no hace a diario.	Recuerde que su compañero desea analizar el video para verse: póngalo a prueba para que el caso se asemeje a la realidad.
Empiece por donde quiera: su contraparte seguirá su ritmo.	Siga el ritmo del protagonista, pero improvise como lo haría un actor.
Recuerde que él también existe.	Incluya cuestiones ajenas al tema principal.
En esta entrevista usted desea alcanzar un beneficio sustancial.	Su personaje tiene objetivos diferentes de los del otro: no los olvide.
Use los gestos que utiliza normalmente.	Use gestos propios de su personaje.
Hable con tono de voz natural en usted.	Hable como lo haría el actor.
Si lo interrumpen o sorprenden, haga lo que haría en un caso así.	Interrumpa en el marco del papel del personaje que interpreta.

Simulaciones filmadas

Guía 1 de preparación y de autoevaluación

Esta guía resume las conductas críticas de la negociación. Le servirá para prepararse, y para comprender, al autoevaluarse tras la filmación, qué conductas aplicó más eficazmente.

Etapa de apertura

1. ¿Creó usted un clima positivo?
2. ¿Explicitó el motivo del encuentro?
3. ¿Mencionó su interés en trabajar con beneficios mutuos?
4. ¿Acordó formas de trabajo claras?
5. ¿Adelantó beneficios potenciales?

Etapa de intercambio

6. ¿Promovió el intercambio de información?
7. ¿Mantuvo un clima adecuado para la comprensión?
8. ¿Evitó presentar objeciones suyas?
9. ¿Generó momentos de síntesis y recapitulación?
10. ¿Recogió datos útiles para usted?

Etapa de presentación

11. ¿Presentó claramente su oferta?
12. ¿Pudo cuantificar los beneficios para el otro?
13. ¿Se adelantó a objeciones del otro?
14. ¿Mantuvo la tranquilidad en momentos de enojo?
15. ¿Atendió los requerimientos?

Etapa de acuerdos

16. ¿Atendió bien a las objeciones del otro?
17. ¿Identificó coincidencias y diferencias?
18. ¿Mostró comprensión ante puntos de vista diferentes?
19. ¿Generó alternativas creativas para resolver problemas?
20. ¿Promovió el análisis de opciones beneficiosas para los dos?
21. ¿Pudo avanzar por etapas?
22. ¿Generó un acuerdo que lo satisface?
23. ¿Se aseguró la mutua comprensión de lo acordado?
24. ¿Generó una clara distribución de responsabilidades?
25. ¿Acordaron cuál es el siguiente paso?

Repaso de estrategia

26. ¿Llevó a cabo la estrategia elegida de antemano?
27. ¿Pudo acomodar sus acciones a las necesidades del otro?

28. ¿Sus manejos de las etapas tuvieron coherencia estratégica?
29. ¿En algún momento hizo cosas propias de otra estrategia?
30. ¿Pudo incluir cosas que descubrió en la entrevista para mejorar su conducción dentro de la estrategia?

Simulaciones filmadas

Guía 2 de preparación y de autoevaluación

Al mirar la proyección del video, obsérvese como si usted fuera un actor y anote cuán satisfecho está con lo que se observó hacer.

¿Cómo se condujo?

31. ¿Se vio nervioso? ¿En qué circunstancias?
32. ¿Cuán bien se expresó al pedir información? ¿Y cuando hacía su oferta? ¿Y cuando el otro le hacía preguntas? ¿Qué diferencias distingue?
33. ¿Cómo se vio manejando las manos? ¿Las piernas? ¿Se veía cómodo?
    ¿Cambió muchas veces de posición? ¿Era consciente de lo que hacía con su cuerpo?
34. ¿Manejó bien los tiempos? ¿Los manejó usted o los administró el otro? ¿Siente que utilizó bien el tiempo en función de sus expectativas?
35. ¿Cómo evalúa su capacidad de escucha? ¿Y su capacidad de observación?
36. ¿Pudo hacer las preguntas clave que necesitaba? ¿Las hizo abiertas, semicerradas o cerradas? ¿Se vio interrumpiendo al interlocutor?
37. ¿Pudo mostrar empatía? ¿Lo hizo auténticamente? ¿Siente que despertó confianza? ¿Se notó sincero?
38. ¿Pudo mostrarse abierto y claro? ¿Pudo mostrar firmeza cuando fue necesario? ¿Lo hizo en exceso?
39. ¿Demostró interés, respeto, disposición para tomar en cuenta las necesidades del otro?
40. ¿Se sintió sabiendo cuándo pasar de una etapa de la negociación a la siguiente? ¿Pudo volver hacia atrás cuando lo consideró necesario?

Simulaciones filmadas

Instrucciones para el análisis previo a la proyección del video

Han colaborado en una dramatización: ¿cuán bien resultó?

Pasen revista a las *Guías de autoevaluación* para tener frescas las categorías que les servirán para mejorar, a partir de críticas sistemáticas.

Luego, pasen el video entero, sin interrupciones: tendrán una imagen general de lo que ocurrió.

Finalmente, sin analizar lo visto, vuelvan a pasar el video, parándolo cada vez que quieran criticarse.

Mientras lo van haciendo, marquen con tildes las *Guías de autoevaluación* para dejar en claro las fortalezas y debilidades de cada uno.

TEXTOS DE REFERENCIA

Aldao Zapiola, Carlos: *La negociación.* Macchi, Buenos Aires, 1990.

Altschul, Carlos: *Avenirse: Actualización en Negociación Estratégica.* OSDE, Buenos Aires. 1997. www.fundacionosde.com.ar

Bazerman, Max, y Neale, Margaret: *Negotiating rationally.* The Free Press, New York, 1992.

Cohen, R.: *Negotiating across cultures: communication obstacles in international diplomacy.* United States Institute of Peace Press, Washington, DC, 1991.

Cohen, Raymond: "An Advocate's View". En *Culture and Negotiation.* Sage, Newbury Park, 1993.

Colaiácovo, José Luis: *Negociación moderna: teoría y práctica.* Ediciones Jurídicas Cuyo, Mendoza, 1998.

____________: *Técnicas de negociaciones.* Macchi, Buenos Aires, 1994.

DeSouza Briggs, Xavier: *We are all negotiators now: An introduction to negotiation in community problem solving.* Harvard University, Cambridge, MA, 1993.

Doctoroff, S.: "Reengineering negotiations". En *Sloan Management Review,* Spring 1998.

Entelman, Remo: *Teoría de conflictos: hacia un nuevo paradigma.* Gedisa, Barcelona, 2005.

Fischer, Roger; Kopelman, Elizabeth, y Kupfer Schneider, Andrea: *Más allá de Maquiavelo. Herramientas para afrontar conflictos.* Granica, Buenos Aires, 1994.

Fischer, Roger y Shapiro, Daniel: *Las emociones en la negociación.* Norma, Bogotá, 2007.

Greene, Robert, y Elfers, Jost: *The 48 laws of power.* Viking, New York, 1998.

______________: *Las 33 estrategias de la guerra.* Miguel Hidalgo, México. 2007.

Horowitz, Bruce: "Bridge ogres, little fishes and positive deviants. One-on-one deterrence of Public Functionary Extortion Demands". En *The Negotiator Magazine,* 2006.

______________: "Negotiating with extortionist government functionaries. Part 3. Preparing yourself". En *The Negotiator Magazine,* 2007.

Lax, David, y Sebenius, James: *The manager as negotiator: Bargaining for cooperation and competitive gain.* Free Press, New York, 1984.

______________: *Negociación tridimensional. Herramientas poderosas para cambiar el juego en sus negociaciones más importantes.* Norma, Bogotá. 2007.

McCall, Ian y Warrington, J. M.: *Marketing by agreement,* John Wiley & Sons, New York, 1991.

Ovejero Bernal, Anastasio: *Técnicas de negociación.* McGraw Hill, Madrid, 2004.

Princen, Thomas: *Intermediaries in international conflict.* Princeton University Press, Princeton, NJ, 1992.

Pruitt, Dean: "Strategic Choice in Negotiation". En Breslin, William, y Rubin, Jeffery Z. (Eds.): *Negotiation Theory and Practice.* The Program on Negotiation at Harvard Law School, Cambridge, 1991.

Raiffa, Howard: *The art and science of negotiation.* Harvard University Press, Cambridge, MA, 1982.

Sabra, Jesús: *Negociaciones económicas internacionales.* Trilce CEFIR, Montevideo, 1999.

Schelling, Thomas: *La estrategia del conflicto.* Tecnos, Madrid, 1964.

Schleichert, Hubert: *Cómo discutir con un fundamentalista sin perder la razón: Introducción al pensamiento subversivo.* Siglo XXI, Buenos Aires, 2005.

Sitnisky, Mario: *De la negociación. Ensayo sobre los modos no violentos de transformación y cambio de la realidad.* Argonauta, Buenos Aires, 1985.

Tomada, Carlos; Bisio, Raúl M.; Aglamisis, Jorgelina, y Karpf, Luis: *La negociación laboral. El rol de los negociadores en la Argentina.* Pensamiento Jurídico, Buenos Aires, 1988.

Tuchman, Barbara: *The march of folly: From Troy to Vietnam.* Cardinal, McDonald & Co, London, 1984.

Ury, William: *Supere el no.* Norma, Bogotá, 1995.

Walton, Richard; Cutcher-Gerschenfeld, Joel, y McKersie, Robert: *Strategic Negotiations: A Theory of Change in Labor Management Relations.* Harvard Business School Press, Boston, MA, 1994.

Zibechi, R.: *Dispersar el poder: los movimientos como poderes antiestatales.* Tinta Limón, Buenos Aires, 2006.

**Este libro se terminó de imprimir en el mes de noviembre de 2009,
en Artes Gráficas *Color Efe*, Paso 192, Avellaneda,
Provincia de Buenos Aires, República Argentina**